# 新行政訴訟法制概論
## ——以訴訟類型爲中心

文舟 | 著

# 推薦序一

　　法官辦案之餘，對於所適用的法律作深入的研究，研究有得而出書，需要過人智慧，而且竭盡心力，堅持不懈，才能達成。實在難能而可貴。

　　林法官文舟，從事行政訴訟審判多年，經事實審及法律審歷練。平日敬業辦案，用心研究，於法律問題研討時，總是熱誠投入，發表高見。公餘鑽研兩岸行政訴訟類型，已有所得而出書，真是可貴。

　　本書對於我國行政訴訟可能的類型臚列詳盡，論述各類型訴訟要件翔實，又說明各類型間的關係，及類型選擇的相關問題。旁徵博引學說及裁判見解，以為對照，進而表示自己的獨特見解。另分析中共行政訴訟類型，兩相比較與檢討，提出對於我國法制修正的建議，對於中共修法的期待。可供學術研究及實務操作參考。賀喜無限，樂為推介。


蔡進田　謹識
於最高行政法院

# 推薦序二

　　這本書源自於最高行政法院林文舟法官的碩士學位論文。林法官2010年8月畢業於東吳大學法律學系中國大陸法律碩士在職專班，其碩士論文由政大王文杰教授與本人共同指導，原題為：「兩岸行政訴訟法制之研究——以訴訟類型為中心」。

　　林法官在這本論著中，以探求兩岸行政訴訟「訴訟類型」為核心課題；但也一體觀察了行政訴訟制度在兩岸的一般性發展。經由這本書吾人得以「訴訟類型」的視窗，窺探兩岸行政訴訟制度的重要差異。

　　林法官是一位認真而優秀的法官，我與他結識，是因為多年前我曾二度撰文評論臺北高等行政法院的判決，居然連續二次皆選擇了林法官擔任受命法官所撰寫的判決（本人一開始並未特別留意受命法官為何人，事後才得知）。由於這層緣故，讓我後來在與林法官見面時，感覺分外熟悉。

　　其後林法官進入本學系中國大陸法律碩士在職專班，欲一償完成碩士學位的宿願。由於林法官非常堅持辦案品質，在進入碩士班前就經常熬夜寫判決；碩士課程開始後，林法官在本來已經十分緊繃的生活裡，硬是擠出時間來修習課業、撰寫報告。這樣的生活長達數年之久，若非有過人的毅力，必然無法支撐。

　　本人對於大陸行政訴訟制度所知非常有限，因此我只能就國內行政訴訟法制提供意見供林法官參考；大陸行政訴訟法制方面端賴政大王文杰教授給予林法官指導。

　　林法官以其豐富的實務經驗，再加上深入而細微的觀察能力，經常能提出獨到的見解；能與林法官這麼優秀的法律人持續討論法學議題，著實是一大享受。相信讀者在閱讀本書時，也會與我有同感。

林三欽

2011年10月31日

於東吳大學法律學系

# 自序

　　盱衡人類社會訴訟制度的沿革史，由民刑不分，到民事訴訟、刑事訴訟分立，再發展出行政訴訟。回顧余從事司法實務工作已逾31載，有幸歷經刑事偵查、民事審判及刑事審判之淬鍊後，再跨入行政訴訟審判領域；就後者而言，轉眼亦已逾11載，正好是台灣行政訴訟採行二級二審新制的歲月，深感行政訴訟法學理論尚有許多發展空間，實務見解也未臻圓滿成熟。雖然台灣行政訴訟法規定內容許多仿自民事訴訟法，並有例示及概括規定要準用民事訴訟法相關條文，但因行政事件常涉及公益，必須依職權進行及調查，又有類似刑事訴訟法之規定，且由於常與行政程序（包括訴願程序）接軌，以致造就行政訴訟法理的獨特性，例如撤銷訴訟的事後審性、客觀舉證責任、當事人的協力義務、訴願前置程序、爭點或總額主義等。即以訴訟類型而言，雖濫觴於民事訴訟，但行政訴訟類型無寧比民事訴訟類型更為活潑多元（或交錯繁瑣）。反觀大陸地區的行政訴訟法制建構，因為植基在另一條經濟政治發展的軌道上，乃自成一格，頗具本土化之特色；余有幸在東吳大學法律系碩士在職專班就讀期間，藉由參訪、交流、諮詢與閱覽文獻，得以略知其一二，爰不揣簡陋，嘗試將其與台灣的行政訴訟法制加以比較，雖稍有心得，惟卑之無甚高論，然與其敝帚自珍，不如野人獻曝，期能拋磚引玉，並祈識者不吝指正，以匡不逮。

　　又本文之完成，承蒙東吳大學林三欽教授、政治大學王文杰教授之指導；台北大學張文郁教授、成功大學蔡志方教授、蘇州大學楊海坤教授、浙江大學章劍生教授、西南政法大學譚宗澤教授、中國人民大學莫于川教授及雲南高級人民法院趙光喜法官惠賜許多寶貴的意見；東吳大學法律系碩士在職專班黃淑櫻同學、世新大學碩士班林貴卿同學協助蒐集或整體資料；東吳大學法律系碩士班畢業學弟殷節協助校稿，謹在此表達十二萬分感謝之意。

林文舟　謹識於

臺北　最高行政法院

2012年1月14日

# 目錄

# 第一章 緒論

## 第一節 研究動機及目的

從訴訟制度在世界各國的發展軌跡看，都是先有民、刑事訴訟，再有行政訴訟；也就是先有民告民、官告民或官管民，然後發展出民告官[1]、官告官[2]的訴訟制度，將人際糾紛的各種型態及其可能的司法解決途徑完全加以涵蓋，使民怨及社會對於正義的需求全部納入制度化的軌道宣洩或伸張，如同三足鼎立一般，支撐社會秩序於不墜，不可缺一，亦不容偏廢。因此，這三大訴訟制度是否能均衡發展，尤其是行政訴訟制度是否能健全成長，乃衡量一個國家民主與法治程度的重要指標。

因為行政訴訟涉及兩個層面的權力或權利。在國家層面上，至少涉及司法權與行政權的關係，在將法律規範審查納入行政訴訟範圍的國家，更涉及司法權與立法權的關係；在國家與人民的層面上，涉及國家權力與人民權利的關係。在國家層面上，可以說是由司法權來制衡行政權；而在國家與人民的層面上，則是以人民權利制約行政權力。19世紀末，大陸法系國家出現了行政訴訟類型（或稱行政訴訟種類）的名稱及其傳統形態——撤銷訴訟。20世紀之後，許多大陸法系國家紛紛建立行政訴訟類型。特別是第二次世界大戰之後，隨著人類對戰爭的反思及對人權保障的渴求，不少國家又增加和充實了相應的訴訟類型。行政訴訟類型化，是20世紀以來行政訴訟制度發展的趨勢之一[3]。近年來，隨著經濟的發展，又出現了新的訴訟類型。英美法系雖然沒有明確的訴訟類型規定，但其訴訟中的各種

---

[1]　行政訴訟固然包括官告民，但仍以民告官為主軸。
[2]　例如機關訴訟。
[3]　蔡志方，從權利保護功能之強化，論我國行政訴訟制度應有之取向，國立台灣大學法律學研究所博士論文，1988年，第91-103頁。

令狀對應著相應的程序，與大陸法系國家的訴訟類型相對應，反映出透過司法途徑解決社會爭議所不可少的案件標準化的共同需要[4]。

　　就海峽兩岸而言，由於內憂外患，導致政治對立，法制的發展也各有擅場。大陸方面自1949年中華人民共和國成立後，在實施計劃經濟和高度集權的政治體制下，行政訴訟制度根本沒有存在的餘地和發展的空間，行政訴訟類型自然無所依附。直到1978年中國共產黨宣布改革開放，建設社會主義市場經濟的嘗試開始後，隨著民主法治的倡議，行政訴訟制度才逐漸成形。終於1989年4月4日公布《中華人民共和國行政訴訟法》，訂自1990年10月1日起施行，條文多達75條，雖然是中華民國於台灣地區早期所實施舊行政訴訟法34條的兩倍以上，但並未明文規定行政訴訟類型，僅簡略呈現數個判決種類，運作時難免產生疑義，依其體制，需要由最高人民法院加以解釋補充；而台灣地區早期所施行的舊行政訴訟法，僅有一個半訴訟類型（撤銷訴訟及附帶損害賠償訴訟），遲至2000年7月1日始施行新行政訴訟法，雖然大幅增加各種訴訟類型，並採例示兼概括的立法例，但由於條文不夠周詳，且在初生草創階段，運作時亦產生許多爭議，有賴最高行政法院判決或決議，甚至由司法院大法官會議解釋加以統一。因為訴訟或判決類型攸關當事人訴訟目的及其主張的權益是否能夠實現或伸張，乃訴訟制度的核心價值所在，那麼，兩岸各自發展成形的行政訴訟（或判決）類型制度究竟有何不同？各自有什麼特色？何者對於當事人的程序限制較多？何者比較便利執法者操作？何者運作起來較符合訴訟經濟的目的？何者較能保障人民的權益？何者較利於防範濫訴？是否符合各自的社會條件？有無彼此借鏡之處？各自有無修改或調整之必要？如何修正調整以落實行政訴訟法保障人民權益、確保國家行政權合法行使及增進司法功能的立法目的？等諸多問題即饒有引人入勝的魅力，尤其近年來兩岸互動關係益趨頻繁，上開議題更富有研究的價值，本人遂萌生以訴訟及判決類型為中心來比較研究兩岸行政訴訟制度之動機，希望藉由比較研究，以求知此知彼，增進兩岸人民對彼此法制的瞭解，進而拋磚引玉，促

---

[4]　馬懷德、吳華，〈對我國行政訴訟類型的反思與重構〉，政法論壇2001年第5期（大陸），第63頁。

進學術交流；互相借鏡，完善法制體系；彼此激勵，提昇法治水平，並有助於兩岸關係的和平發展。

## 第二節　研究範圍及方法

　　由於中華民國憲法增修條文第11條將國家領土範圍分為自由地區與大陸地區，並授權立法院制定「臺灣地區與大陸地區人民關係條例」，其中第2條第1款、第2款分別定義：「臺灣地區」指臺灣、澎湖、金門、馬祖及政府統治權所及之其他地區；「大陸地區」指臺灣地區以外之中華民國領土。而中華人民共和國憲法序言更宣稱「台灣是中華人民共和國的神聖領土的一部分」，形成「一中各表」的政治形態。足見在討論兩岸關係或比較兩岸法制時，以台灣、大陸稱呼兩者，乃較為中性，且為兩岸現行法制都可以接受的名詞；惟因兩岸法律及著作名稱時常有相同之處，為免混淆，提到大陸法律或引述大陸學者著作時，分別以《》或〈〉符號標示，合先敘明。

　　本文主要以兩岸行政訴訟類型為研究標的，旁及行政訴訟類型相關的前置程序和其他議題，再以比較分析的方法瞭解彼此之異同，發現各自的特色，進而互相借鏡探討雙方現行制度有無改善的空間。且由於大陸行政訴訟法除行政賠償外，並未明文承認訴訟類型，僅規定有各種不同的判決方式，故必須探究其判決方式，始克瞭解實務上可能存在的訴訟類型。

　　由於法律制度包括訴訟制度係政治社會的產物，如果完全站在第三人之立場以自己既有的概念來評價對方的法制，難免霧裡看花，真相莫白，或戴上有色眼鏡，失之偏見；尤其兩岸政權的歷史糾葛，人民心中不免各自存在政治成見。因為台灣地區在1987年7月14日經政府明令宣布自15日零時起解嚴以前，研究大陸法制，須本於反共立場予以批判；大陸方面，於1979年開始實行改革開放政策以前，對研究台灣的法制，也有其禁忌。然法律畢竟也是人類文化的產物，應該以人民為本位，而非以政治意識的角度來看待，較能得到客觀公正的結論，所幸現在的政治氛圍正提供這樣的環境。因此在研究態度上，須先跳脫政治意識，除以我方既有法

制概念去瞭解對岸法制外,更要嘗試以對方的法制概念去瞭解對方法制。而瞭解對岸訴訟法制的最好方法就是留學及生活於當地,其次是從事短期的考察與見習,再直接閱讀對方學者的著作、法院的判決,並向其請教,雖不中亦不遠矣。本人有幸兩次參加兩岸行政法學會於大陸地區(南京、重慶)的學術交流,一次偕同我國行政法院法官前往雲南、貴州參訪當地高級與中級人民法院,並就讀東吳大學「中國大陸法律碩士在職專班」,於畢業前隨本校黃陽壽老師前往北京中國人民大學訪問,因而結識蘇州大學楊海坤教授[5]、西南政法大學譚宗澤教授、中國人民大學莫于川教授及浙江大學章劍生教授等學者與雲南高級人民法院法官趙光喜,得以當面及日後以電子郵件向其請教,獲益匪淺。其間又陸續蒐集到大陸地區關於行政訴訟法的教科書、專門著作、期刊論文、人民法院判決彙編、統計年報及實務案例教材,供作實務與理論互相印證的材料。

其次,由於筆者長期從事司法實務工作,面對五花八門、變化多端的行政訴訟案件,只要發生訴訟類型選擇的疑慮,除必須在有限的法條文字中探求立法的真義外,更須參考判決先例及學者的論著,以印證或修正自己的作法,故有關台灣行政訴訟類型的研究方面,將側重在實務見解的引述及檢討。

尤其,法律作為一門社會科學,有關法律條文的制訂與鋪陳固有其實證經驗基礎與邏輯推衍內涵[6],在解釋方法上,應講究其概念之分析與科學之論證,但法律同時也是善良與公平之藝術(jus est ars boni et aequi)[7],更應強調立法目的的探討與遵循,俾免以文害義,因小失大。故研究法律科學,除實證與論理並重外,尤應將公平正義念茲在茲,此一思維模式自亦適用於研究兩岸行政訴訟類型上。

本文擬先介紹行政訴訟類型之規範模式、體系概念,嗣介紹台灣行政

---

[5] 楊海坤教授並擔任中國法學會行政法學研究會副會長及全國政協委員。

[6] 美國已故大法官霍姆斯(Oliver Wendell Holmes,1841-1935)謂:「法律的生命在於經驗而非邏輯(The life of the Law has not been logic, it has been experience)。」僅係強調法律的生命源於經驗,並未否認邏輯在法律規則的鋪陳與推衍上的功能,否則渠不會將兩者並列討論。個人認為如果法律的生命是經驗,則邏輯便是這個生命的思考方法。

[7] 拉丁法諺。筆者於35年前就讀台灣大學時,曾在學生代聯會舉辦的校內科際整合博覽會上,為法律系學會推出的「假法庭」活動會場,揭示標語:「法律是經驗與邏輯的科學」,作為上開拉丁法諺的對聯。

訴訟制度的沿革及其行政訴訟類型的理論與實務，再觀察大陸行政訴訟制度之沿革、行政訴訟與行政復議的關係，並探討大陸行政訴訟類型，進而比較分析兩岸行政訴訟類型及其相關議題，最後提出建議與結論。

# 第二章　行政訴訟類型概述

## 第一節　行政訴訟（類型）的涵義

　　由於法律制度和法制實踐的差異，不同的國家對行政訴訟概念的界定並不相同。總體來看，在大陸法系國家，行政訴訟通常稱為行政審判，例如法國的行政審判（la jurisdiction administratif）指的是公民等一方對行政機關的違法侵害行為，請求專門的行政法院通過審判程序給予救濟的手段，也是行政法院監督行政機關依法行政的方式。在英美法系國家，行政訴訟稱為司法審查（judicial review），是指法院應相對人的聲請審查行政機關行為的合法性，並作出相應裁判的活動。在台灣及大陸則均稱為行政訴訟，雖然不同的教科書文字表述略有不同，但基本上，大陸的學者認為行政訴訟，是指公民、法人或者其他組織在認為行政機關及其工作人員的行政行為侵犯自己的合法權益時，依法向法院請求司法保護，並由法院對行政行為進行審查和裁判的一種訴訟活動[1]。台灣的學者亦認為行政訴訟係指行政法院就行政事件，依正式之訴訟程序所為之裁判[2]；或認為行政訴訟乃行政法院以獨立於當事人之外，就原告因可提起行政訴訟之原因，侵害其權利或法益，而提起之訴訟，依據行政法規，為最後、權威而具拘束力之裁判[3]。足見行政訴訟是由法院主持進行的、解決行政案件的司法活動，是集所有訴訟法律關係主體的活動和關係為一體的過程，包括起訴、審理和判決等訴訟的全部過程。

　　對行政訴訟類型概念的界定，兩大法系也有所不同。英美法系雖然存在著類似於大陸法系行政訴訟類型的令狀制度，但無論是其成文法還是學

---

[1]　應松年主編，行政訴訟法學，中國政法大學出版社2007年1月修訂版，第2頁。
[2]　陳計男，行政訴訟法釋論，作者自己發行，民國89年1月初版，第4頁。
[3]　蔡志方，行政救濟法新論，元照出版公司，2000年1月初版，第103頁。

術研究均很難見到「訴訟類型」一詞；而大陸法系的學術界對行政訴訟類型的研究成果頗豐，且許多國家的成文法中還明確規定了具體的行政訴訟的類型及其詳細內容。

　　關於行政訴訟類型（或稱種類），大陸學者的研究甚少。有觀點認為：「行政訴訟類型是在行政訴權分類的基礎上，對行政訴訟中具有相同訴訟構成要件，適用相同審理規則和方式，以及法院的裁決權限基本相同的訴訟所進行的歸類」[4]。台灣學者對此問題的研究較多，有學者認為：「所謂訴訟類型，是將各種行政訴訟，依其請求，整理分析其共通性，而予類型化後之型態」[5]、「各國之行政訴訟，習慣上仍循一定之方式、形式或類型（Forms；Formen），原告始得就其所受侵害，請求行政法院提供救濟，而行政法院亦僅能就法定之訴訟種類所相應得以救濟之方法為裁判。此種訴訟方式或裁判型態之格式化，謂之『行政訴訟之種類』（Klagearten des Verwaltungsprozesses）。每一個行政案件中，原告僅能在一定之種類範圍中請求行政法院為一定之裁判，相應地，行政法院亦僅得且應在法定之裁判方法範圍內為裁判」[6]、「行政訴訟法上之訴訟種類（Klagearten），乃指在習慣或法律之規定上，行政訴訟對象針對不同之程序標的（Verfahrensgegenstand）、訴訟原因及救濟之期望或目的（Rechtsschutzsuchender Zweck），必須循一定之方式（包括訴訟之先行程序，如訴願或行政申請）、一定型式之訴訟聲明或在訴訟請求與主張上，必須有不同之類型，原告始得就其所受之侵害，請求行政法院提供救濟，相應地，行政法院亦僅得且應在法律針對各該訴訟種類所定之裁判方法範圍內為裁判」[7]；另有學者認為：「行政訴訟的類型，亦即人民可以行政訴訟請求救濟的訴訟形態，乃是人民實現其公法上權利所不可或缺的救濟方法」[8]。從以上定義可知行政訴訟類型是對行政訴訟進行的分類，

---

[4]　薛剛凌，行政訴權研究，華文出版社（大陸）1999年，第142-143頁。
[5]　陳計男，行政訴訟法釋論，作者自己發行，民國89年1月初版，第155頁。
[6]　蔡志方，行政救濟法新論，元照出版公司，2000年1月初版，第169-170頁。
[7]　蔡志方，論行政訴訟上各類訴訟之關係，載行政救濟法制實務在職進修書面資料，台灣律師公會全國聯合會，1999年7月。
[8]　陳清秀，行政訴訟法，作者自己發行，民國88年6月初版，第103頁。

而非僅對起訴的分類，總括來說是根據原告的訴訟請求的原因、內容及目的，對於具有相同訴訟要件，適用相同審理規則和裁判方法，而作出相應判決的訴訟所做的分類。故行政訴訟類型的概念，涵蓋起訴類型及判決類型。

## 第二節　行政訴訟類型的機能

按公法爭議內容呈多樣狀態，無論立法政策上對於行政訴訟的受案範圍如何界定，都需要設立各種不同效能的行政訴訟類型，分別標準化其處理程序，從消極方面，可以篩選剔除不合規定的訴訟型態，以防止當事人濫訴及法院亂判；於積極方面則可以在各種不同的情勢下，精確適應當事人不同的需求，提供人民經濟有效、合目的性，且無漏洞的權利救濟方法。尤其行政訴訟多與公益有關，且涉及司法權與行政權的分際，其審理具有濃厚的職權主義色彩，非若民事訴訟，本於私法自治精神，大多委諸當事人意思自主。因此，在訴訟類型選擇上應比民事訴訟更須強調訴訟實益、權利保護必要與司法資源的合法及有效利用，進而必須在各種訴訟類型之間探討其排斥、併存、競合、轉換、補充或補餘（備位）關係，使各種訴訟類型的不同效能，適時、適所與適法的運用至恰到好處（詳後述）。

## 第三節　行政訴訟類型的規範模式

影響行政救濟的完整性有兩個重要的因素，一個是行政訴訟裁判權的範圍（即行政訴訟事件的範圍，大陸的行政訴訟法則明文稱之為「受案範圍」）；另一個是訴訟類型。一國法律如何規定該國的行政裁判權的範圍稱為行政裁判權的規範模式；而一國法律以什麼樣的方式來規定其行政訴訟類型，稱為行政訴訟類型的規範模式。行政訴訟裁判權的範圍，涉及法律能夠保護的權利事項，而訴訟類型則涉及權利保護的方法。

由於行政救濟體系係由訴訟類型與受案範圍交織形塑而成，行政訴訟類型則是由原告的訴訟標的及法院的審判方法等因素交互作用形成。因

此，行政訴訟類型越多，裁判權涵蓋的範圍越廣，行政救濟體系就越完整。然訴訟種類的多寡，不能僅從行政訴訟法明文規定的訴訟類型來觀察，而必須先確定其行政訴訟法所採取的訴訟類型的規範模式是哪一種，是採取默示主義（未明文規定），還是明示主義（明文規定）？是直接明文規定或間接明文規定（在規定某種訴訟類型的特別要件時提及或在裁判方式中規定）？其明文規定是採取列舉主義，還是例示主義、單純概括主義或例示概括主義？

所謂「列舉主義」，乃指一國之行政訴訟法對於當事人為保護其權利所得主張之訴訟類型，不但以法律條文加以規定，且將種類限於法律所已明文規定者，而排斥其他可能的訴訟類型；所謂「單純概括主義」，則指法律只規定一切公法上爭議得提起行政訴訟，並未明文規定其具體訴訟類型，而任憑司法解釋及實務發展各種訴訟類型。至於「例示概括主義」則係一方面概括規定一切公法上爭議，除法律另有規定外，均可提起行政訴訟，同時另一方面例示規定具體的行政訴訟類型，俾法院與人民有所遵循。換言之，一國的行政訴訟法對於該國行政訴訟制度上，原告為保護其權利所得主張之方法，雖然以法律條文加以規定，但人民得以主張之訴訟種類，並不限於法律所已明文規定者。法律所明文規定者，只係對於較重要之訴訟種類予以明文例示而已，本無意限制人民主張法定以外之必要訴訟類型（無名或法條外之訴訟種類）[9]。

考察各國行政訴訟法，有的明文規定訴訟種類，有的未明文規定。從理論上講，默示主義雖能夠賦予法院較大的形成訴訟種類的空間，相對地人民尋求救濟的空間也比較廣，但同時默示主義卻有相關的要件與效果的範圍不夠明確，容易引起爭議，及概念的內涵不夠明確，給法院審理造成較大的負擔等缺點。各國為達到既使訴訟種類之多寡更具彈性，又使要件與效果非常明確的目的，通常採取以明示主義及例示主義的規範模式代替默示主義，並且以例示的規定來規範訴訟類型的特別要件，這種做法比較

---

[9]　陳清秀，行政訴訟法，作者自己發行，民國88年6月初版，第106-107頁。

有利於保護人民權利[10]。

　　各國行政訴訟法採取何種訴訟類型的規範模式，與其設置行政訴訟種類的目的有關。如果設置訴訟種類的目的在於限制公民可以訴訟請求的內容及法院所能行使的裁判方法，則其具有創設作用及限制作用；反之，如果設置訴訟種類的目的是指示或提醒公民（至少）可以訴訟請求的內容及法院可行使的裁判方法，則其具有宣示或確認作用。如果是採取創設作用，又以列舉主義作具體規定，則不允許公民在所規定的訴訟種類之外另為主張，法院在依法裁判原則的嚴格解釋下，也不能另行發展新的裁判方法。如果採取確認作用，必然只能輔以例示或例示概括主義。前者雖具有明確之優點，但有礙人民權利保護的完整性及訴訟制度應隨時代的遷移而自動發展的進步性，而必須處處仰賴修法以解決問題；後者有利於追求公民權利保護之完善，並允許法院依需要而發展新裁判類型[11]。惟如採單純概括主義，於具體行政訴訟，不同類型的訴訟是否應具備不同的特別訴訟要件，並適用不同的訴訟程序，其內容為何，難免發生爭議，而有違法的明確性與訴訟法律秩序的安定性。故應採取例示概括主義，一方面確保人民的行政訴訟權，可享受充分而無漏洞的權利保護，隨著社會經濟變遷之需要而發展新的訴訟類型，另一方面，由於行政訴訟法已經儘可能預先網羅明定行政訴訟的各種類型，並規範各個訴訟類型的定義或特別訴訟要件，俾於具體的訴訟事件可明瞭其所屬訴訟類型及應適用的訴訟要件和程序，避免解釋適用上的疑義，便於行政法院執法，亦便於當事人利用行政訴訟請求救濟，可以同時保護人民訴訟權，並維持行政訴訟法的明確性與安定性，因此應屬最佳規範模式[12]。

## 第四節　行政訴訟類型的分類

　　行政訴訟類型，根據不同的標準，可作如下分類：

---

[10] 蔡志方，行政救濟法新論，元照出版公司，2000年1月初版，第196-197頁。
[11] 蔡志方，行政救濟與行政法學(一)，三民書局，民國82年3月初版，第151-152頁。
[12] 陳清秀，行政訴訟法，作者自己發行，民國88年6月初版，第107頁。

## 一、客觀訴訟與主觀訴訟

根據原告起訴或國家設置訴訟制度的目的與當事人具體權益的遠近關係，分為主觀訴訟和客觀訴訟。前者是以保護主觀的個人權益為目的的訴訟，因此原告的起訴資格往往需要實體法上權益保護的必要性。與之相反，原告起訴或訴訟設置的目的不是為當事人提供直接的保護，而是為達成一定的立法目的（如維護公益、行政機關之間權限爭議的解決等），則為客觀訴訟。由於客觀訴訟所爭執的標的與個別人民的權利或法律上利益無直接關連，所以不是憲法保障人民訴訟權的範圍，也非憲法賦予法院之固有權限。故客觀訴訟之提起應以特別法律規定之，係屬立法政策之問題[13]。

## 二、形成訴訟、給付訴訟及確認訴訟

這是仿照民事訴訟，以行政訴訟判決的內容或原告起訴要求的內容所作的分類[14]。形成訴訟是以請求法院形成（變更或撤銷）一定法律關係為目的的訴訟。最典型的形成訴訟是撤銷訴訟，它是指原告訴訟的內容是請求法院撤銷或變更行政機關所作的違法行政處分的訴訟。形成訴訟一般規定起訴期間，並預先規定原告資格；在形成判決前，任何人不得主張該法律關係已發生變動。給付訴訟，是指原告請求法院判決被告為一定給付的訴訟，包括作為與不作為。這類訴訟，民事訴訟未作進一步區分，而行政訴訟則因原告是否請求作出行政處分或特定內容的行政處分，或者財產上給付或行政處分以外的非財產上給付，進一步區分為課予義務訴訟及一般給付訴訟。給付訴訟依其請求給付的時點，又可分為現在給付訴訟與將來給付訴訟，後者包括預防性不作為訴訟（請求將來不得作成特定行政處分或其他職務行為）及履行期未到前請求將來給付之訴。確認訴訟，是指法院判決確認行政處分無效、公法上的法律關係成立（存在）或不成立（不存在）以及已解消之行政處分為違法的訴訟。

---

[13] 台灣行政訴訟法第9條但書參照。另參橋本博之，解說改正行政事件訴訟法，弘文堂（2004），第17頁。轉引自林素鳳，行政爭訟與行政法學（二），中央警察大學出版社，民國94年10月初版，第65頁。
[14] 台灣行政訴訟法第3條參照。

## 三、抗告訴訟與當事人訴訟

　　依行政訴訟之方式或目的是否直接對抗公權力，可分為抗告訴訟與當事人訴訟[15]。所謂抗告訴訟，是指對於行政機關行使之公權力不服而提起的訴訟，是行政訴訟的主要形態。例如：撤銷訴訟、行政處分無效等確認訴訟、不作為違法確認訴訟、課予義務訴訟及禁止訴訟（預防性不作為訴訟）等都屬於抗告訴訟。所謂當事人訴訟，是指不以直接攻擊公權力行為為目的，而是有關對等的當事人之間公法上的權利義務關係的訴訟。例如，因行政契約引起的給付訴訟、確認公法上法律關係成立（存在）與否的訴訟。

## 四、法定訴訟與法定外（無名）訴訟

　　這是以該訴訟類型是否為現行行政訴訟法所明文規定而作的分類，即法律有明文規定的訴訟類型是法定訴訟；反之，法律沒有明文規定的訴訟類型是法定外（無名）訴訟。各國基於權利保護的概括主義原則，在出現因法律沒有明確規定相應的訴訟類型，而使當事人的權利可能無法予以保護的問題時，往往藉由擴充既有的法定訴訟類型的適用範圍或另外承認法定外訴訟類型的方式為當事人提供法律保護的途徑。

## 五、被害人訴訟、利害關係人訴訟與民眾訴訟[16]

　　這是以原告範圍的寬窄為標準，對行政訴訟類型所作的分類。被害人訴訟，是指自己的權益被違法的行政行為所侵害而提起的訴訟。這種以原告的權益為違法的行政行為或其他訴訟的原因行為所侵害為起訴要件的訴訟形態，符合行政訴訟的「權利保護作用」目的，因此被多數國家行政訴訟制度所採用。該訴訟類型由原來的「權利被害者訴訟」發展為「利益被害者訴訟」，它是憲法規定的最低保障的訴訟權模式。利害關係人訴訟是介於被害人訴訟和民眾訴訟之間的訴訟類型。原告起訴不以其權利或法

---

[15] 日本行政事件訴訟法第3條、第4條分別規範抗告訴訟與當事人訴訟之定義，並分別例示其涵蓋的種類。
[16] 蔡志方，行政救濟法新論，元照出版公司，2000年1月初版，第139-141頁。

律保護的利益被違法行政行為侵害為要件，只須其對訴的提起具有值得保護的實質的或理念的、直接的或間接的、現實的或將來的及任何可以估量的利益即可，但這種利益必須是自己所有，這是其與民眾訴訟的區別。通常情況下，行政行為的相對人及權利或法律上利益被行政行為侵害之人，可以提起被害人訴訟，權益受行政行為影響的關係人可以提起利害關係人訴訟，這兩種分類的概念範圍難免有重疊之處。民眾訴訟有廣義和狹義兩種。廣義的民眾訴訟，是指任何人可提起行政行為違法的訴訟；狹義的民眾訴訟僅限於一定區域範圍內的居民或具有一定特別的資格者（如選舉人或納稅人），可對違法、不當的行政活動提起訴訟。目前，世界各國很少採用廣義的民眾訴訟類型，為盡量排除「愛發牢騷者訴訟」（Querulantenklage），各國均以有法律的明確規定為限制條件[17]。

---

[17] 例如：日本行政事件訴訟法第42條：「民眾訴訟與機關訴訟，以法律有特別規定，且僅限法律規定之人，始得提起之。」、台灣行政訴訟法第9條：「人民為維護公益，就無關自己權利及法律上利益之事項，對於行政機關之違法行為，得提起行政訴訟。但以法律有特別規定者為限。」

# 第 三 章 台灣行政訴訟制度的沿革

## 第一節 序說

　　由於行政訴訟制度係近代民主法治的產物，故探討行政訴訟的沿革，自須以近代法律發展為起點。近代台灣歷經清帝國、日本帝國及中華民國的統治，於1945年11月3日，台灣省行政長官公署以署法字第36號公告，宣告台灣自同年10月25日起，業經歸入中華民國版圖，並表示遵照國民政府制定的「台灣接管計畫綱要」[1]，根據「民國一切法令，均通用台灣」原則，包括中華民國之約法、民法、刑法、民事訴訟法、刑事訴訟法及各種行政法規之「六法體制」，自1945年10月25日起，施行於台灣。由於清朝及日據時期，台灣並不存在行政訴訟法，故中華民國行政訴訟法施行於台灣，可謂是台灣行政訴訟法制的濫觴[2]。故探討台灣行政訴訟制度的沿革，必須追溯中華民國政府於統治大陸時期的創制過程及研究該法制於台灣的發展情形，始能見其全貌。

---

[1] 1944年開羅會議後，國民政府開始展開「收復失土」的準備工作，成立「台灣調查委員會」，並於1945年3月14日制定完成「台灣接管計畫綱要」，其中第五點規定：「民國一切法令，均通用台灣，必要時得制頒暫行法規。日本占領時代之法令，除壓榨箝制台民、牴觸三民主義及民國法令者應悉予廢止外，其餘暫行有效，視事實之需要，逐漸修訂之。」參見張瑞成，光復台灣之籌劃與受降接收，頁109-119（1990年6月），轉引自李建良，台灣行政訴訟法制的沿革、演進與發展課題（收錄於中央研究院法律學研究所籌備處出版：2006年兩岸四地法律發展上冊，2007年8月，第270頁）。

[2] 1922年3月27日，日本訴願制度，以敕令第51號制定的「台灣施行訴願法之件」，把日本本國的訴願法，1.排除對有關郡、市、府、縣參事會的規定；2.把「各省大臣」改稱為「台灣總督」，「其省或各省」改稱為「台灣總督府」；3.訴願書以國語，即日語製作，作上述三項修正，自翌年起施行於台灣。不過，日本「行政訴訟法」（行政裁判法）始終未曾施行於台灣，甚至以敕令將日本法律施行於台灣時，若當中有關行政訴訟者，均註明該部分不施行。例如治安警察法雖施行於台灣，但行政訴訟法規定部分，不在其列。因之，依該法所為之禁止結社處分（地方官廳權限之「警察處分」），僅能提起訴願，而不能提起行政訴訟。參見李建良，台灣行政訴訟法制的沿革、演進與發展課題（收錄於中央研究院法律學研究所籌備處出版：2006年兩岸四地法律發展上冊，2007年8月，第267～270頁）。

## 第二節　大陸時期的創制過程

### 一、清末變法擬議

　　清朝末期，一系列喪權辱國條約的簽訂，使清朝國勢日頹，在內憂外患之下，清政府不得不同意國內有識之士的變法運動，1906年（光緒32年）清國下詔預備立憲，並先改革官制，其中司法權部分，原掌執行刑罰的刑部，改稱「法部」，專掌法律事務（司法行政）；原掌參審重案的大理寺，改稱「大理院」，專掌裁判（司法審判），並下設各級審判廳。另外，憲政編查館及資政院於1908年（光緒34年）提出的「憲法大綱」及「逐年籌備事宜」中列有將設立「行政審判院」的構想。1910年（宣統2年），憲政編查館擬呈修正憲政逐年籌備事宜摺，有增頒行政審判法，設立行政裁判院之議，訂於宣統3年籌備，並已擬具「行政裁判院官制草案」[3]，行政訴訟制度的創舉，大有箭在弦上之勢。但是時，台灣已割讓予日本，清末這波司法改革已無施行於台灣的可能。且翌年（1911年）10月10日即發生辛亥革命，清帝遜位，改建民國，「行政裁判院」遂亦僅停留在構想階段。

### 二、民國初期北洋政府的平政院

　　1912年（民國元年）3月11日頒布「中華民國臨時約法」。1914年（民國3年）3月31日公布「平政院編制令」；同年5月18日公布「行政訴訟條例」；同年7月20日公布「行政訴訟法」。中華民國臨時約法第10條雖規定：「人民對於官吏違法損害權利之行為，有陳訴於平政院之權。」但於第六章對法院之規定，並未包括平政院，其中第49條規定：「法院依法律審判民事訴訟及刑事訴訟，但關於行政訴訟及其他特別訴訟，別以法律定之。」其法律地位不明，直到民國3年公布平政院編制令，規定了行政訴訟的審判機關的建立及其運作，其中第1條規定：「平政院直隸於

---

[3]　蔡志方，我國第一個行政訴訟審判機關－平政院，收錄於行政救濟與行政法學（一），三民書局，1993年版，第247頁。

大總統，察理行政官吏之違法不正行為，但以法令屬特別機關管轄者，不在此限。平政院審理糾彈事件，不妨及司法官署之行使職權。」始確定平政院的法律地位，乃與一般行政機關分離的特設行政裁判機關，學者有謂其仍屬廣義的行政權，尚非形式意義司法權的一部分[4]；且平政院之審理對象，除行政訴訟外，尚及於糾彈官吏事件[5]。依當時的行政訴訟法第33條規定，平政院對於主管官署的命令或處分，得裁決取消或變更；行政訴訟案件經評事審理裁決後，由平政院院長呈報大總統批令主管官署按照執行。又依平政院裁決執行條例第3條規定，主管官署不按照平政院裁決執行者，肅政史得提起糾彈，請求懲戒。從當時的行政訴訟法第33條規定的裁判種類來看，其行政訴訟類型只限於撤銷訴訟和變更訴訟，並於同法第3條明文排除要求損害賠償之訴訟[6]。行政訴訟的範圍，採取概括規定，兼採直接（越級）訴訟主義與訴願前置主義[7]，且除人民得提起行政訴訟外，肅政史兼有補充之訴權[8]。

　　平政院時代之行政訴訟，代表北洋政府時期之制度，持續到1928年國民革命軍北伐成功為止。另外，1925年南方位於廣州的國民政府成立後，為行使對官吏之懲戒及對違法行政行為之糾正職權，亦先後設有類似平政院之機關，以掌理此等職權。包括1926年1月成立之「懲吏院」（僅職司審理官吏之懲戒事件，同年5月裁廢）、同年5月成立之「審政院」（職司審理懲吏及平政事項，相當於同時期北洋政府的平政院，同年10月裁廢），以及其後由「監察院」兼理懲戒及行政訴訟，迨1928年北伐成功為止。此後，行政訴訟一度呈現無受理機關的中空狀態，直到1933年9

---

[4]　蔡志方前揭註，第265頁。惟筆者認其至少具有準司法權之屬性。
[5]　平政院之組織及權限，包括由平政院評事合議組成之審判部門專司行政訴訟事件及糾彈事件之審理，以及由肅政廳肅政史掌理對官吏之糾彈權（平政院編制令第2條、第5~9條）。故平政院尚非單純之行政裁判機關，而兼有糾彈及審理官吏違法失職行為之作用。1917年肅政廳裁撤並廢止《糾彈法》，平政院始成為單純之行政審判機關。
[6]　當時行政訴訟法第3條規定：「平政院不得受理要求損害賠償之訴訟。」
[7]　當時行政訴訟法第1條規定：「人民對於左列各款之事件，除法令別有規定外得提起行政訴訟於平政院。一、中央或地方最高行政官署之違法處分，致損害人民權利者。二、中央或地方行政官署之違法處分，致損害人民權利，經人民依訴願法之規定訴願至最高級行政官署，不服其決定者。」
[8]　當時行政訴訟法第2條規定：「肅政史依本法第12條規定亦得提起行政訴訟」。第10條規定：「肅政史提起行政訴訟以肅政史執行原告職務。」第12條規定：「肅政史依左列規定於陳訴訴願期限經過後六十日內提起訴訟。一、人民依第1條第1款之規定得提起訴訟，經過陳訴期限而未陳訴者。二、人民依訴願法得提起行政訴訟之訴願，經過訴願期限而未訴願者。」

月1日正式成立「行政法院」，始開啟行政訴訟制度發展之另一階段[9]。

## 三、北伐成功後國民政府的行政法院

國民政府於北伐成功，統一中國後，於1928年10月20日公布司法院組織法，第1條規定司法院由司法行政署、司法審判署、行政審判署及官吏懲戒委員會組成；第6條規定行政審判署依法律掌理行政訴訟審判事宜。不久，同年11月17日又公布修正司法院組織法，第1條將各署分別改為司法行政部、最高法院及行政法院；第6條規定行政法院依法律掌理行政訴訟審判事宜；第13條規定行政法院之組織以法律定之。迨1932年11月17日始制定公布行政訴訟法和行政法院組織法，均於1933年6月23日施行，行政法院則於同年9月1日正式成立並開始辦公[10]。從此時開始設立之行政法院之性質與平政院不同，係屬司法權之一環，且為純粹之行政訴訟審判機關；並採司法二元化主義，於普通法院之外，另設行政法院，迨1947年（民國36年）12月25日憲法施行後，仍繼續沿用至今。而1932年制定公布之行政訴訟法（下稱舊法），為台灣行政訴訟制度之最初規定，其制度結構內容一直維持長達67年，直至1998年10月28日修正公布並於2000年7月1日施行新行政訴訟制度為止。該舊行政訴訟法共27條，約有如下特徵：(1)行政訴訟範圍採概括主義（第1條[11]），但訴訟對象仍限於行政處分。(2)行政訴訟類型僅限於撤銷訴訟（第21條[12]），但得附帶提請求損害賠償，惟賠償範圍不包含所失利益（第2條[13]）。(3)關於受理訴訟之權限，由行政法院以職權裁定之（第5條）。(4)行政法院全國僅設

---

[9] 有關廣州國民政府時代之行政訴訟制度，請參照蔡志方，國民政府時代之行政訴訟制度，收於氏著前揭註引《行政救濟與行政法學（一）》第301～305頁。

[10] 司法院史實紀要編輯委員會編，司法院史實紀要第二冊，1982年12月，第1371頁。

[11] 舊行政訴訟法第1條規定：「人民因中央或地方官署之違法處分致損害其權利，經依訴願法提起再訴願而不服其決定，或提起再訴願三十日內不為決定者，得向行政法院提起行政訴訟。」

[12] 舊行政訴訟法第21條規定：「行政法院認起訴為有理由者應以判決撤銷或變更原處分。其附帶請求損害賠償者，並應為判決；認起訴為無理由者，應以判決駁回之；其附帶請求損害賠償者亦同。」其判決種類雖包含變更判決，惟實務上操作，基於司法不宜干涉行政裁量權及尊重行政機關之第一次處分權之認知，行政法院並不判決以新處分代替原處分，僅係撤銷原處分涉及金錢或其他代替物之給付或確認者之一部，以達實質變更原處分之效果而已。故依舊行政訴訟法，訴訟類型僅限於撤銷訴訟及附帶請求損害賠償之訴，乃有人稱舊法僅承認一個半訴訟種類。

[13] 舊行政訴訟法第2條規定：「提起行政訴訟得附帶請求損害賠償。前項損害賠償，除適用行政訴訟之程序外，準用民法之規定。但第二百十六條規定之所失利益不在此限。」

一所，採一審終結制，對於行政法院之裁判不得上訴或抗告（第3條），但有法定事由，得提起再審之訴（第22條）。(5)採訴願前置主義（第1條）。(6)限於「人民」始得提起行政訴訟（第1條）。(7)起訴期間原則為六十日（第8條）。(8)執行不停止原則（第9條）。(9)採書狀審理原則，言詞辯論為例外（第16條）。(10)有限制的職權探知主義（第15條）。(11)裁判形式分為不符合程序要件及就程序請求之「裁定」，與就實體請求之「判決」二種（第11條、第20條、第21條）；且明定「行政訴訟之判決，就其事件有拘束各關係官署之效力」（第4條）。(12)行政訴訟法未規定者（如參加制度），準用民事訴訟法（第26條）。(13)判決之執行採訓令主義（第25條[14]）。(14)行政訴訟採有償主義，行政訴訟費用條例另定之（第24條）[15]。

　　上開舊法於1998年之前，計有五次修正，都只是枝節性的，未更動基本結構內容；其中三次在大陸時期，兩次在中央政府遷台以後。茲將大陸時期的三次修正內容概略說明如下：

1. 1935年10月4日僅修正公布行政訴訟法第1條，將原訴願前置主義，改為選擇的訴願前置主義（或稱「雙軌制」）[16]。

2. 1937年1月8日修正公布之行政訴訟法，有較大幅度之修正，條文擴增為29條，其重要修正內容為：(1)回復訴願前置主義（第1條[17]）；(2)明定行政訴訟之當事人，謂原告、被告及參加人（第7條第1項），且關於適格被告之認定採原處分主義（第9條[18]）；(3)增設職權命第三人參加或許可參加制度（第8條）。

---

[14] 舊行政訴訟法第25條規定：「行政訴訟判決之執行，由行政法院呈由司法院轉呈國民政府訓令行之。」

[15] 行政訴訟收費條例於民國22年5月6日公布，計6條，依第5條規定，不收審判費，附帶請求損害賠償者亦同；但收狀紙費、送達費、抄錄費及翻譯費（刊國民政府公報第1124號，法規，第1頁，轉引自蔡志方，行政救濟與行政法學（一），三民書局，1993年版，第312頁；另參司法院史實紀要編輯委員會編，司法院史實紀要第二冊，1982年12月，第1407頁）。類似於2000年7月1日施行的新行政訴訟法第98條規定之訴訟費用制度。

[16] 本條規定為：人民因中央或地方官署之違法處分致損害其權利者，得向行政法院提起行政訴訟。對於違法處分依訴願法提起訴願或再訴願而不服其決定者亦同。已提起訴願或再訴願者，非俟訴願或再訴願決定後，不得提起行政訴訟。

[17] 本條規定為：人民因中央或地方官署之違法處分致損害其權利，經依訴願法提起再訴願而不服其決定，或提起再訴願逾二個月不為決定者，得向行政法院提起行政訴訟。

[18] 本條規定為：行政訴訟之被告，謂左列官署：一、駁回訴願時之原處分官署。二、撤銷或變更原處分或決定時，為最後撤銷或變更之官署。

3. 1942年7月27日修正公布之行政訴訟法，增為30條，除增設職權公示送達之規定（第26條），並延長再訴願決定期間（第1條第1項後段[19]）外，主要修正為承認非法人團體亦有當事人能力（第12條第2項第1款）。

以上中華民國政府在大陸創設行政訴訟制度的過程，正值共和肇始，民權尚未伸張，且內有軍閥割據，外受列強侵略方興未艾之際，故無論是北洋政府時期的平政院或國民政府時期的行政法院，每年受理的案件均不多，少者個位數，多者數十件[20]。顯示其制度並未被充分利用，遑論其發展及革新。

## 第三節　在台灣的發展情形

### 一、舊行政訴訟法時期

行政訴訟法雖自1945年10月25日起，施行於台灣，但由於國家局勢動盪不安，行政訴訟制度實際在台灣運作，係遲至1949年12月中央政府遷台，翌年行政法院在台復院辦公後[21]。初時，行政法院僅設一庭，嗣隨土地改革、政治、經濟、文化、教育、工商之發達，訴訟案件日增，於1956年間增設一庭；為期案件之加速處理，復奉司法院核准以兩庭人數，改為三庭編制[22]。遷台初期，行政法院組織之體制與訴訟程序幾乎沒有變更，其間行政訴訟法於1969年11月5日修正，僅係為配合民事訴訟法有關再審條次之修正，而於第24條配合修正為民事訴訟法第496條。迨1975年12月12日始有較大幅度之修正，本次修正為舊法時期最重要之變革，條文擴增為34條，其重要修正內容為：(1)明定逾越權限或濫用權力

---

[19] 本段規定：「或提起再訴願『逾三個月』不為決定者，得向行政法院提起行政訴訟。」先前，1933年法為「三十日」，1937年法為「二個月」。

[20] 其中平政院從民國3年3月31日開院，以迄於民國17年12月閉院止，包括糾彈及行政訴訟事件合計受理約407件（參見蔡志方，行政救濟與行政法學（一），三民書局，1993年版，第277頁所引當時政府公報刊載之報表及案例統計數目）；行政法院從民國22年起至36年底共受理712件（參見同上著作第313頁所引國民政府公報刊載之裁判統計數目）。

[21] 參見司法院史實紀要編輯委員會編，司法院史實紀要，第二冊，1982年12月，第1372頁。

[22] 參見顧汝勳，二十年來之行政法院，法令月刊21卷10期，1970年10月，第66頁。

之行政處分,以違法論(第1條第2項),使行政法院亦得審理裁量處分。(2)再延長再訴願決定期間最長為五個月(第1條第1項後段)。(3)強化遲誤起訴期間時聲請回復原狀之要件及程序(第10條),並增訂因錯誤致遲誤起訴期間之補救措施(第11條)。(4)限制附帶請求損害賠償,應於訴訟程序終結前提起(第2條第1項)。(5)增訂行政法院裁判之期限(第24條),以提高審判效率。(6)行政訴訟之判決採「不利益變更禁止原則」(第27條)。(7)明定對於先決問題得停止訴訟程序(第25條)。(8)明定行政訴訟本身之再審事由(第28條),不再準用民事訴訟法之再審事由;另亦允許對裁定聲請再審(準再審)之事由及程序(第30條)。(9)增加評事之自行迴避原因,並明定以「曾參與該訴訟事件再審前之裁判者」為自行迴避原因時,其迴避以一次為限(第6條)。(10)刪除「行政訴訟費用條例另定之」之規定,行政訴訟改為全部無償制[23]。

截至1998年行政訴訟法大幅度修正之前,上開34條文構建台灣行政訴訟制度之粗模,並實施長達20餘年,是為台灣「舊行政訴訟時期」。大體而言,舊行政訴訟制度約有如下之特徵:

### 1. 以行政處分為中心之行政裁判權

凡屬行政處分之爭議事件,除法律特別規定由普通法院或其他機關管轄者外,均可提起行政訴訟。

### 2. 訴願前置主義

行政訴訟之提起,須先經由訴願、再訴願之程序,俾行政機關有自我審查之機會,並減輕法院之負擔。

### 3. 以撤銷訴訟為主要之訴訟類型

行政訴訟之提起,主要以請求行政法院撤銷或變更違法之行政處分或訴願決定為目的,一般稱為「撤銷訴訟」。舊行政訴訟法第2條第1項雖規定:「提起行政訴訟,在訴訟程序終結前,得附帶請求損害賠償」,在性質上屬於「給付訴訟」。惟因損害賠償請求權之「實體規定」,過去

---

[23] 在此之前,行政訴訟收費條例早於民國36年5月28日由國民政府明令廢止。參見國民政府公報2836號,第13頁。轉引自蔡志方,行政救濟法新論,元照出版有限公司,2007年11月3版,第250頁。

多半付之闕如，人民尚難直接援引此項「程序規定」有所請求，故前開附帶請求賠償之規定並未發揮其作用。且因須附帶於撤銷訴訟提起損害賠償之訴，不能單獨起訴，如果損害發生的原因與行政處分無涉（例如因公有公共設施之設置或管理有欠缺所致損害等），即不可能附帶起訴。及至1981年7月1日國家賠償法施行後，更因該法第12條規定，人民得適用民事訴訟法之規定向民事法院請求國家賠償，故實務上鮮少有依行政訴訟法提起附帶請求賠償之案例。

### 4. 一級一審之審級制度

在審級之設計上，全國僅設有一所行政法院，集初審、終審、事實審、法律審於一身，行政法院一經判決，訴訟程序即告終結。

由前述可知，舊法自1933年施行以來，雖曾應數次修正，惟均未更動其行政訴訟制度之基本結構內容，而此一舊法在台灣實施期間，適逢台灣政治、經濟、文化等各方面突飛猛進，社會結構重大變遷，加以教育普及、民智日開，行政爭訟事件大量增加，依統計資料顯示，行政法院1950年在台復院辦公後，當時全年新收案件僅23件，迄1954年，全年新收案仍不過百件；再由1955年的165件增至1973年的1,100餘件，迨1980年全年新收案已達1,693件[24]，尤其到1991年，全年新收案件更激增至3,809件，41年間增加達165倍，舊法所架構之行政訴訟制度，顯已無法因應現代行政現象及社會需求，尤其舊法採一級一審制，集初審、終審、事實審、法律審於一審，對人民權益之保障，殊嫌欠周；又在訴訟類型上，僅限於撤銷訴訟，對於其他種類的公法上爭議，尚無救濟途徑。因此，各方反應，咸認有修正舊法之必要。司法院乃於1981年7月組成「行政訴訟制度研究修正委員會」，延攬實務界與學者專家共同參與研修工作，蒐集中外相關立法例及學說，並分區舉行座談廣徵各界意見，對舊法進行全面檢討修正，經長達11年共計開會256次之審慎研議，始完成修正草案[25]，於1993年間提請立法院審議，歷經數年，終獲三讀通過，於1998年10月28

---

[24]　司法院史實紀要編輯委員會編，司法院史實紀要，第二冊，1982年12月，第1372～1373頁。

[25]　參見司法院1993年2月28日（82）院台廳行一字第02590號函附：行政訴訟法修正條文總說明「甲、修正緣由」。

日公布，並自2000年7月1日起正式施行（以下稱新法）。

## 二、新行政訴訟法之實施

　　新法不僅條文數目由原來之34條增加為308條，同時在內容上，舉凡條文之結構、章節之編列，乃至訴訟類型之增加及訴訟程序之強化，均有極大之增修，可謂是台灣行政訴訟制度之重大變革。按行政訴訟之宗旨，在保障人民權益，確保國家行政權之合法行使，並增進司法之功能（行政訴訟法第1條），針對此項宗旨，此次修法有如下之重點：

### 1. 擴大行政訴訟之範圍

　　得提起行政訴訟之對象，不再以「行政處分」為限，凡屬公法上之爭議事件，除法律別有規定外，均得提起行政訴訟（行政訴訟法第2條）。

### 2. 增加行政訴訟之種類

　　除原有之撤銷訴訟外，增加「課予義務訴訟」（請求應為行政處分訴訟）、「確認訴訟」及「給付訴訟」等三種訴訟類型（行政訴訟法第3條）。其中「課予義務訴訟」者，係指行政機關對於人民依法申請之案件，應作為而不作為時，人民經訴願程序後，得向行政法院提起請求原機關應為行政處分之訴訟（行政訴訟法第5條）；「確認訴訟」者，係指確認行政處分無效、公法上法律關係成立或不成立之訴訟，及確認已執行完畢或因其他事由而消滅之行政處分為違法等之訴訟（行政訴訟法第6條）；「給付訴訟」，則係因公法上原因發生財產上之給付、請求作成行政處分以外之其他非財產上之給付，或因公法上契約發生之給付，向行政法院提起訴訟（行政訴訟法第8條）。以上係基本的訴訟類型。此外，尚准許維護公益訴訟，但以法律有特別規定者為限（行政訴訟法第9條）；選舉罷免爭議所生訴訟（行政訴訟法第10條），但法律別有規定者除外（例如選舉或罷免無效、當選無效、罷免案通過或否決無效等訴訟，依現行公職人員選舉罷免法第126條、總統副總統選舉罷免法第110條規定，係由普通法院審判）；團體訴訟（行政訴訟法第35條）；公法上契約效果或公法上其他原因發生之財產上給付關係變更之訴（行政訴訟法第203

條）；行政訴訟和解無效或撤銷之訴（行政訴訟法第227條）；執行債務人異議之訴（行政訴訟法第307條）；另外，撤銷訴訟，其訴訟標的之行政處分涉及金錢或其他代替物之給付或確認者，行政法院既得以確定不同金額之給付或以不同之確認代替之（行政訴訟法第197條），則當事人自得就此種情形提起變更之訴[26]。

### 3. 增加行政訴訟之審級

增設「高等行政法院」，並將原行政法院改制為「最高行政法院」。在審級設計上，係採「二級二審制」，高等行政法院乃係第一審，並為事實審兼法律審；而最高行政法院則為上訴審，為法律審，亦為終審法院。

### 4. 增訂先決問題之處理條款

按我國採司法二元制度，同一基礎事實或法律關係所衍生之民、刑事訴訟或行政訴訟，分由普通法院及行政法院審理，為避免事實認定及法律見解之歧異，自應有所規範，以杜爭議。是以，新法特增訂先決問題之處理條款，俾防止裁判之兩歧（行政訴訟法第12條、第177條）。

### 5. 增設權限爭議之解決方法與釋憲聲請權

台灣法院體系係採司法二元化制度，關於行政訴訟與民事、刑事訴訟之審判，分別由不同性質之行政法院與普通法院審理，各自行使職權，互不受拘束。故於發生審判權限消極衝突時，宜設有解決之道。對此，新法明定「行政法院就其受理訴訟之權限，如與普通法院確定裁判之見解有異時，應以裁定停止訴訟程序，並聲請司法院大法官解釋」（第178條）。

### 6. 採取言詞審理之訴訟程序

高等行政法院第一審訴訟程序，以言詞審理為原則，並仿民事訴訟法增訂相關規定，以利言詞辯論程序之順利進行（行政訴訟法第109條及第

---

[26] 1975年之舊行政訴訟法第26條雖規定：「行政法院認起訴為有理由者，應以判決撤銷或變更原處分或決定。其附帶請求損害賠償者，並應為判決；認起訴為無理由者，應以判決駁回之；其附帶請求損害賠償者亦同。」其判決種類亦包含變更判決，惟實務上操作，除對於涉及行政機關裁量權及第一次處分權之案件，不逕行判決以新的處分代替原處分外，縱使行政處分僅單純涉及金錢或其他代替物之給付或確認者，亦不以確定不同金額之給付或以不同之確認代替之，而僅係撤銷原處分涉及金錢或其他代替物之給付或確認者之一部，以達實質變更原處分之效果而已，故實踐上僅有撤銷判決（撤銷訴訟）一種。

120條至第132條）。

### 7. 增設情況裁判制度

情況裁判制度係仿自日本行政事件訴訟法第31條之立法例，規定行政法院受理撤銷訴訟，雖認為原處分或決定違法，但其撤銷或變更於社會公益有重大損害時，即應就受處分人之個人利益與社會公益加以權衡，如認為原處分或決定之撤銷或變更顯與社會公益相違背者，行政法院得駁回原告之訴。惟行政法院為此項判決時，除應於主文中諭知原處分或原決定違法外，並應依原告之聲明，將其因違法處分或決定所受損害，於判決內命被告機關賠償，俾原告能迅速獲得適當之救濟，以維公私利益之平衡（行政訴訟法第198條、第199條）。

### 8. 增訂和解程序

行政訴訟與公益有關，原則上不許當事人以合意解決訴訟上之爭議，惟如當事人就訴訟標的具有處分權且不違反公益者，尚非不得許其為訴訟上之和解，以終止爭執。是以，新法特就訴訟上和解之程序、要件及和解筆錄之效力，予以明定，俾供遵循（行政訴訟法第219條至第228條）。

### 9. 增訂簡易訴訟程序

為求訴訟之經濟，新法對於訴訟標的所涉及之金額或價額在一定數目以下，以及不服行政機關所為罰鍰以外之輕微處分案件，特設簡易訴訟程序，以期便捷（行政訴訟法第229條至第237條）。

### 10. 增設「重新審理」制度

所謂重新審理，係指因撤銷或變更原處分或決定之判決，而權利受損害之第三人，如非可歸責於己之事由，未參加訴訟，致不能提出足以影響判決結果之攻擊或防禦方法者，得對於確定終局判決聲請重新審理（第284條）。法院如認為其聲請有理由者，應以裁定命為重新審理（第288條），並即回復原訴訟程序，依其審級更為審判（第290條第1項），且聲請人（第三人）於回復原訴訟程序後，當然參加訴訟（同條第2項）。可知，新法之重新審理制度，具有補充訴訟參加制度之不足，以及緩和撤銷訴訟判決對世效之功能。

### 11. 增訂保全程序

行政訴訟種類既已增加，則關於公法上金錢給付或其他權利有保全之必要者，自應輔以假扣押或假處分之程序，以利保全，故新法特增訂保全程序之規定，以資因應（行政訴訟法第293條至第303條）。

### 12. 增訂強制執行程序

為配合訴訟種類增多之需要，新法乃就不同之訴訟種類，分別對執行名義、執行方法及實施強制執行之程序，予以明定，俾資遵循（行政訴訟法第304條至第307條）。

## 三、新行政訴訟法歷經三度局部增修，仍維持二級二審的架構

新法實施7年後，嗣於2007年7月4日修正公布：增訂行政訴訟法第12條之1至第12條之4及第98條之1至第98條之6條文；並修正第49條、第98條至第100條、第103條、第104條、第107條及第276條條文。自2007年8月15日施行，主要係將原不徵收裁判費，改為「少量定額徵收裁判費」；審判權錯誤改採移送制；並限縮以非律師為訴訟代理人之資格範圍。於2010年1月13日又再度增訂及修正公布部分條文（已由司法院另以命令定於同年5月1日施行），主要係：一、增訂起訴期間之規定（現行法就課予義務訴訟、不經訴願決定即可提起撤銷訴訟或課予義務訴訟之情形，漏未規定起訴期間，爰明定之，修正條文第106條）。二、增訂訴訟費用、訴訟救助之相關規定。三、修正管轄權之相關規定（增加其他有關不動產之公法上權利或法律關係、關於公務員職務關係及因公法上保險事件之訴訟之特別審判籍，以利證據調查及人民訴訟，修正條文第15條、增訂第15條之1、第15條之2）。四、修正送達之相關規定（主要係增訂：寄存送達，自寄存之日起，經十日發生效力）。五、提高適用簡易程序訴訟標的金額或價額之數額為新臺幣40萬元。六、修正再審規定。七、釐清條文用語（將現行法條文用語不當及有疑義者修正釐清，例如修正第6條確認訴訟條文、第24條適格被告機關條文等）。八、配合公文直式橫書而為文字修正（將現行條文有關「左列」文字，全部修正為「下列」）。九、檢討準用民事訴訟法之方式及條文（例如增訂第307條之1：民事訴訟法之規

定，除本法已規定準用者外，與行政訴訟性質不相牴觸者，亦準用之）。十、明定撤銷訴訟進行中，原行政處分已執行而無回復可能或已消滅者，得依聲請確認行政處分為違法（修正條文第196條）。迨2011年5月25日又修正公布第73條、229條，及增訂第241條之1（施行日期，由司法院以命令定之），主要係增訂對於高等行政法院判決上訴，上訴人應委任律師為訴訟代理人之原則（第241條之1）[27]。基本上仍維持2000年7月1日起所施行新法的架構和二級二審的體制。

## 四、新行政訴訟法第四度增修，改採三級二審新制，於地方法院設立行政訴訟庭審理簡易訴訟程序及交通裁決等事件

為配合司法院規劃將行政訴訟由現行二級二審改為三級二審，於地方法院設立行政訴訟庭審理簡易訴訟程序及交通裁決等事件，立法院甫於2011年11月1日及4日分別三讀通過行政訴訟法、行政訴訟法施行法、智慧財產案件審理法、智慧財產法院組織法、法院組織法、行政法院組織法及道路交通管理處罰條例等7項法律修正案；總統旋於同年11月23日公布（施行日期另訂）。上開新修正之行政訴訟法，以及同年5月25日公布之行政訴訟法增訂241條之1（通常訴訟程序事件上訴審強制代理）等規定，已由司法院明定自2012年9月6日施行[28]。其中行政訴訟法部分，修正重點如下：

1. 因應改制為三級二審，明定辦理行政訴訟之地方法院行政訴訟庭，亦

---

[27] 另外修正行政訴訟法第73條即增訂「寄存送達，自寄存之日起，經十日發生效力」之規定，其實在2010年1月13日公布之修正條文中已經增訂完畢（已於同年5月1日施行），反而此次2011年5月25日修正公布的73條條文保留2010年1月13日修正前的第73條有關「寄存之文書自寄存之日起，寄存機關應保存三個月」的條文，形同將2010年1月13日修正公布的第73條第4項「寄存之文書自寄存之日起，寄存機關或機構應保存二個月」，又修正回復以前的條文；其次，修正第229條，將適用簡易程序訴訟標的金額或價額之數額調為新臺幣20萬元，徵諸2010年1月13日甫將適用簡易程序訴訟標的之金額或價額之數額修正為新臺幣40萬元（已於同年5月1日施行），似嫌突兀。據悉是因立法院將先前某委員提案修正此三個條文的協商版本一併付諸三讀的結果，故司法院對此三個修正條文暫未訂定施行日期。且該第229條條文甫於2011年11月1日再經立法院完成三讀修法程序，改回新臺幣40萬元（修正條文尚包括行政訴訟改採三級二審新制，於地方法院設立行政訴訟庭審理簡易訴訟程序及交通裁決等事件），並於同年11月23日經總統公布（施行日期另訂），司法院預定於2012年9月將前揭三個修正條文，連同2011年11月23日修正公布的條文一併付諸施行，則就行政訴訟法第229條而言，其最近兩次修正條文同時施行的結果，適用簡易程序訴訟標的的金額或價額之數額仍為新臺幣40萬元。

[28] 司法院，司法周刊，第1575期（民國100年12月30日）第1版下方新聞。

　　為本法所稱之行政法院。（修正條文第3條之1）

2. 將原條文「高等行政法院」酌為文字修正或刪除者。

3. 修正簡易訴訟程序相關規定：

(1) 簡易訴訟程序事件以地方法院行政訴訟庭為第一審管轄法院。（修正第二編第二章章名、條文第229條）

(2) 增加因訴之變更、追加或提起反訴，致訴訟標的金額或價額逾新臺幣40萬元者，其辯論及裁判改依通常訴訟程序之規定，地方法院行政訴訟庭並應裁定移送管轄之高等行政法院。（修正條文第230條）

(3) 刪除簡易訴訟程序之裁判，得不經言詞辯論之規定。（修正條文第233條）

(4) 簡易訴訟程序事件第一審由地方法院行政訴訟庭裁判，不服裁判者，得上訴或抗告於管轄之高等行政法院，並將上訴或抗告要件，放寬為以原裁判違背法令為理由即可。簡易訴訟程序事件採二審終結，對於第二審裁判不得上訴或抗告。（修正條文第235條）

(5) 為避免簡易訴訟程序事件因以高等行政法院為終審，而衍生裁判見解不統一之問題，爰規定高等行政法院認有確保裁判見解統一之必要者，應以裁定移送最高行政法院裁判之，並規定前述移送裁定，當事人不得聲明不服。設若最高行政法院認移送之訴訟事件並未涉及裁判見解統一之必要者，應以裁定發回。受發回之高等行政法院不得再將訴訟事件裁定移送最高行政法院，以免案件來回擺盪，影響當事人訴訟權益。（修正條文第235條之1）

(6) 對於簡易訴訟程序裁判之上訴或抗告，理由狀內應記載之事項。（修正條文第236條之1）

(7) 應適用通常訴訟程序之事件，第一審誤用簡易訴訟程序審理並為判決，其上訴審應適用何種程序裁判之規定。簡易訴訟程序上訴、抗告、再審、重新審理，分別準用第三編至第六編規定。（修正條文第236條之2）

(8) 因簡易訴訟程序上訴要件改為以判決違背法令為理由，故刪除簡易

訴訟程序上訴應表明訴訟事件所涉及之原則性法律見解及未表明上開理由者，如何處理之規定。（修正條文第244條及第246條）

(9) 刪除簡易訴訟程序事件，得以言詞抗告之規定。（修正第269條）

4. 增訂第二編第三章交通裁決事件訴訟程序：

(1) 交通裁決事件之範圍及合併提起非交通裁決事件之處置。（修正條文第237條之1）

(2) 交通裁決事件，得由原告住所地、居所地、所在地或違規行為地之地方法院行政訴訟庭管轄。（修正條文第237條之2）

(3) 交通裁決事件起訴，係以原處分機關為被告，逕向管轄之地方法院行政訴訟庭為之及撤銷訴訟起訴期間之限制。（修正條文第237條之3）

(4) 交通裁決事件，被告收受起訴狀繕本後應重新審查並為一定之處置。（修正條文第237條之4）

(5) 交通裁決事件各項裁判費之徵收標準及依第237條之4第3項視為撤回起訴者，法院應依職權退還裁判費。（修正條文第237條之5）

(6) 因訴之變更、追加，致訴之全部或一部不屬於交通裁決事件範圍者，法院應改依簡易訴訟程序審理；其應改依通常訴訟程序審理者，並應裁定移送管轄之高等行政法院。（修正條文第237條之6）

(7) 交通裁決事件之裁判，得不經言詞辯論為之。（修正條文第237條之7）

(8) 行政法院為訴訟費用之裁判時，應確定其費用額。（修正條文第237條之8）

(9) 交通裁決事件，除本章（第二編第三章）別有規定外，準用簡易訴訟程序之規定。其上訴，準用第235條、第235條之1、第236條之1、第236條之2第1項至第3項及第237條之8規定。抗告、再審及重新審理，分別準用第四編至第六編規定。（修正條文第237條之9）

5. 配合地方法院行政訴訟庭之設置，將部分與審判相關事務劃由地方法院行政訴訟庭處理：

(1) 行政法院得向送達地之地方法院為送達之囑託。（修正條文第63

條）

(2) 保全證據之聲請，在起訴前，係向受訊問人住居地或證物所在地之地方法院行政訴訟庭為之；遇有急迫情形，於起訴後亦得向受訊問人住居地或證物所在地之地方法院行政訴訟庭為之。（修正條文第175條）

(3) 假扣押聲請，由管轄本案之行政法院或假扣押標的所在地之地方法院行政訴訟庭管轄。且明定前述管轄本案之行政法院，係指訴訟已繫屬或應繫屬之第一審法院。（修正條文第294條）

(4) 假處分聲請，遇急迫情形，得由請求標的所在地之地方法院行政訴訟庭管轄。（修正條文第300條）

(5) 行政訴訟強制執行事件由地方法院行政訴訟庭為之。（修正條文第305條及第306條）

(6) 債務人異議之訴，依其執行名義係適用簡易訴訟程序或通常訴訟程序，分別由地方法院行政訴訟庭或高等行政法院受理。（修正條文第307條）

## 五、新行政訴訟法帶動實務與學術的蓬勃發展

行政訴訟自2000年7月1日大幅改制以來，係採行二級二審的規模，二審為最高行政法院，一審為高等行政法院（依轄區分設台北、台中、高雄計三所高等行政法院）。依司法院統計處編印的「司法統計年報（2008年）」[29]以及司法院網站[30]公布至今的相關統計資料顯示：三所高等行政法院2000年新收案總數為20,698件、2001年為27,516件[31]、2002年為9,928件、2003年為10,654件、2004年為9,196件、2005年為8,910

---

[29]　司法院統計處，司法統計年報（2008年），司法院，民國98年6月，4-6頁、7-8、8-39頁。

[30]　網址為http://www.judicial.gov.tw/juds/。

[31]　新法施行後前二年，因催繳勞工保險費事件大量湧入之結果，致使此一期間勞保案件達33,760件，佔當時收案總件數達70%強；其後行政法院對此類案件作成決議，以此類保險費其得依行政執行法逕送行政執行處強制執行，故其提起給付訴訟應以無權利保護必要而予以駁回（最高行政法院2001年2月份第1次（2月13日）、第2次（2月27日）庭長法官聯席會決議，2000年12月18日最高行政法院暨台北、台中、高雄三所高等行政法院法律座談會決議參照）。此後，此類以公行政為原告之催繳保費案件遂不再被提起。

件、2006年為9,316件、2007年為9,544件、2008年為7,450件[32]；最高行政法院2000年新收案總數為3,722件[33]、2001年為3,138件、2002年為3,952件、2003年為4,416件、2004年為4,474件、2005年為5,098件、2006年為5,762件、2007年為5,909件、2008年為4,790件。相較於新法施行前的行政法院於1994年新收案總數為4,801件、1995年為5,220件、1996年為5,373件、1997年為5,434件、1998年為8,599件、1999年為7,253件[34]，顯見，於新法施行之初，因行政訴訟範圍擴及至一切公法上爭議，並增加訴訟種類的結果，使諸多原由普通法院審理之案件均改由行政法院審理，造成位居第一線的高等行政法院年新收案件總數暴增達舊法時代行政法院的四至五倍左右[35]（各級行政法院於2000年至2008年收案及終結情形，詳見附錄壹），經過數年積極努力的清理後，各級行政法院每年總收件數始逐漸穩定下來，惟仍為舊法時代之二至三倍。各級行政法院法官之負擔固然極為沈重，其寫作裁判書則汗牛充棟，但也因此刺激行政法學與行政訴訟法學之發達，有關公法之論著（包括評論行政法院裁判的文章）如雨後春筍般佈滿各種期刊，各學術團體及大學院校也都上緊發條從事公法學研究。除原有台灣行政法學會定期舉辦學術研討會[36]，並積極與中國大陸、日本、韓國交流[37]外，中央研究院法律學研究所籌備處自2005年11月19日首次與三所高等行政法院、最高行政法院聯合舉辦「行政管制與行政爭訟」學術研討會後，每年以相同主題聯合舉辦兩次；台灣大學、政治大學、台北大學及東吳大學等學校之法學院也都設有公法研究中心，並嘗

---

[32] 2008年7月1日智慧財產法院成立，有關智慧財產權之行政訴訟事件改由智慧財產法院管轄，惟當年，該法院新收之行政訴訟事件僅244件，故2008年高等行政法院新收件數減至7,450件，似與2007年8月15日起行政訴訟開始徵收裁判費有關。

[33] 2000年為跨新舊法施行年度，其案件統計資料為2000年1～6月舊法施行期間，受理案件合計9,859件，其中新收案件2,677件，舊受案件7,182件。

[34] 於1998年至2000年初，行政法院湧進約5,000件涉及中科院非軍職科技人員綜合所得稅之事件，使上開年度新收案件數暴增。

[35] 其中尤以台北高等行政法院負荷最重，2002年新收6,906件、2003年新收7,210件、2004年新收6,553件、2005年新收6,007件、2006年新收6,351件、2007年新收6,224件，迨2008年新收始降至4,951件。

[36] 社團法人臺灣行政法學會成立於1998年9月12日，以行政法學之研究、行政實務經驗之交流及依法行政理念之宏揚為立會宗旨。成立迄今，除積極參與國際及兩岸之行政法學學術交流外，每年亦定期舉辦二至三場之大型行政法學學術研討會，研討主題廣及行政法學總論，深至行政法學各論，均在討論研究之範圍，對行政法學理論及實務之發展極具貢獻。

[37] 「第十屆海峽兩岸行政法學學術研討會暨東亞行政法學會第八屆國際學術大會」已於2008年5月23日至25日在台北公務人力發展中心接續舉行。

試與各級行政法院合作辦理學術研討會[38]，提供學術界與實務界交流的平臺，藉由學者發表論文，法官擔任與談，使兩者齊聚一堂，高談闊論，百家爭鳴。一時間，公法學頗有成為21世紀初台灣「顯學」之勢。茲謹就行政訴訟類型及其相關問題之學理和實務見解加以整理、闡述，並略抒己見如後。

---

[38]　例如東吳公法研究中心於2009年5月16日與最高行政法院合辦第六屆公法研討會，主題：「社會基本權與行政調查制度」，迄2010年5月29日合辦第七屆公法研討會，主題：「法令與行政處分之時間效力」及「信賴保護」；於2009年9月4日與台北高等行政法院合辦第八回公法裁判研究會，主題：加值型營業稅「所漏稅額」之計算－釋字第660號解釋評析，迄2010年7月16日已合辦十一回公法裁判研究會。台灣大學法律學院公法學中心更是長期與最高行政法院合辦「行政法實務與理論學術研討會」，迄2011年11月26日所舉行者已是第11屆。

## 第一節　序說

　　現行台灣行政訴訟法（下稱本法）第2條雖規定：「公法上之爭議，除法律別有規定外，得依本法提起行政訴訟。」對於行政訴訟受案範圍採取概括主義，但除於本法第3條規定：「前條所稱之行政訴訟，指撤銷訴訟、確認訴訟及給付訴訟。」外，又於本法第4條至第6條及第8條分別規定「撤銷訴訟」、「課予義務訴訟」、「確認訴訟」以及「一般給付訴訟」等具體訴訟類型，因此，於本法所明定的訴訟類型（法定或有名訴訟類型）外，是否承認其他具體訴訟類型（法定外或無名訴訟類型），遂產生疑義。對此問題，多數學者固採取肯定之見解[1]，但實務界向來似傾向否定之見解[2]，惟基於本法第1條所揭示「行政訴訟以保障人民權益，確保國家行政權之合法行使，增進司法功能為宗旨」及本法第2條規定行政審判權概括主義之重大意義，自宜採取肯定說，即應將行政訴訟法明定的具體訴訟類型視為例示種類，而非列舉性質，承認法定外訴訟類型，至於有無權利保護必要，則屬更深層次的問題，或者以有無提起此種法定外訴訟類型的實益（權利保護必要）來決定是否承認該法定外訴訟類型。然而，亦有學者主張不必提倡法定外或無名訴訟類型之概念，蓋本法第2條既概

---

[1]　採肯定說者，例如吳庚，行政爭訟法論，民國88年3月初版，第133頁；陳敏，行政法總論，民國96年10月5版，第1367頁；翁岳生編／劉宗德、彭鳳至，行政法（下），元照出版有限公司，2006年10月3版，第363頁。採不同見解者，例如蔡志方認為依立法者可得推知之意思，新行政訴訟法所規定的訴訟種類，似係採列舉主義，參見氏著，論行政訴訟上各類訴訟之關係（上）、（中），月旦法學雜誌第53期（1999年10月），第113頁以下；54期（1999年11月），第115頁。

[2]　例如最高行政法院91年裁字第776號、93年判字第1063號、95年裁字第1060號、95年裁字第1652號、95年裁字第2500號、97年裁字第4430號及98年判字第346號等裁判先例，均認為確認訴訟類型，除法律另有規定外，限於行政訴訟法第6條第1項規定：（一）確認行政處分無效；（二）確認公法上法律關係成立或不成立；（三）確認已執行完畢或因其他事由而消滅之行政處分違法等三種，而不承認有確認文書真偽、法律關係基礎事實存否、行政契約無效及法規正確解釋等訴訟類型。

括規定公法上之爭議，原則上得依本法提起行政訴訟；第3條緊接規定前條所稱之行政訴訟，係指撤銷訴訟、確認訴訟及給付訴訟；且依本法第195條規範意旨，撤銷訴訟之判決可以是「變更原處分或決定」；本法第197條更規定：「撤銷訴訟，其訴訟標的之行政處分涉及金錢或其他代替物之給付或確認者，行政法院得以確定不同金額之給付或以不同之確認代替之」，足見所謂撤銷訴訟，解釋上包括變更訴訟，可以統稱為形成訴訟[3]。因此，從訴之目的觀察，本法第3條規定的訴訟類型，即已涵蓋所有訴訟屬性，則對於法律明定的訴訟類型以外的具體訴訟而言，理論上應只剩下是否可以類推適用法定訴訟類型相關規定之問題。故有學者認為本法第11條規定公益訴訟及選舉罷免爭議所生訴訟，「依其性質，準用撤銷、確認或給付訴訟有關之規定」，即係揭露類型外訴訟可以按其屬性分別類推適用本法相關規定之意旨[4]。而實務上，最高行政法院近來之見解亦逐漸放寬解釋法定訴訟類型的概念範圍，以增加具體訴訟類型，使相關公法爭議事件可以獲得司法救濟途徑[5]。不過，基於權力分立原則，行政法院仍應尊重行政機關的裁量權及第一次處分權，不宜代替行政機關作成行政處分，所謂判決變更原處分，應係指在不涉及裁量權之行使與不自為行政處分的前提下，將原處分內容加以變更而已。因此，如果當事人提起撤銷訴訟，除請求撤銷具有裁量性質的行政罰處分外，並請求判決另定罰鍰金額（或改採其他種類的行政罰），或除請求撤銷原行政罰處分外，並請求判決改依其他條款的規定處罰，該變更訴求乃非適法的訴訟類型[6]；其

---

[3] 所謂形成訴訟，邏輯上固包括請求法院判決創設、變更或撤銷（或廢止）行政處分，但直接由法院以判決來創設行政處分，有違權力分立原則。故法院可以判決撤銷行政處分或變更行政處分的內容，似已達司法權之極致。

[4] 吳庚，行政爭訟法論，民國94年10月第3版2刷，第144-146頁（包含其中註116之2所引述德國學者與實務界之見解）。

[5] 例如最高行政法院97年5月份第1次庭長法官聯席會議（一）決議：按行政執行名義成立後，如有消滅或妨礙債權人請求之事由發生，不論其執行名義為何，於強制執行程序終結前應許債務人提起異議之訴，以排除強制執行。行政訴訟法第307條前段規定：「債務人異議之訴，由高等行政法院受理」，應認其係屬行政訴訟法關於債務人異議訴訟類型之規定。雖該條係列於同法第8編，但既未明定僅以同法第305條第1項或第4項規定之執行名義為強制執行者為限，始有其適用，則行政處分之受處分人，於行政機關以行政處分為執行名義行強制執行時，如於執行名義成立後有消滅或妨礙債權人請求之事由發生，亦得於強制執行程序終結前，向高等行政法院提起債務人異議之訴。

[6] 改制前行政法院86年2月份庭長評事聯席會議決議：「稅捐稽徵法第四十八條之三既明定採從新從輕原則，自應適用有利於納稅義務人之修正後營業稅法規定，原處分及一再訴願決定適用修正前營業稅法處罰，無可維持，應併予撤銷（本院八十五年度判字第二○二○號判決）。其立論基礎，係認處罰金額

次，行政機關對於「依法申請之案件」，拒絕為行政處分或怠於為行政處分時，當事人亦僅能循序提起課予義務訴訟，請求行政法院判決命該機關應為行政處分或應為特定內容之行政處分，而不能提起請求行政法院直接以判決創設該行政處分之形成訴訟。故即使採取訴訟種類概括主義，亦受制於權力分立原則，而有其極限，惟這個極限會隨彼此權利的消長與人民的需求而變動[7]。

## 第二節　法定訴訟類型

### 一、形成訴訟（撤銷或變更訴訟）

#### 1. 適格原告

　　撤銷訴訟的目的在於請求法院以判決直接撤銷、變更違法之行政處分或訴願決定（本法第4條、第195條第2項及第197條），使其效力溯及既往的消滅或發生變更為其他內容的效力，因此為一種形成之訴。依本法第4條第1項規定：「人民因中央或地方機關之違法行政處分，認為損害其權利或法律上利益，經依訴願法提起訴願而不服其決定，或提起訴願逾三個月不為決定，或延長訴願決定期間逾二個月不為決定者，得向高等行政法院提起撤銷訴訟。」其得提起訴願及撤銷訴訟的適格當事人（原告），除行政處分之相對人外，尚包括該行政處分效力所及，或因而受法律上不利益之第三人[8]，此第三人可能與行政處分相對人之利害關係相反[9]，也可能

---

　　（依倍數計算）多寡，屬行政裁量權範圍，基於司法不宜干涉行政權，原處罰鍰既經撤銷命由原處分機關依法重為處分，則由其依職權裁罰即可，毋須由本院為逕定科罰金額之變更判決。」惟學者有認為舊行政訴訟法第26條、第27條既允許行政法院自為判決變更原處分，即得於主文中撤銷原處分，並自行在法定額度內決定其罰鍰金額，縱使原罰鍰處分的違法係因涉有裁量逾越的瑕疵，亦然。參見吳庚，行政爭訟法論，民國88年3月初版，第183頁。

[7] 按行政機關於接獲行政法院命其為特定內容行政處分之確定判決後，如仍怠於作成行政處分，依現行法制，尚無法對其強制執行（行政訴訟法第305條參照），遇此情形，似有賦予行政法院直接以判決創設該行政處分權限之必要。另所謂當事人不能提起變更裁量性質的行政罰之訴，亦非一成不變，大陸行政訴訟法即容許法院判決變更顯失公正的行政處罰，詳後述。

[8] 改制前行政法院75年判字第362號判例要旨：因不服中央或地方機關之行政處分而循訴願或行政訴訟程序謀求救濟之人，依現有之解釋判例，固包括利害關係人而非專以受處分人為限，所謂利害關係乃指法律上之利害關係而言，不包括事實上之利害關係在內。訴外人陳某雖為原告同財共居之配偶，但並未因此使陳某違反廢棄物清理法致受罰鍰之處分，與原告有當然之法律上利害關係，而得以其自己之名義對陳某之處分案件為行政爭訟。

[9] 具有雙重效力之行政處分，授予相對人權利或利益，卻課予第三人義務或損害第三人權益。例如核准時

利害關係一致[10]，該第三人亦屬提起訴願及撤銷訴訟的適格當事人。訴願人以外之利害關係人，如認為訴願決定，損害其權利或法律上之利益，依本法第4條第3項規定，亦得向高等行政法院提起撤銷訴訟。惟本法第4條第3項之適用，應以訴願決定首次對訴願人以外之利害關係人構成不利之情形為限（即以該訴願決定撤銷或變更原處分，致損害其權利或利益者為限）。至於與訴願人法律上利害關係相同之人（即原行政處分相對人提起訴願遭決定駁回後，就該違法行政處分與處分相對人具有相同法律上利害關係之第三人），則不得依前述規定起訴，本應自行提起訴願以資救濟，其未提起訴願，基於訴願前置主義，原則上不得逕行提起行政訴訟；僅於訴訟標的對於原訴願人及其他有相同利害關係之人必須合一確定者，可認為原提起訴願之當事人，有為所有必須合一確定之人提起訴願之意，該與原訴願人利害關係相同之人始得逕行依本法第4條第1項起訴[11]。

### 2. 作成變更判決的限制

由於撤銷訴訟適用範圍主要在干涉行政領域（例如警察、秩序、環保及稅捐行政等），受處分人提起撤銷訴訟的目的，通常又在於除去或減

---

效取得地上權登記之申請，不利於土地所有權人；核准發給建築許可執照之申請，不利於鄰人；因第三人異議而撤銷商標註冊，不利於商標權人等。

[10] 例如所得稅法第15條採家庭所得合併申報制，故對於以夫或妻為納稅義務人之綜合所得稅課徵處分，其效力及於其配偶，夫妻於法律上的利害關係一致。

[11] 最高行政法院93年9月22日庭長法官聯席會議針對法律問題：某甲不服行政機關對其所為之違法行政處分，於法定期間內提起訴願，經訴願機關認其訴願無理由而以決定駁回，某甲對該駁回之決定未再向高等行政法院提起撤銷訴訟。某乙就該違法行政處分為與某甲利害關係相同之人，於知悉訴願決定後，因認該駁回之決定已損害其權利或法律上利益，乃於法定期間內逕向高等行政法院提起撤銷訴訟，則受訴法院對某乙提起之撤銷訴訟應否受理？決議：「行政訴訟法第四條第三項規定：「訴願人以外之利害關係人，認為第一項訴願決定，損害其權利或法律上之利益者，得向高等行政法院提起撤銷訴訟。」參照司法院字第六四一號解釋意旨，不服受理訴願機關之決定者，雖非原訴願人亦得提起撤銷訴訟，但以該訴願決定撤銷或變更原處分，致損害其權利或利益者為限。故利害關係相同之人，自不得依前述規定起訴，應自行提起訴願以資救濟，其未提起訴願，基於訴願前置主義，原則上不得逕行提起行政訴訟。惟於例外情形，如訴訟標的對於原訴願人及其他有相同利害關係之人必須合一確定者，則既經原訴願人踐行訴願程序，可認為原提起訴願之當事人，有為所有必須合一確定之人提起訴願之意，應解為與原訴願人利害關係相同之人得逕行依同法第四條第一項起訴。」所謂訴訟標的對於原訴願人及其他有相同利害關係之人必須合一確定之情形，實務上的例子為：部分繼承人對於遺產稅核定處分提起訴願後，其他繼承人據以提起行政訴訟，被認為基於連帶債務關係，具有類似必要共同訴訟之必須合一確定；配偶之一方對於個人綜合所得稅之核課處分提起訴願後，另一方據以提起行政訴訟，亦然；部分公同共有人對於公同共有財產負擔之稅捐（稅捐稽徵法第12條後段參照，例如地價稅、所得稅），提起訴願後，其他公同共有人據以提起行政訴訟，被認為基於公同共有債務關係，具有必要共同訴訟之必須合一確定；勞工保險爭議事件，保險單位提起訴願後，被保險人據以提起行政訴訟，亦可認為具有類似必要共同訴訟之必須合一確定。

輕該行政處分所課予之負擔，故本法第195條第2項規定：「撤銷訴訟之判決，如係變更原處分或決定者，不得為較原處分或決定不利於原告之判決。」而且依本法第197條規定：「撤銷訴訟，其訴訟標的之行政處分涉及金錢或其他代替物之給付或確認者，行政法院得以確定不同金額之給付或以不同之確認代替之。」易言之，無論係行政處分標的內容屬於金錢或其他代替物之給付或確認，或行政處分標的所依據的基礎事實或法律關係屬於金錢或其他代替物數額之確認，行政法院都可以在原告起訴的範圍內，針對該行政處分或其基礎事實（或法律關係），在不侵犯行政機關裁量權（例如屬於羈束處分或行政機關的裁量權已限縮到零的情形）及禁止不利益變更的前提下，自行判決予以變更[12]，即確認不同的金額或數額代替原處分認定之金額或數額[13]。上開金錢或其他代替物數額之確認，如果出於課稅處分，則稅捐稽徵機關原來可能係否准認列某些名目的減項或扣除金額，或剔除其所申報金額的一部分，而原告提起行政訴訟時亦僅係請求撤銷該否准認列或剔除的處分，行政法院仍得依職權判決變更應認列的減項或扣除金額，即增加確認其減項或扣除金額，而不必僅撤銷該否准認列或剔除的處分，發回重為處分[14]。因為這裡僅是涉及已經作成行政處分所依據基礎事實或法律關係的爭執，行政法院自得依其調查認定的事實，以形成判決，直接變更行政處分之內容，並不會發生侵犯行政機關第一次

---

[12] 94年度判字第18號判決要旨：行政訴訟法第197條規定旨在「原告提起撤銷訴訟為有理由者，如原行政處分違法情形只涉及金額或數量時，應許行政法院在原告聲明之範圍內自行判決加以糾正，不必撤銷原處分而發回原處分機關重為處分，以免原處分機關或有拖延不結，甚至置諸不理之情形。」準此法院以確定不同之替代判決，取代原行政處分，應限於當事人對金錢或替代物之行政處分並無爭執，僅係聲明爭執其額度；且須其本質上行政機關已無裁量權限或判斷餘地或其裁量權已限縮到零者，行政法院方得自行判決，否則即有不當取代行政裁量權之違法。

[13] 例如遺產稅、贈與稅、綜合所得稅及營利事業所得稅等稅捐之課徵，其處分標的內容固屬金錢之給付及稅額之確認，但該稅額所依據的基礎事實或法律關係，則是各種名目的加項、減項、收入、支出、抵免或扣除數額，不涉及行政裁量權，行政法院即可以直接判決變更確認該稅額所依據的基礎事實或法律關係。至於罰鍰處分如果係以所漏稅額作為計算基礎者，行政法院對所漏稅額之認定與原處分機關不同，自得據以判決變更罰鍰金額。

[14] 本法第197條之起草理由載明：「原告提起撤銷訴訟為有理由者，如原行政處分違法情形只涉及金額或數量時，應許行政法院在原告聲明之範圍內自行判決加以糾正，不必撤銷處分而發回原處分機關重為處分，以免原處分機關或有拖延不結，甚至置諸不理之情形，爰仿西德行政法院法（1986年12月8日修正公布）第113條第2項之規定，增設本條，俾有依據。」學者乃謂：行政法院所作成之自為判決屬於變更性質，其功能則與課予義務訴訟無異，經由判決產生相當於特定內容之行政處分。行政法院是否自為判決，應依職權作合義務性之裁量，無待當事人之聲請。參見吳庚，行政爭訟法論，民國94年10月第3版2刷，第198頁。

處分權及裁量權的問題。而且行政法院也只有在上開情形，才有必要自行作成以新處分內容代替舊處分內容的變更判決[15]。因為，在撤銷訴訟之程序標的直接針對負擔金額或數額的情形，行政法院如果認為僅須減輕其負擔，而非全部消除，亦可以撤銷判決之方式為之，即撤銷原處分之一部分[16]，以達到與變更判決相同的效果。惟如果是屬於給付行政的依法申請案件，則行政法院於撤銷原否准處分後，至多只能作成給付判決，命行政機關應為特定內容之行政處分，而不能自行以形成判決，直接創設一個行政處分。至於行政處分如涉及「非金錢或其他代替物」之給付或確認，行政法院是否可以作成變更判決？個人認為本法第195條既概括規定容許撤銷訴訟之判決，可以是變更原處分或決定，即不因本法第197條之例示規定而受限制，只要是負擔處分，如果原行政處分違法情形是涉及比例或數字計算，且屬於羈束處分或行政機關的裁量權已限縮到零者（例如純係事實認定或數字計算錯誤），即應許行政法院在原告聲明之範圍內自行判決加以糾正，不必撤銷原處分而發回原處分機關重為處分[17]。

### 3. 訴願決定固有瑕疵對撤銷訴訟判決之影響

撤銷訴訟原則上採訴願前置主義，須先依訴願法提起訴願或依其他法律提起相當於訴願之程序[18]，始得提起行政訴訟，並應遵守於訴願決定

---

[15] 學者亦有認本法第197條係有限度容許「代替處分之形成訴訟」。參見翁岳生編／劉宗德、彭鳳至，行政法（下冊），第19章行政訴訟制度，2000年3月2版，第1160頁。惟吳庚則認為本法第197條規定非僅基於訴訟經濟之理由，實屬對行政審判制度結構性之一項改革，準此，對於科處罰鍰數額已超過法定最高額度的行政處分，行政法院應在判決主文中撤銷訴願決定及原處分，並自行決定應科處原告罰鍰金額，始屬正辦。參見氏著前揭書，第197、198頁。以上吳庚之見解認為行政法院對於違反合義務裁量的行政處分，只要是涉及「金錢或其他代替物之給付或確認」，可以自為合義務裁量後作成變更判決。與本文見解不同。

[16] 於撤銷課稅處分時，應將稅捐稽徵機關就該部分所為初次核定與復查決定一併撤銷，始克竟全功。

[17] 例如徵收土地處分，如果依徵收計畫，某筆土地只需徵收3分之2的範圍及面積，但徵收公告卻將其全部徵收；又如主管機關就都市計畫為個別變更時（司法院釋字第156號解釋參照），基於維安理由，限制一定區域內土地不准建築20公尺以上之樓房，惟經調查發現依其所據以核定的標準，該公告限制之高度顯然有計算錯誤的瑕疵等情形，似無不許行政法院在原告聲明之範圍內自行判決加以變更之道理。但學者有採不同見解的，認為行政法院自為變更判決應愛訴訟事件之標的涉及「金錢或其他代替物之給付或確認」之限制。參見吳庚，行政爭訟法論，民國94年10月第3版2刷，第198頁。惟其所舉例子謂：原告申請建築12層樓，主管機關以建地受容積率限制為由，僅核准興建8層樓，行政法院審理結果認定該地段興建10層樓尚屬合法，亦只能撤銷原處分，命另為適當處分，而不可逕為判決准許發給原告10層樓之建築執照，因為上述情況並非金錢或其他代替物之給付或確認等語，結論則與本人之看法相同，理由卻不同，本人認為其所舉例子是屬於給付行政的依法申請案件，於行政機關否准或部分准許後，本應循課予義務訴訟途徑解決，行政法院尚無法自行以形成判決，直接創設一個核准建築執照的行政處分。

[18] 例如依公務人員保障法第25條，係提起復審程序；依教師法第29條至第33條，係提起申訴、再申訴；依

書送達或知悉後二個月之不變期間內起訴之規定[19]。只有極少數的例外情形，例如依行政程序法第109條規定，不服行政機關作成經聽證之行政處分者，其行政救濟程序，免除訴願及其先行程序，惟仍應遵守行政處分達到或公告後二個月的起訴不變期間[20]。只要原告於當初提起訴願時有訴願能力，並遵守法定期間及符合法定程式，或雖無訴願能力但由法定代理人代為訴願行為；如果係法人或非法人團體，已由代表人或管理人為訴願行為，就可認原告已合法踐行訴願程序[21]，其關於此部分之起訴要件即屬具備，至於訴願審議機關未踐行合法審議程序而作成維持原處分或不予受理之決定者，則屬於其固有瑕疵，在撤銷訴訟的程序標的係採原處分主義的前提下，行政法院對此訴願決定的程序瑕疵原則上是可以不加理會，而直接審理原處分是否違法[22]；如果原處分違法，即將原處分及訴願決定一併撤銷，否則以訴願決定所依據之理由或程序雖有未洽，但其結論尚無不

---

政府採購法第76條、第102條，亦為提起申訴。

[19] 本法第106條規定：「（第1項）第四條及第五條訴訟之提起，應於訴願決定書送達後二個月之不變期間內為之。但訴願人以外之利害關係人知悉在後者，自知悉時起算。（第2項）第四條及第五條之訴訟，自訴願決定書送達後，已逾三年者，不得提起。……」，如果受理訴願機關於人民提起訴願後逾三個月不為決定，或延長訴願決定期間逾二個月不為決定者，則於此應作為期限屆滿後，人民即得隨時提起撤銷訴訟，尚無起訴期間限制。

[20] 本法第106條第3項規定：「不經訴願程序即得提起第四條或第五條第二項之訴訟者，應於行政處分達到或公告後二個月之不變期間內為之。」

[21] 訴願法第77條參照。且依訴願法第61條規定：「訴願人誤向訴願管轄機關或原行政處分機關以外之機關作不服原行政處分之表示者，視為自始向訴願管轄機關提起訴願。前項收受之機關應於十日內將該事件移送於原行政處分機關，並通知訴願人」，故原告如起初誤向訴願管轄機關或原行政處分機關以外之機關提起訴願，並不影響其已踐行合法訴願程序。

[22] 按對於撤銷訴訟而言，踐行訴願只是提起行政訴訟的「程序合法要件」之一，訴願程序不是行政訴訟的下級審，訴願與行政訴訟之間並無審級之關係。參見李建良：台灣行政訴訟法制的沿革、演進與發展課題（收錄於中央研究院法律學研究所籌備處出版：2006年兩岸四地法律發展上冊，2007年8月，第262頁）。惟實務上，改制前行政法院於適用舊行政訴訟法時，如認再訴願或訴願機關所為程序上不受理的決定有違法者，常僅以撤銷該再訴願或訴願決定之方式結案（例如行政法院73年6月6日庭長評事聯席會議決議：訴願法第十七條第三項規定：「訴願經收受訴願書之機關認為管轄不合時，應移送有管轄權之機關依法處理」，本件原訴願決定機關收受某甲之再訴願書後，自應將其移送於有管轄權之○○機關依法處理，竟不移送而函復某甲，顯違本條項之規定，○○機關於收受某甲重新提出之再訴願書後，自應以其向原訴願機關提出再訴願書時為其提起再訴願之時，竟以逾期自為由自程序上決定駁回，即有未合，應認某甲之訴為有理由，以判決撤銷再訴願決定）；新法施行後，高等行政法院亦曾以訴願機關誤從程序上為不受理決定，未就本案為實體審究，為保障當事人之「訴願審級利益」或顧及程序正義，而判決發回訴願機關重為決定，例如高等行政法院89年度第2次法律座談會第六號提案研討結論（詳如後註所引）、高雄高等行政法院90年度訴字第598號判決（此判決已被最高行政法院93年度判字第544號判決予以廢棄發回更審）、臺中高等行政法院92年度訴字第349號判決及92年度訴字第219號判決（此二判決已依序被最高行政法院94年度判字第59號判決及94年度判字第60號判決予以廢棄發回更審）。最高行政法院則自89年7月份第3次庭長法官聯席會議決議：「再訴願或訴願決定從程序上不受理之案件，如有違法時，宜從程序上審查，發交高等行政法院」後，已不再視訴願程序為行政訴訟的下級審。

合，將其隨同原處分一併維持。除非該訴願決定的程序瑕疵重大[23]，或對

---

[23] 所謂程序瑕疵重大，實務上通說係指訴願機關組織不合法、訴願委員應迴避而不迴避及違反法定訴願管轄等。有關案例如下：

1. 最高行政法院97年12月份第3次庭長法官聯席會議（一）法律問題：人民不服國家通訊傳播委員會之行政處分所提之訴願，應由行政院或由國家通訊傳播委員會管轄？亦即，國家通訊傳播委員會（以下稱通傳會）對於人民不服該會之行政處分所提起之訴願案件，未送由行政院受理訴願，有無牴觸訴願法所定訴願管轄之規定？決議：（前段文字略）人民不服通傳會作成之行政處分提起訴願時，因通傳會組織法及其他法規就其訴願管轄並無特別規定，而通傳會係行政院所屬之行政機關，其層級相當於部會等之二級機關，故應依訴願法第4條第7款規定，由行政院管轄之。（最高行政法院乃依據此項決議維持台北高等行政法院所為數件以通傳會對自己作成之行政處分無訴願管轄權，而單獨撤銷訴願決定之判決，例如98年度判字第939、1066、1072、1130、1067、1084、1250、1256號判決）。

2. 臺北高等行政法院89年度訴字第1953號判決：查原訴願決定書對外發文日期係同年八月二十八日，即毛治國任職中華電信股份有限公司後始正式作成；況毛治國就任中華電信股份有限公司董事長之人事命令早於同年八月十二日即告確定而對外發佈正式新聞稿，有原告提出之新聞報導附本院卷可稽，且交通部於同年八月十四日即以交人八十九字第○○八三六七號函向行政院陳報此項人事案，行政院旋於同年八月十六日以台八十九人政力字第一九一二三一號函復「同意照辦」之情，兩造並無爭議。準此，原訴願審議委員會議於同年八月十五日召開及決定之時，其主任委員毛治國縱在形式上未正式任職中華電信股份有限公司，其地位亦猶如「訂有婚約」之未婚配偶，因檢舉人（被害人）中華電信股份有限公司與原告具有利害關係，而類期待其參與訴願決定無偏頗之虞，依前揭規定，應自行迴避，惟毛治國並未依法迴避，於明知即將擔任中華電信董事長之際，仍擔任本案訴願審議委員會主任委員，主持訴願審查會議及參與本件訴願審議決定，顯然牴觸訴願法第五十五條保障訴願程序公正性之本旨，故原訴願決定於程序上具有嚴重瑕疵，基於當事人之程序利益，自應由本院加以撤銷，由原受理訴願機關重行為適法之審議。而原處分於其訴願決定撤銷後，既尚待原受理訴願機關重行審議，則原處分應否撤銷，本院目前即無從逕行判決，兩造其餘實體爭執，亦尚無論究之必要，併此敘明。（此件判決見解業經最高行政法院92年度判字第550號判決予以維持）。

3. 臺北高等行政法院91年度訴字第1504號判決：按「復審、再復審之程序，除本法另有規定外，準用訴願法之規定。」公務人員保障法第二十二條定有明文。……次按修正後訴願法第四條第七款規定：「不服中央各部、會、行、處、局、署之行政處分者，向主管院提起訴願。」……保訓會於審理保障案件，係立於準司法地位，應依公務人員保障法及相關法律審議決定。又依公務人員保障法第十九條規定：「公務人員不服復審機關所為之復審決定，得於收受復審決定書之次日起三十日內，向公務人員暨培訓委員會提起再復審。不服國民大會、總統府及中央各院所為之復審決定者，仍適用前項之規定。」可知公務人員對各機關之復審決定，如有不服提起再復審，均由保訓會審理，要無因復審機關為院級機關而有不同，此乃法所明定之程序……本件原告不服被告銓敘部所為九十年三月一日九十銓一字第一九九四七六九號函所為銓敘審定合格實授之處分，依公務人員保障法提起復審，詎銓敘部未依前揭準用修正後訴願法之規定，將該案送請考試院為復審之審理，逕自再為復審決定，揆諸前揭說明，自有未合，從而其復審決定後，雖曾由公務人員保訓會為再復審之審理，亦無礙其程序之瑕疵，雖原告未對此程序瑕疵提出異議，惟基於職權調查之原則，本院仍應認其復審審理程序具有瑕疵，爰將復審及再復審決定撤銷，交由被告再送適法機關為復審之審理。

   惟此判決後於銓敘部提起上訴後，經最高行政法院93年度判字第252號判決廢棄，理由略以：按公務人員保障法已於九十二年五月二十八日總統令修正公布全文一百零六條，並自公布日施行。依修正後之公務人員保障法之規定，業已配合訴願法及行政訴訟法之修正，取消再復審之程序，並將復審改由保訓會統一受理，以簡化救濟層級。有關復審之程序，亦多於公務人員保障法自為規定，並將修正前第二十二條有關復審、再復審之程序，準用訴願法之規定刪除，觀之公務人員保障法第四條、第四十條之規定自明。又依同法第一百零三條第一項規定：「本法修正施行前，尚未終結之復審事件，其以後之程序，依修正之本法規定終結之；尚未終結之再復審事件，其以後之再復審程序，準用修正之本法有關復審程序規定終結之。」準此，本件倘依原判決撤銷復審決定及再復審決定之結果，原處分機關已無從依原判決意旨送交考試院為復審決定，僅能由保訓會重為復審決定。惟本件業經保訓會於公務人員保障法修正前為實體之審理並作成再復審駁回之決定，已無損於被上訴人之審級利益，基於行政救濟程序經濟之考量，應認本件於修正之公務人員保障法公布施行後，已無再由保訓會重為復審決定之必要。原判決未及斟酌修正後公務人員保障法之規定，以被上訴人未將本件送請考試院為復審之審理，其程序不無瑕疵，將復審決定及再復審決定撤銷，容有未洽。（類似案例參見93年度判字第511號、93年度判字第552號、93年度判字630號、93年度判字第498號、93年度判字第542號、93年度判字第502號、93年度判字第705號、93年度判字第707號、93年度判字第658號、93年度判字第697號、93

原告的程序利益產生實質的影響[24]，或原告已於訴訟時加以指摘，並特別聲明應予撤銷，行政法院始有必要單獨撤銷訴願決定，由訴願機關重為適法的審議。

### 4. 原處分主義之下，是否需請求將訴願決定一併撤銷

又依本法第24條規定：「經訴願程序之行政訴訟，其被告為下列機關：一、駁回訴願時之原處分機關。二、撤銷或變更原處分時，為撤銷或變更之機關。」可見撤銷訴訟的程序標的係採原處分主義，也就是以第一次對原告作成不利處分之行政機關為被告，並以該不利的行政處分為訴訟對象。對於經過訴願決定以基本上相同的理由予以維持的行政處分，原告起訴聲明僅須以原處分機關為被告，請求判決撤銷原處分即可達到訴之目的[25]，似無庸請求將訴願決定一併撤銷，因為原處分一經判決撤銷，維持

---

年度判字第754號、93年度判字第715號）（此類案例，最高行政法院雖認為當事人於起訴前已踐行合法復審程序，但使用「審級利益」一詞，似仍將復審程序視為下級審。其實，個人認為基於重要的程序瑕疵，即可單獨撤銷復審或訴願決定，不一定要牽扯到「審級利益」）。

[24] 例如高等行政法院89年度第2次法律座談會第6號提案：高等行政法院如認定訴願決定從程序上不受理之案件，有違法之情事時，得否將訴願決定撤銷，發回原訴願機關重為決定？大會研討結果：（採折衷說）本件應視行政機關所為行政處分之性質而定，如行政機關之行政處分係屬羈束處分，因僅生該處分是否適法之問題，高等行政法院依法可自行審查，自不須將訴願決定撤銷發回，若屬裁量處分，則因行政訴訟僅得審查行政處分是否違法，至其裁量是否適當，應由訴願機關負責審查，則除當事人明白表示不欲就裁量之適當與否為爭訟外，為保障當事人審級利益，自得將原訴願決定撤銷，由訴願機關重為決定。
類似見解例如最高行政法院94年度判字第59號判決要旨：被上訴人既僅對上訴人單一之處分提出申訴，自僅需繳納一件不服該處分之審議費。審議判斷機關命其補繳十一件審議費，並以被上訴人未補繳十一件審議費亦未指明所繳之三萬元欲申訴之採購案名稱為何，而從程序上不予受理，固有未合，惟查被上訴人既已合法提出申訴，並起訴請求撤銷原處分、異議決定及申訴審議判斷，且原處分係屬羈束處分，僅生適法與否之問題，不生由審議判斷機關就裁量是否適當先予審查之問題，又無其他適於由審議判斷機關先行實體審查之理由，自應逕由原法院就系爭處分是否適法予以審究，無須將申訴審議判斷撤銷發回。
不同見解例如最高行政法院93年度判字第544號判決要旨：提起撤銷訴訟或課以義務訴訟，以經過合法之訴願程序為前提，觀行政訴訟法第四條第一項、第五條之規定甚明。然訴願程序是否合法，以行政法院審查結果為斷，非以訴願決定為據。訴願決定認為訴願不合法從程序上不予受理，亦屬維持原處分。行政法院審查結果，如認訴願決定違法，為保障人民儘速接近法院請求救判之訴訟權，應進而審查原處分是否違法，以判斷起訴有無理由，不僅將訴願決定撤銷，發回訴願決定機關為實體審理。縱使原處分含有裁量成分，是否適當，訴願決定原可審查，惟原處分適當與否既非行政法院所得審查之範圍，實無從因欲使訴願決定機關重為審查原處分是否適當之考慮，僅將訴願決定撤銷，發回訴願決定機關。本院審理行政訴訟法修正施行前之舊案，曾以八十九年七月份第三次庭長法官聯席會議決議：「再訴願或訴願決定從程序上不受理之案件，如有違法時，宜從程序上審查，發交高等行政法院」，而不逕自撤銷再訴願或訴願決定，發回訴願決定機關，其故在此。

[25] 本法雖未明文規定撤銷訴訟的訴訟對象（程序標的）為何，惟參考德國行政法院法第79條第1項第1款規定：「撤銷訴訟之對象為原處分，經訴願決定予以維持之形式」規定可知，撤銷訴訟的訴訟對象，原則上僅為原處分。因為訴願決定如果將系爭行政處分所提起的訴願駁回，很明顯的，其本身並無內容。在此請求撤銷訴願決定，僅有釐清、宣示的作用而已。如果原告例外的，除了撤銷原處分以外，還特別要撤銷訴願決定，則僅於訴之聲明中聲明撤銷原處分及訴願決定是不夠清楚的，至少必須於訴訟理由中陳

原處分之訴願決定即失所附麗，溯及失其效力[26]，或者行政法院於認定原處分違法時，也可以依職權判決將訴願決定一併撤銷[27]。除非訴願決定本身有瑕疵，例如其踐行的程序有瑕疵，或變更原處分的理由而以其他不適法的理由維持原處分，或誤以為訴願不合法而不予受理，才有必要請求將訴願決定一併撤銷。此時，**雖無須將訴願決定機關併列被告，但原告起訴理由既然已指摘訴願決定的固有瑕疵，基於由訴願決定機關輔助被告（原處分機關）就該固有瑕疵提供答辯意見之需要，依本法第44條規定**，行政法院即有必要命訴願決定機關參加訴訟，或由其聲請參加訴訟。然而目前實務上，對於撤銷訴訟，無論訴願決定有無固有瑕疵，均一律要求原告應聲明將原處分及其訴願決定合併撤銷[28]，卻從來不命訴願決定機關輔助被告（原處分機關）參加訴訟。這或許是承襲改制前行政法院以訴願程序為行政訴訟的下級審的舊習。其實對於撤銷訴訟而言，先行訴願只是提起行政訴訟的「程序合法要件」之一，訴願與行政訴訟之間並無審級之關係，

---

明，另以訴願決定為訴訟對象的事由。參見彭鳳至，德國行政訴訟制度及訴訟實務之研究，司法院秘書處，民國88年6月，第75頁。

[26] 民國89年7月1日以前施行之舊行政訴訟法第26條第1項前段規定：「行政法院認起訴為有理由者，應以判決撤銷或變更原處分或決定」，並未規定須將維持原處分的訴願決定一併撤銷。另外，大陸最高人民法院關於執行《中華人民共和國行政訴訟法》若干問題的解釋第53條第1款則明確規定：復議決定維持原具體行政行為的，人民法院判決撤銷原具體行政行為，復議決定自然無效。

[27] 95年度高等行政法院法律座談會提案七：原告提起撤銷訴訟，其訴之聲明僅請求撤銷原處分，漏未請求撤銷訴願決定，惟原告經合法通知均未到庭，高等行政法院應如何裁判？大會研討結果：（多數採丙說）按當事人提起撤銷訴訟之目的，即係要撤銷違法之行政處分及訴願決定，原告之聲明雖有不完足，惟經高等行政法院審理結果，如認原告之訴為有理由，高等行政法院即得依到庭被告之聲請，由其一造辯論並諭知撤銷原處分及訴願決定之判決；如認原告之訴為無理由，則應予判決駁回。

另外，如前註引德國行政法院法第79條第1項第1款雖規定：「撤銷訴訟之對象為原處分，經訴願決定予以維持之形式（也有翻譯成：經訴願決定所形成之原行政處分）」（陳敏等：德國行政法院法逐條釋義，司法院，民國91年10月，第775頁），但同法第113條第1項第1句則規定：「在行政處分違法並侵害原告權利之範圍內，法院應撤銷原行政處分及相關訴願決定。」（同上書第1222頁）亦係認為維持原處分的訴願決定雖非撤銷訴訟的程序標的，但仍可依職權連同原處分一併撤銷。

[28] 甚至有認為原告訴之聲明僅請求撤銷原處分，未併予請求撤銷訴願決定，難以達其訴之目的，顯欠缺權利保護之必要。例如前註引95年度高等行政法院法律座談會提案七法律問題的甲說與乙說的見解。其實上開法律問題之丁說比多數所採丙說，將問題說得更為透徹：一、依我國行政訴訟法第24條第1款有關撤銷訴訟，於駁回訴願時以原處分機關為被告之規定，顯係採處分主義。雖然於提起行政訴訟時，實務上常請求將原處分及訴願決定一併撤銷，但其訴訟標的主要是撤銷原處分。從處分主義的觀點來看，原處分之違法僅於原處分之撤銷訴訟中主張，對訴願決定僅能挑剔其本身之固有瑕疵，例如：組織不合法、處理訴願程序不合法。若起訴時僅請求撤銷原處分而未請求撤銷訴願決定，即不予審究訴願決定有無固有瑕疵，而直接審理原處分認事用法有無瑕疵，如認有瑕疵而予以撤銷，訴願決定即失所附麗，兩者均失其效力。故本題情形，對原處分加以審理即可，無需理會訴願決定。二、除非採裁決主義，因對於原處分不得提出訴訟，於訴願決定係維持原處分時，亦僅得請求撤銷訴願決定，故原處分及訴願決定之瑕疵須於撤銷訴願決定之訴訟中一併審究，此時漏未請求撤銷訴願決定，才會構成起訴不備訴訟要件。但我國非採此種訴訟型態。

高等行政法院只須審究原告於提起撤銷訴訟前，有無依法踐行訴願程序即可，不必理會其有無請求將訴願決定一併撤銷；如果原告起訴時僅請求撤銷原處分而未請求撤銷訴願決定，即不予審究訴願決定有無固有瑕疵，而直接審理原處分是否違法，始符合原處分主義之精神。

### 5. 以訴願機關為被告之條件

至於維持（或不變更）原處分的訴願決定有固有瑕疵時，可否單獨以訴願決定為訴訟對象（程序標的），並以訴願決定機關為被告，提起撤銷訴訟？依本法第24條第1款規定，是不應准許的，而且實益不大[29]；依本法第24條第2款規定，只有在訴願機關作成撤銷或變更原處分的決定時，才能單獨以訴願決定為訴訟對象（程序標的），並以訴願決定機關為被告，提起撤銷訴訟[30]。

### 6. 司法審查之密度

另外，無論撤銷訴訟或後述的課予義務訴訟，在訴願程序的階段，訴願機關係審查原處分的違法或不當，在行政訴訟程序的階段，行政法院係審查原處分或決定的違法。此種程序權限的區別，主要係基於權力分立原則下，對於行政機關裁量權的尊重（本法第4條第1項、第200條第4款及訴願法第1條第1項參照），除非其裁量權之行使有逾越權限或濫用權力的情形（本法第4條第2項、第201條），始例外接受司法審查（裁判監

---

[29] 單獨起訴請求撤銷訴願決定縱使可以阻礙原處分之確定，但勝訴的結果，亦只是命訴願機關重為無瑕疵的訴願決定，並不能達到直接撤銷原處分的目的。

[30] 因撤銷原處分而以該撤銷之機關為被告，通常發生於具有第三人效力之行政處分之爭議。譬如訴願決定機關對鄰人甲提起的訴願，決定撤銷原處分機關核發給起造人乙的建築執照，此時乙的權利，因訴願決定而第一次受到侵害，即可直接對訴願決定提起行政訴訟。又所謂變更原處分係指自為新處分代替原處分，無論該新處分相較於原處分是否有利於原告，均應以新處分為撤銷訴訟的程序標的。其次，訴願決定於維持原處分的同時，另增加原告的負擔者，亦應以該新增的負擔處分為撤銷訴訟的程序標的；此時原告如果亦對原處分提起撤銷訴訟，即可以原處分機關與訴願機關併列為被告。再按，訴願決定如果係撤銷原處分之一部（實質上的變更），而維持其餘部分者，因該撤銷而受不利益之第三人固應以訴願決定為撤銷訴訟的程序標的，但原提起訴願之人仍應以原處分被維持的其餘部分為撤銷訴訟的程序標的。

參考德國行政法院法第79條第1項第2款及第2項第1句規定：「(1)撤銷訴訟之標的如下：1.……2.經產生第一次不利益之救濟決定或訴願決定。(2)訴願決定後，對原行政處分所增加獨立之不利益者，該增加部分亦得單獨作為撤銷訴訟的標的。」與前揭對本法第24條之詮釋相似。惟德國行政法院法第79條第2項第2句規定：「凡重要程序規定之違反，而訴願決定係以之為根據者，亦視為增加之不利益。第78條第2項之規定，準用之」，按即容許因為訴願決定（維持原處分）違反重要程序規定，而單獨以訴願決定為撤銷訴訟之程序標的，並以訴願機關（公法人）為被告。此為本法所無之規定，尚難比附援引。

督）。

### 7. 稅務行政訴訟仍採原處分主義

最後必須要澄清的是，關於稅捐的撤銷訴訟有理由時，實務作法雖有僅撤銷訴願決定及復查決定，而未將最初的核定處分（原核定處分）一併撤銷的情形，但不能以此推論「我國稅務行政爭訟之對象，實務上似採裁決主義之見解」[31]。蓋依稅捐稽徵法第35條、第38條規定，納稅義務人對於核定稅捐之處分如有不服，得向原處分機關申請復查；原處分機關對有關復查之申請，未於接到申請書後二個月內作成復查決定者，納稅義務人得逕行提起訴願；納稅義務人對稅捐稽徵機關之復查決定如有不服，得依法提起訴願及行政訴訟。即係將申請復查與提起訴願，均視為行政救濟的一環；如復查決定維持原處分，納稅義務人可以循序提起訴願及行政訴訟，並未規定須以復查決定作為撤銷訴訟之程序標的。且由於原核定處分與復查決定均為同一機關作成之行政處分，無論以何者為撤銷訴訟之程序標的，均係以同一機關為被告，故實務上，於復查決定維持原處分時，原告可以選擇原核定處分或復查決定作為撤銷訴訟之程序標的，縱使其僅選擇復查決定作為撤銷訴訟之程序標的，行政法院亦得審究原核定處分的瑕疵；如果其選擇以原核定處分為撤銷訴訟之程序標的，則行政法院認為其訴有理由時，係視情形決定是否將復查決定及原核定處分一併撤銷（連根拔起），或僅撤銷到復查決定而留住原核定處分。行政法院通常係基於系爭事件尚有再為調查、核算或裁量之必要，又恐重新作成行政處分時已逾越稅捐核課期間，才會選擇後者，否則，如果原核定處分認事或用法既有違誤，即應將復查決定及原核定處分一併撤銷[32]。此種作法兼顧法理與實

---

[31] 有學者依據改制前行政法院45年度判字第7號判例、48年度裁字第40號判例及74年度判字第290號判決意旨，推論「我國稅務行政爭訟之對象，實務上似採裁決主義之見解」。參見陳清秀，行政訴訟法，元照出版有限公司，2009年10月3版，第339、340頁。

[32] 各級行政法院93年度法律座談會法律問題第6則：原告對稽徵機關核課稅捐之處分不服，經提起復查及訴願，遞遭決定駁回後，依行政訴訟法第四條規定向高等行政法院提起撤銷訴訟，聲明求為判決：「訴願決定及原處分（復查決定含原核定處分）均撤銷」，而高等行政法院判決主文諭知：「訴願決定及原處分（復查決定）均撤銷」時，是否另需為「原告其餘之訴駁回」之諭知？
討論意見：甲說：肯定說。理由：法院判決之主文既與原告聲明之請求不同；且「復查決定含原核定處分」均撤銷，係將原不利於原告之處分均撤銷，至於僅撤銷復查決定，稽徵機關仍應再重為復查決定，而該重為復查決定結果，原告可能仍有爭執，故為「訴願決定及原處分（復查決定）均撤銷」之諭知，

際，並調和公益與私權，已成為審判慣例。至於改制前行政法院45年判字第7號判例意旨謂：「再訴願官署認為原告繳款申請復查，未逾限期，原徵收機關拒絕復查及訴願決定駁回，均有未合，因將訴願決定及原處分均撤銷，並於主文揭載『其補徵稅額，應准依法復查，另為處分』。其『處分』之用語，顯即指營業稅法第十四條之『復查決定』而言。此項再訴願決定，不獨無損於原告之權利，且符合於原告當初因受拒絕復查之處分而請求救濟之本旨。」48年裁字第40號判例意旨謂：「查關於再審原告所得稅部分之原處分及訴願再訴願決定，並經本院原判決予以撤銷，應由再審被告官署依復查程序另為處分。」74年度判字第290號判決意旨謂：「納稅義務人暫繳二分之一稅款申請複查後，提起訴願、再訴願及行政訴訟，雖經行政法院判決將再訴願決定、訴願決定及原處分均撤銷，應由被告機關另為適法之處分，但該案件僅回復至原申請複查之程序，並未確定。」等語，僅係彰顯各該判決或再訴願決定，基於應由原處分機關重行查證核實，另為適法之復查決定之考量，未將原核定處分一併撤銷而已，尚不足以推論我國稅務行政爭訟之對象，實務上係採裁決主義之見解，不

---

原告並非獲得全部勝訴之判決，自應為「原告其餘之訴駁回」之諭知，並使原告對之有得為救濟之機會。乙說：否定說。理由：實務上慣例並未再為「原告其餘之訴駁回」之諭知。初步研討結果：採甲說。大會研討結果：採乙說。（資料來源：司法周刊第1189期2版，行政訴訟法實務見解彙編，96年12月版，第53頁）

實務上甚至有人進一步主張原告之訴訟目的已達，不能提起上訴，即傾向於以復查決定作為撤銷訴訟之程序標的。惟此一問題，尚無定論。實務上，仍有採甲說之作法者，例如台中高等行政法院96年度訴字第189號判決即諭知：「訴願決定及復查決定均撤銷，原告其餘之訴駁回」，原告並僅就「其餘之訴駁回」部分上訴。最高行政法院98年度判字第924號判決亦僅就該部分為判決，諭知廢棄發回更審。台中高等行政法院98年度訴更一字第19號判決則認為法院本無對請求撤銷初核（即原處分）部分另為駁回諭知之必要；倘法院就此部分另為駁回之諭知時，原告亦無對之提起上訴之必要；原告於更審時已無請求將原處分撤銷之必要等語。

個人認為無論採甲說或乙說的作法，原告均得對該判決之全部提起上訴，縱使原告僅就駁回其請求撤銷初核（即原處分）部分之判決，提起上訴，效力亦及於該判決之全部，上訴審法院應就原判決之全部為審理。蓋原告既選擇以初核（即原處分）為程序標的，則法院判決如僅撤銷訴願決定及復查決定，其訴之目的即未全部實現，且初核、復查決定與訴願決定均係對同一事件為處分，原告起訴將其一併撤銷，具有一體性，對於其判決難以割裂上訴；又上訴審法院於審理該駁回原告請求撤銷初核（即原處分）部分的判決是否有違誤時，本應就原審選擇撤銷訴願決定及復查決定之作法是否適法，一併考量。另一方面，就被告而言，原判決如僅將訴願決定及復查決定撤銷，無論其是否駁回原告其餘之訴（請求撤銷原處分部分），整體而言，仍屬對被告不利，難以割裂上訴（得對原判決之全部提起上訴）；縱使被告僅對訴願決定及復查決定被撤銷部分提起上訴，效力亦及於該判決之全部（最高行政法院99年度判字第915號判決意旨參照）。惟實務上有認為：原判決駁回原告其餘之訴（訴請撤銷原處分部分），係對被告有利之判決，被告不得上訴，其請求將原判決全部廢棄，係對其有利部分之判決一併上訴，此部分上訴為不合法，應另以裁定駁回（97年度判字第741號判決參照）。

准對於原核定處分提出訴訟[33]。

## 二、課予義務訴訟

### 1. 本質上為給付訴訟

　　課予義務訴訟乃請求行政機關作成行政處分的訴訟,本質上屬於給付訴訟。依起訴原因不同,可以區分為怠為處分(消極不作為)之訴與拒為處分(拒絕申請)之訴二種。前者係指人民因中央或地方機關對其依法申請的案件,於法令所定期間內應作為而不作為(未為任何准駁),認為其權利或法律上利益受損害者,經依訴願程序後,得向高等行政法院提起請求該機關應為行政處分(准駁之決定)或應為特定內容之行政處分之訴訟(本法第5條第1項);後者係指人民因中央或地方機關對其依法申請的案件,予以駁回,認為其權利或法律上利益受違法損害者,經依訴願程序後,得向高等行政法院提起請求該機關應為行政處分或應為特定內容之行政處分之訴訟(本法第5條第2項)。

### 2.「依法申請」係屬課予義務訴訟的特別訴訟要件

　　按「依法申請的案件」,其申請行政機關作成的標的必須為行政處分或特定內容之行政處分,若所請求作成者並非行政處分,則不屬課予義務訴訟,而應依一般給付訴訟之規定起訴。又申請案有無「依法(法律依據)」,究竟係屬課予義務訴訟的特別訴訟要件,或應屬訴訟有無理由的

---

[33] 最高行政法院99年度判字第38號判決理由謂:「就稅捐事件而言,所謂原處分係指人民對之不服之復查決定,而非稅捐稽徵機關原核定之處分,蓋依稅捐稽徵法第35條第1項及同法第38條第1項規定意旨,稅捐事件之行政爭訟,訴願程序係採申請復查之前置程序,僅於經復查決定後,仍不服者,始對原處分稅捐稽徵機關之復查決定提起訴願,非不服該機關原核定處分,解釋上我國法制與德日立法例所採『裁決主義』相近(本院92年度判字第902號判決參照)」等語,並非通說,且與實情似不盡相符。蓋依德國行政法院法第78條、第79條規定所示,其係採原處分主義,即以第一次不利益的處分為撤銷訴訟之程序標的,以作成該處分之機關(所屬公法人)為被告;對於維持原處分的訴願決定而言,僅於該訴願決定違反重要程序規定時,得單獨以該訴願決定為撤銷訴訟之程序標的,並以訴願機關為被告(陳敏等,德國行政法院法逐條釋義,司法院,民國91年10月,第765、775頁)。又依日本行政事件訴訟法第10條第2項:「於撤銷處分訴訟與撤銷該處分審查請求之駁回裁決訴訟,二者均得提起時,不得於撤銷裁決訴訟中,以處分違法為理由請求撤銷之」,及第11條有關被告適格等規定可知,其對於經「審查請求」(訴願)裁決所生之原處分,雖得分別以原處分機關及裁決機關(所屬國家或地方自治團體)提起撤銷處分及撤銷裁決之訴,但係採取原處分主義的原則,即原處分之違法僅得於原處分撤銷訴訟中主張,於撤銷裁決之訴中僅得主張裁決的固有瑕疵,而非如裁決主義一般,不准對原處分提起訴訟,僅得對於維持原處分之裁決提起訴訟,並於撤銷裁決訴訟中,主張原處分之違法事由。林素鳳,行政爭訟與行政法學(二)附錄一日本行政事件訴訟法,中央警察大學出版社,民國94年10月初版,第304頁;另參考陳清秀,行政訴訟法,作者自己發行,88年6月初版,第304~308頁。

問題？學者間有不同的見解。有認為本法第5條規定文字「依法申請的案件」係承襲舊訴願法第2條第2項之用語，並非精確配合課予義務訴訟之性質，所刻意設定之訴訟要件，在審究課予義務訴訟本案判決要件時，似無須對「依法」二字賦予特別意義；對於作為訴訟標的之行政處分，人民是否有作成之請求權法律依據，應屬於訴訟有無理由之問題，而非訴訟是否合法之問題[34]。因此，所謂「依法申請」應指原告就其請求行政機關作成之處分，曾經由行政程序向行政機關提出，原告在實體法上對行政機關有無申請權，於此並不重要（即非課予義務訴訟的特別訴訟要件）[35]。惟通說認為「依法申請」係指「有依法請求行政機關作為的權利」[36]、「原告依法律有向行政機關（請求）為一定行政處分之權利」[37]或「申請人依法有權請求行政機關作成授予其權益的行政處分或特定內容之行政處分」[38]而言。司法實務亦存在歧見，有認為「所稱『依法申請』，係指人民依據法律有向行政機關申請對其作成一定行政處分之權利而言。法律未規定人民有申請權，或法律並非規定人民得申請行政機關對其作成一定之行政處分者，均非上開法條規定之依法申請案件」[39]、「所謂『依法申請之案件』，係指人民依法有權請求行政機關為准駁之行政處分者而言，至單純陳情、檢舉、建議或請求等，則不包括在內，是若無行政處分存在或非人民依法申請之案件，即不得據以提起訴願及行政訴訟。」[40]；另有認為「行政訴訟法第107條第1項各款係屬訴訟合法要件之規定，如有欠缺而不能補正或得補正經定期命補正而不補正者，法院應以裁定駁回之。至於原告提起應為行政處分之訴訟，如無公法上之請求權存在，則為其訴是否欠缺關於訴訟標的之法律關係之要件，並非欠缺訴訟合法要件。而原告提

---

34 陳敏，行政法總論，作者自己發行，民國96年10月5版，第1389頁。
35 翁岳生編／劉宗德、彭鳳至，行政法（下），元照出版有限公司，2006年10月3版，第437頁。
36 吳庚，行政爭訟法論，民國94年10月第3版2刷，第117頁。
37 陳計男，行政訴訟法釋論，作者自己發行，民國89年1月初版，第175頁。
38 林騰鷂，行政訴訟法，三民書局，2004年6月初版1刷，第96頁。
39 最高行政法院90年度判字第1637號判決參照。此判決意旨係從實體法面定義「依法申請」。
40 臺北高等行政法院92年度訴字第1826號、93年度訴字第2349號裁定參照（分別經最高行政法院以94年度裁字第1351號、94年度裁字第2524號裁定駁回抗告而確定）。按人民對於行政機關如有實體法上權利，於程序上即應同時賦予人民申請權，使行政機關負有為准駁之義務。故此裁定意旨係從程序面定義「依法申請」。

起行政訴訟是否欠缺關於訴訟標的之法律關係之要件，則須審酌當事人之實體上法律關係始能判斷，屬其訴有無理由之問題，依行政訴訟法第195條第1項及第200條第2款、第3款及第4款規定，應以判決行之。」[41]。個人認為本法新設「課予義務訴訟」的目的既是要解決舊行政訴訟法時代，行政機關違法駁回人民的申請案（駁回處分），或對於人民依法申請案件，於法定期限內應作為而不作為，致損害人民之權利或利益者（視同行政處分[42]），僅能提起撤銷訴訟以求救濟的弊病[43]，足見課予義務訴訟仍係立基於其內容為拒絕申請的行政處分，或怠於作為致損害人民之權利或利益者之上；如果不是「依法申請」，則起初行政機關的拒為處分或怠為處分，既不一定會損害申請人的權利或法律上利益，而有構成行政處分或有視同行政處分之必要，即不一定可以提起撤銷訴訟，亦不當然可以進一步賦予課予義務訴訟之權能。故從「有權利，斯有救濟」的原則推論，只有在申請案是「依法」時，才有必要於其循撤銷訴訟或課予義務訴訟之程序請求救濟時，予以本案判決。另外從行政程序法第51條第1至3項規定：「行政機關對於人民依法規之申請，除法規另有規定外，應按各事項類別，訂定處理期間公告之。未依前項規定訂定處理期間者，其處理期間為二個月。行政機關未能於前二項所定期間內處理終結者，得於原處理期間之限度內延長之，但以一次為限。」意旨，可知其係本法第1項「法令所定期間」之補充規定，則依法律的體系解釋，所謂「依法申請」，即係指「人民依法規之申請」，也就是依法規有請求權。故提起課予義務訴訟應以「依法申請」為前提要件（特別訴訟要件），原告是否具備法律規定請求權之要件，才是其訴有無理由的問題[44]。

---

[41]　最高行政法院97年度裁字第2148號裁定參照。

[42]　舊訴願法第2條第2項：「中央或地方機關對於人民依法申請之案件，於法定期限內應作為而不作為，致損害人民之權利或利益者，視同行政處分。」

[43]　本法第5條第2項之立法說明：「在行政機關違法駁回人民申請案的情形，依現制人民祇得請求撤銷駁回處分，倘若行政機關在其所為駁回處分被撤銷後，仍然堅持己見，繼續違法駁回人民的申請，則人民祇得反覆爭訟請求撤銷，而無法有效實現其公法上權利。爰仿傚德國課予義務訴訟之立法例，規定對於駁回處分在踐行訴願程序後，得起訴請求判決行政機關應為行政處分（在案件尚未成熟的情形）或應為特定內容之行政處分（在案件成熟的情形），以資救濟。」司法院祕書處發行，行政訴訟法新舊條文對照表，民國88年1月，第46頁。

[44]　最高行政法院100年度判字第2124號判決參照。

### 3. 請求作成的行政處分的種類

　　其次，課予義務訴訟所請求作成的行政處分是否限於對自己，而不可以對第三人？又是否限於授益處分？學者間有不同見解，有認為係指「請求行政機關作成授予其權益的行政處分或特定內容之行政處分」、「只要原告原則上並非要求針對原告本人作成一項行政處分，而是要求其他行政上行為，即不屬於課予義務之訴的範圍。此之行政上行為也可能是對於第三人的行政處分，亦即原告起訴請求判命行政機關對於第三人作成負擔的行政處分……，均屬一般給付訴訟」[45]；有認為「所謂依法申請，係指有依法請求行政機關作為的權利之謂，具體而言，即有請求行政機關作成授益處分之法律上依據」[46]；有謂「原告提起課予義務訴訟，須其所請求行政機關作成之行為，客觀上為行政處分；至於其請求行政機關作成行政處分之種類及性質為何，其係請求對自己或對第三人作成行政處分，原則均不影響訴之合法性」[47]；有謂「第三人為保障自己之權利，請求行政機關對特定人作成加負擔處分，而遭拒絕時，則具有權利保護必要。惟第三人通常並無請求行政機關，對特定人作成授益處分，以使自己同受利益之權利保護必要」[48]。實務上亦無定論，前揭最高行政法院90年度判字第1637號判決認為「依法申請」，係指人民依據法律有向行政機關申請「對其作成一定行政處分」之權利而言，法律未規定人民得申請行政機關對其作成一定之行政處分者，即非依法申請案件。但台北高等行政法院91年度3128號裁定則認為「課予義務訴訟，僅適用於人民依法申請之事件，無論是申請對自己作成處分，或例外對他人作成處分，均須有法律明文規定」，此見解經最高行政法院93年度裁字第1537號裁定予以維持。以上

---

[45] 林騰鷂，行政訴訟法，三民書局，2004年6月初版1刷，第96頁、第131-132頁。惟同書第96頁卻認為依法申請作成之行政處分，「其內容包括各種行政處分，如形成處分、確認處分或（與第三人行為有關之）命令處分」。所謂與第三人行為有關之命令處分，即係加負擔予第三人之處分。前後論述似不一致。

[46] 吳庚，行政爭訟法論，民國94年10月第3版2刷，第117頁。惟同書第121頁卻認為「新近修正通過之空氣污染防制法第74條所創設之這類訴訟，即不必先經由訴願，而得直接向行政法院起訴」，所謂「這類訴訟」係指「人民得以該主管機關為被告，對其怠於執行職務之行為，直接向行政法院提起訴訟，請求判令其執行」的課予義務訴訟（按即現行空氣污染防制法第81條之訴訟），似又認為依法申請作成之行政處分，包括對第三人作成負擔處分，前後論述亦不一致。

[47] 翁岳生編／劉宗德、彭鳳至，行政法（下），元照出版有限公司，2006年10月3版，第438-439頁。

[48] 陳敏，行政法總論，作者自己發行，民國96年10月5版，第1389-1390頁。

見解的歧異，大體上受其對於所謂「依法申請」的不同理解的影響。個人認為，提起課予義務訴訟既應以「依法申請」為特別訴訟要件，則請求行政機關作成行政處分之種類、性質，及其相對人係自己或第三人，即悉依其請求權的基礎而定。就現行法制言，依法申請之案件，固以申請行政機關對自己為授益處分居多，但仍不乏申請行政機關對第三人作成負擔處分者，例如：依專利法第67條第2項、第107條第2項、第128條第2項，舉發請求撤銷第三人之專利權（又分利害關係人之舉發與任何人基於公益之舉發）；依商標法第40條提出異議請求撤銷第三人之商標註冊（任何人基於公益之異議）；依商標法第50條申請評定請求撤銷第三人之商標註冊（利害關係人之申請評定）；依商標法第57條申請廢止第三人之商標註冊（任何人基於公益之申請）；依廢棄物清理法第72條請求主管機關對於違規公私場所處以行政罰或作成其他負擔處分（又分為受害人民或公益團體之請求判令執行訴訟）；依空氣污染防制法第81條請求主管機關對於違規公私場所處以行政罰或作成其他負擔處分（又分為受害人民或公益團體之請求判令執行訴訟）；依水污染防治法第72條請求主管機關對於違規事業、污水下水道系統處以行政罰或作成其他負擔處分（又分為受害人民或公益團體之請求判令執行訴訟）；依土壤及地下水污染整治法第49條請求主管機關對於違規公私場所處以行政罰或作成其他負擔處分（又分為受害人民或公益團體之請求判令執行訴訟）；依海洋污染防治法第59條請求主管機關對於違規公私場所處以行政罰或作成其他負擔處分（又分為受害人民或公益團體之請求判令執行訴訟）；依環境影響評估法第23條第8項、第9項請求主管機關對於違規開發單位處以行政罰或作成其他負擔處分（又分為受害人民或公益團體之請求判令執行訴訟）等[49]。並有申請對自己為負擔處分之立法例，例如依土地法第215條、土地徵收條例第5條第1項、第2項請求徵收土地改良物；依土地法第217條、土地徵收條例第8條請求一併徵收土地或建築改良物殘餘部分。而且有些法律僅於程序上賦予人民

---

[49] 環境基本法第34條第1項僅規定：「各級政府疏於執行時，人民或公益團體得『依法律規定』以主管機關為被告，向行政法院提起訴訟。」尚須依據個別環境法規定，始得以主管機關為被告，向行政法院提起訴訟。

請求行政機關作成行政處分的申請權，並未具體規範行政處分的種類或性質，例如依耕地三七五減租條例第19條第4項僅規定：「出租人不能維持其一家生活而有第一項第三款情事時，得申請鄉（鎮、市、區）公所耕地租佃委員會予以調處」[50]，至於應為如何之調處，則未限定。

### 4. 所稱「依法」的概念範圍

又所稱「依法」，不限於法律，包括各種行政命令[51]、自治條例、自治規則及委辦規則[52]等在內。且依司法院釋字第469號解釋所揭示的保護規範理論，如法律明確規定特定人得享有權利，或對符合法定條件而可得特定之人，授予向行政主體或國家機關為一定作為之請求權者，其規範目的在於保障個人權益，該個人可以「依法申請」，固無疑義；如法律雖係為公共利益或一般國民福祉而設之規定，但就法律之整體結構、適用對象、所欲產生之規範效果及社會發展因素等綜合判斷，可得知亦有保障特定人之意旨，且法律對主管機關應執行職務行使公權力之事項規定明確，該管機關公務員依此規定對可得特定之人負有作為義務已無不作為之裁量空間，受該法律保護之人，亦具有公法上請求權；如解釋的結果，認定該當法規範僅以公共利益的保障為目標，據此而為之行政處分或行政措施，其所生有利於人民之法律效果，對人民而言僅屬「反射利益」，即不足以作為請求之依據。故人民向主管機關檢舉他人有違法行為，並請求加以排除或糾正，而主管機關未予處理，或函稱被檢舉人並無違法行為，檢舉人得否提起行政訴訟，以示不服，則端視所檢舉違反之法令或其他相關法令，是否賦與檢舉人有向國家請求對被檢舉人為一定作為之公法上權利，或該法令所保護之法益是否及於檢舉人權利或法律上利益而定。如法令未賦與檢舉人就其檢舉事項有向國家請求對被檢舉人為一定作為之權利，而只是基於公益，授權主管機關得對違規行為人作成一定的負擔處分者（包括施

---

[50] 依司法院釋字第128號解釋意旨，此調處為行政處分。

[51] 參照司法院釋字第443號解釋理由書揭示「關於給付行政措施，其受法律規範之密度，自較限制人民權益者寬鬆，倘涉及公共利益之重大事項者，應有法律或法律授權之命令為依據之必要，乃屬當然。」之意旨，關於給付行政措施，倘未涉及公共利益之重大事項者，應無妨以職權命令或行政規則訂定，而人民申請事項，大多涉及給付行政措施。故人民申請事項所依據的行政命令，除行政機關基於法律授權訂定之法規命令外，可以包括職權命令或行政規則。

[52] 地方制度法第25-29條參照。

予處罰），檢舉人之個人權益即不在其保護範圍，其檢舉僅是促使主管機關發動職權，從而主管機關之作為與否，尚難謂對檢舉人之權益造成何種損害，其亦無請求行政機關為一定行政行為之公法請求權存在[53]。

　　然而對於商業利益受到其他事業不正競爭行為之侵犯而依公平交易法第26條提出檢舉者，如經公平交易委員會函覆其檢舉不成立，該函覆是否為行政處分，檢舉人的主觀權益是否亦在公平交易法規範目的保障範圍，其是否可以循序提起撤銷訴訟與課予義務訴訟？實務見解向來甚為歧異[54]，惟最近最高行政法院之決議則傾向於採否定的見解[55]。

---

[53] 高雄高等行政法院91年度訴字第673號判決、97年度訴字第417號裁定；台北高等行政法院89年度訴字第1004號判決、98年度訴字第879號判決；最高行政法院93年度判字第1641判決、98年度判字第1479號判決、93年度裁字第1698號裁定、98年度裁字第276號裁定、100年度判字第2124號決議旨參照。

[54] 採肯定說者，例如最高行政法院96年度判字第227號判決、96年度判字第400號判決、98年度判字第1479號判決、98年度判字第1327號判決、93年度裁字第1698號裁定、94年度裁字第1477號裁定等。採否定說者，例如最高行政法院97年度判字第834號判決、93年度裁字第1001號裁定、94年度裁字第1364號裁定等。惟否定說對於有利害關係之檢舉人是否在保護規範理論的適用範圍，並無任何說明。另高等行政法院91年度行政訴訟法律座談會，對於法律問題：某甲為銷售菸酒之雜貨店，因認台灣省菸酒公賣局台北配銷處對其配售暢銷菸酒不公平，致其權益受損，而向行政院公平交易委員會檢舉該配銷處有違反公平交易法第十條情事，經行政院公平交易委員會調查後，覆以處理結果略謂：「台端檢舉台灣省菸酒公賣局台北配銷處乙案，查無具體事證顯示其涉有濫用市場地位違反公平交易法第十條之情事；……本會已另轉請財政部參處」等語，某甲不服，可否對之提起訴願？經決議採否定說，理由略以：關於暢銷菸酒之配銷，係屬「台灣省內菸酒專賣暫行條例」第二十八條所規定「運銷」範圍，依行為時公平交易法第四十六條第一項規定，應無公平交易法之適用。行政院公平交易委員會前開公函僅就調查處理結果函覆某甲，而非基於職權，就具體事件，所為發生公法上法律效果之單方行政行為，某甲之權益亦不因該調查處理而受損，行政院公平交易委員會將該調查處理結果通知某甲，既非屬行政處分，某甲自不得對之提起訴願。

[55] 最高行政法院庭長法官聯席會議於99年6月15日針對法律問題：某甲為銷售電機之公司，因認某乙公司屢藉網路等新聞媒體，陳述並散布不實報導，詆指某甲侵害他人專利權情事，足以損害某甲營業信譽，嚴重妨礙公平競爭及交易秩序，違反行為時公平交易法第19條、第22條及第24條規定，向行政院公平交易委員會（下稱公平會）檢舉。案經公平會調查結果，以本案依現有事證，尚難認某乙有違公平交易法情事，乃函復某甲其檢舉不成立。某甲提起訴願，經訴願決定為實體上審理認為無理由而駁回，某甲遂向行政法院提起撤銷訴訟，問行政法院得否以前揭檢舉不成立之函文並非行政處分，而以不合法裁定駁回起訴？作成決議文如下：公平會所為「檢舉不成立」之函文非屬行政處分，檢舉人如對之向行政法院提起撤銷訴訟者，行政法院得以不合法裁定駁回其訴。理由：所謂「行政處分」，依訴願法第3條第1項及行政程序法第92條第1項規定，係指中央或地方行政機關就公法上具體事件所為之決定或其他公權力措施而對外直接發生法律效果之單方行政行為而言。公平交易法第26條：「公平交易委員會對於違反本法規定，危害公共利益之情事，得依檢舉或職權調查處理。」乃明定任何人對於違反該法規定，危害公共利益之情事，均得向公平交易委員會檢舉，公平交易委員會則有依檢舉而為調查處理行為之義務。至於對檢舉人依法檢舉事件，主管機關依該檢舉進行調查後，所為不予處分之復函，僅在通知檢舉人，主管機關就其檢舉事項所為調查之結果，其結果因個案檢舉事項不同而有不同，法律並未規定發生如何之法律效果。縱使主管機關所為不予處分之復函，可能影響檢舉人其他權利之行使，乃事實作用，而非法律作用。系爭復函既未對外直接發生法律效果，自非行政處分。檢舉人如對該復函向行政法院提起撤銷訴訟，行政法院得以其並非行政處分，而以不合法裁定駁回其訴。另查「法律規定之內容非僅屬授予國家機關推行公共事務之權限，而其目的係為保護人民生命、身體及財產等法益，且法律對主管機關應執行職務行使公權力之事項規定明確，該管機關公務員依此規定對可得特定之人所負作為義務已無不作為之裁量餘地」，則該「可得特定之人」得向該管機關請求為特定行為（「保護規範理論」），司法院釋字第469號解釋足資參照。查「檢舉人」本非「可得特定之人」；而行為時公平交易法第19條、第22條

## 5. 前置程序及起訴期間

　　本法第5條所定兩種課予義務訴訟，都有「經依訴願程序後」之文字，足見此種類型之訴訟，與撤銷訴訟一樣，亦以訴願為前置程序。故適用上，應採與本法第4條第1項規定文義相同之解釋，即人民因行政機關怠為處分或拒為處分，認為違法損害其權利或法律上利益，經依訴願法提起訴願而不服其決定，或提起訴願逾三個月不為決定，或延長訴願決定期間逾期（最多可延長二個月）不為決定者，得向高等行政法院提起課予義務訴訟。且依本法第106條第1項、第2項規定，應於訴願決定書送達後二個月之不變期間內起訴；訴願人以外之利害關係人知悉在後者，則自知悉時起算二個月之起訴不變期間（自訴願決定書送達後，已逾三年者，不得起訴）。惟法律有特別規定可以直接起訴者，自可免除此前置程序，例如依行政程序法第109條規定，不服行政機關作成經聽證之行政處分者，其行政救濟程序，免除訴願及其先行程序；依空氣污染防制法第81條、水污染防治法第72條、土壤及地下水污染整治法第49條、環境影響評估法第23條第9項，受害人民或公益團體得以該主管機關為被告，對其拒絕或怠於執行職務之行為，直接向高等行政法院提起訴訟，請求判令其執行等。並應依本法第106條第3項規定，於行政處分達到或公告後二個月之不變期間內起訴；如係於法令所定期間內應作為而不作為，則於應作為期間屆滿後，即得起訴，但於期間屆滿後，已逾三年者，不得提起（本法第106條第4項參照）。

## 6. 行政機關對於依法申請的案件怠於作為，俟人民提起訴願後，始作成行政處分，而人民仍不服時，受理訴願機關應如何處理？

　　這個問題係由於訴願法第82條規定文義不明確所造成。訴願機關向

---

　　及第24條規定，縱有保護人民生命、身體及財產等法益之目的，惟各該法律對主管機關應執行職務行使公權力之事項，並未明確規定，難謂該管機關依此規定對人民負有特定作為義務而無不作為之裁量餘地。是檢舉人以第三人違反行為時公平交易法第19條、第22條及第24條規定，而依同法第26條規定向公平會檢舉者，本非主管機關應依檢舉、以檢舉人與被檢舉人為處分對象、作成有個案規制效力之行政處分以及作成如何內容之行政處分之規定，又縱依前開司法院釋字第469號解釋意旨（「保護規範理論」），亦難認定該檢舉人得請求主管機關為特定有利於自己而不利於第三人之行政處分。是檢舉人如依行政訴訟法第5條之規定，向高等行政法院提起請求主管機關為行政處分或應為特定內容之行政處分之訴訟，其起訴亦不備訴訟之要件，應裁定駁回其訴，併予指明。

來認為，只要在其作成決定前，應作為之機關已為行政處分，無論是否有利於申請人，其均應駁回該訴願，惟反對論者認為訴願法第82條第2項所謂「應作為之機關已為行政處分」應指有利於申請人之處分而言，否則，訴願機關即應續就該不利的行政處分為實體審查。最高行政法院對此問題，原亦有不同見解，經提庭長法官聯席會議討論後，已於2012年3月13日作成決議：自程序之保障及訴訟經濟之觀點，訴願法第82條第2項所謂「應作為之機關已為行政處分」，係指有利於訴願人之處分而言，至全部或部分拒絕當事人申請之處分，應不包括在內。故於訴願決定作成前，應作為之處分機關已作成之行政處分非全部有利於訴願人時，無須要求訴願人對於該處分重為訴願，訴願機關應續行訴願程序，對嗣後所為之行政處分併為實體審查，如逕依訴願法第82條第2項規定駁回，並非適法。

### 7. 是否應一併訴請撤銷原否准處分

至於原告提起課予義務訴訟，請求判命行政機關作成行政處分時，是否應同時訴請撤銷原拒絕申請之處分和續予維持的訴願決定，以及行政法院審理結果，如認為原告請求有理由，除作成命行政機關作成行政處分的判決外，是否應一併諭知撤銷原拒絕申請之處分和續予維持的訴願決定？從本法第5條規範當事人起訴之程序及本法第200條規範行政法院對於課予義務訴訟的判決方式[56]觀之，原告或行政法院均無必要一併聲明或諭知原拒絕申請之處分和續予維持的訴願決定應予撤銷。蓋課予義務訴訟之訴訟標的，乃「原告關於其權利或法律上利益，因行政機關違法駁回其依法申請之案件，或對其依法申請之案件不作為致受損害，並請求法院判命被告應為決定或應為特定內容行政處分之主張」[57]，故原告課予義務訴訟請求已隱含有排除原拒絕申請之處分及其訴願決定之意；而行政法院若「依行政訴訟法第200條第3款規定判決原告勝訴確定者，該判決之既判

---

[56] 本法第200條：「行政法院對於人民依第五條規定請求應為行政處分或應為特定內容行政處分之訴訟，應為下列方式之裁判：一、原告之訴不合法者，應以裁定駁回之。二、原告之訴無理由者，應以判決駁回之。三、原告之訴有理由，且案件事證證明確者，應判命行政機關作成原告所申請內容之行政處分。四、原告之訴雖有理由，惟案件事證尚未臻明確或涉及行政機關之行政裁量決定者，應判命行政機關遵照其判決之法律見解對於原告作成決定。」

[57] 最高行政法院97年度12月第3次（97年12月26日）庭長法官聯席會議決議文參照。

力，不僅及於確認原告對被告依法有作成所請求行政處分之權利，及命令被告機關作成特定內容之行政處分，且及於被告機關之否准處分為違法並侵害原告之權利或法律上利益之確認」[58]，故行政法院作成之課予義務判決實亦包含廢棄與其判決意旨牴觸之拒絕處分及訴願決定。惟基於法律關係明確性考量，原告仍宜於訴訟聲明中一併請求撤銷原拒絕申請之處分及其訴願決定，且於訴訟實務上，當事人亦大多如此行；如原告僅作課予義務聲明，行政法院認為其訴有理由時，亦無妨將原拒絕申請之處分及其訴願決定一併撤銷，並不構成訴外裁判。尤其在行政法院認為原告之訴雖有理由，惟案件事證尚未臻明確或涉及行政機關之行政裁量決定，而僅判命行政機關應遵照其判決之法律見解對於原告作成決定之情形（本法第200條第4款參照），宜同時諭知撤銷原拒絕申請之處分及其訴願決定[59]，以杜爭議。

### 8. 課予義務訴訟合併提起撤銷訴訟之一體性

另由於人民因行政機關對其依法申請之案件，予以駁回，認為其權利或法律上利益受違法損害，於循序向高等行政法院提起請求該機關應為行政處分或應為特定內容之行政處分之訴訟時，合併請求撤銷該否准申請之處分，其訴訟標的乃一體之兩面，行政法院對此客觀合併訴訟所為判決，具有一體性，無法割裂提起上訴；且提起課予義務訴訟之目的，在於求得行政法院作成課予行政機關應為行政處分義務之判決，此項目的未達成（例如行政法院僅判命被告機關應遵照其判決之法律見解對於原告重新作成決定，而將超出此範圍之請求駁回之情形），縱使行政法院判決將當初否准申請之處分予以撤銷，原告仍未獲勝訴，全部判決對原告仍非有利；對於被告而言，行政法院判決雖駁回原告有關課予義務聲明部分之請求，然其並非終局認定原告之請求權不存在，尚需視之後最終之事實認定或裁

---

[58]　同前註所示決議文參照。

[59]　依同前註所示決議文載明：「如行政法院依行政訴訟法第200條第4款規定判決原告勝訴確定者，該判決就原告對被告是否有依法作成所請求行政處分之權利雖未加以確認，亦未命令被告機關作成特定內容之行政處分，惟該判決之既判力，仍及於系爭否准處分或不作為為違法並侵害原告之權利或法律上利益之確認。」意旨，行政法院於判命行政機關應遵照其判決之法律見解對於原告作成決定時，自得一併將原拒絕申請之處分及續予維持之訴願決定予以撤銷。

量結果而定，等於就該部分實質上未裁判，則行政法院判決撤銷訴願決定及原處分，而命被告遵照其法律見解對於原告重新作成決定，即是就該課予義務訴訟全部為不利於被告之判決。故無論原告或被告均可以對於本法第200條第4款判決之全部提起上訴，縱使當事人僅聲明就明顯對其不利之部分提起上訴，其效力亦及於全部，上訴審法院仍得對原判決之全部加以審查[60]。

### 9. 分離撤銷訴訟欠缺實益

末按當事人是否可以提起「分離（獨立）撤銷訴訟」，即原告不服行政機關拒絕其申請之處分，循序提起行政訴訟時，是否可以僅訴請撤銷該拒絕之行政處分，而不直接表明請求作成行政處分之意旨？

由於「依法申請之案件」未獲滿足時，只有提起課予義務訴訟才能完整實現其尋求行政救濟之目的，如僅提起撤銷訴訟，只能解決一部分的問題，將導致一個事件須分二次訴訟才能解決，不符合訴訟經濟原則，其訴訟欠缺實益。故學者認為原則上當事人不得提起分離撤銷訴訟[61]，實務上亦採相同見解，且認為行政法院於當事人訴之聲明不完足時，有加以闡明之義務[62]。

## 三、確認訴訟

本法第6條原規定：「確認行政處分無效及確認公法上法律關係成立或不成立之訴訟，非原告有即受確認判決之法律上利益者，不得提起之。其確認已執行完畢或因其他事由而消滅之行政處分為違法之訴訟，亦同。」2010年1月13日修正公布為：「確認行政處分無效及確認公法上法

---

[60] 最高行政法院96年度判字第1290號、98年度判字第796號判決意旨參照。

[61] 東吳大學林三欽老師98學年度「訴願法與行政訴訟法」課程講義，第三章行政訴訟之種類，第7頁。發表於http://blog.yam.com/sanclinhandout/trackback，瀏覽日期2010年3月23日。該講義並進一步闡述（獨立）撤銷訴訟只有在例外時才得提起：

1. 當事人對於無須取得許可之作為申請許可（例如在河濱公園舉辦同學會），且該項申請被「駁回」，此時駁回具有禁止的意涵，得以分離撤銷訴訟救濟之，以排除上述駁回決定之禁止效力。

2. 在行政機關駁回人民之申請後，由於情事變遷，該行政處分的作成對於原告而言已無利益，但原告希望保留將來取得此種有利行政處分的可能性。

3. 訴願決定不僅維持原拒絕處分，且對受處分人更為不利，或將裁量決定交由非主管機關為之。

4. 課予義務訴訟請求之對象已無法繼續請求，而原拒絕處分則可能長期影響原告之法律地位。

[62] 最高行政法院91年度判字第1882號判決意旨參照。

律關係成立或不成立之訴訟，非原告有即受確認判決之法律上利益者，不得提起之。其確認已執行而無回復原狀可能之行政處分或已消滅之行政處分為違法之訴訟，亦同。」依據上述規定，確認訴訟包含三種類型：1.行政處分無效確認之訴：確認系爭行政處分是否無效；2.法律關係確認之訴：確認系爭行政法法律關係是否成立、是否仍存在；3.違法確認之訴：確認已經「消滅」的行政處分是否違法。分別說明如下：

## 1. 行政處分無效確認之訴

　　確認行政處分無效之訴是建立在行政實體法上「行政處分無效」的理論之上。行政處分能產生依其內容所期待之法律效果，亦即能產生行政處分之規制效力者，為有效；反之，不能產生效力者，則為「無效」（自始即確定不能發生法律效力）。在此所謂之效力，係指由行政處分規制內容所產生之拘束力，即內部效力，有別於行政處分因各個通知而發生的外部效力[63]。故當事人若主張行政處分未經合法送達或通知而對其不生效力，並非「行政處分無效」，不能選擇以確認行政處分無效訴訟解決爭議[64]，而當事人是否可以因行政處分尚未對其發生效力而請求確認該行政處分所欲規制的法律關係不成立，則屬另一問題。至於「行政處分得撤銷」，則在未經撤銷、廢止，或因其他事由而失效前，其效力繼續存在（行政程序法第110條第3項），只能對之提起撤銷訴訟以解決爭議。

　　「違法行政處分」的效果究竟是「得撤銷」或「無效」，固可以影響當事人不服該行政處分時所應提起之訴訟類型；其中提起確認行政處分無效之訴，僅須先向原處分機關請求確認，未如撤銷訴訟有訴願前置程序與起訴期間之限制。但由於無效處分仍具有法效外觀（Rechtsschein），循撤銷訴訟加以排除之效果，並不遜於宣告無效之判決，故相對人或利害關係人對於客觀上有無效事由之行政處分，在行政處分尚未確定之期間，應可選擇提起撤銷訴訟或確認行政處分無效之訴；除非聲明不服之期間已過，才只能提起確認行政處分無效之訴[65]。另由於違法行政處分的法律效

---

[63]　陳敏，行政法總論，民國96年10月5版，第361、394頁。
[64]　最高行政法院99年度裁字第30號裁定意旨參照。
[65]　按相對人或利害關係人對於客觀上有無效事由之行政處分，應可選擇提起撤銷訴訟或確認行政處分無效

果究竟是「無效」或「得撤銷」，其區分並不容易，且見仁見智，若當事人在具體個案中不確定系爭行政處分究竟是「無效」或「得撤銷」時，在訴訟策略上應認為此時以提起撤銷訴訟較為有利。因為行政處分無效之原因限於行政處分具有重大明顯的瑕疵（行政程序法第111條參照），條件嚴格，在實踐經驗上甚為罕見；且若當事人逕自認定系爭行政處分無效，而未立即採取權利救濟措施（因為無效行政處分係自始無效、當然無效、不經任何機關的宣示即無效，當事人可以隨時主張其無效），等到引發該行政處分是否無效之爭議時，再來尋求救濟提起「無效確認之訴」，而行政法院卻認定該行政處分僅係「得撤銷」並非無效，此時當事人往往已經遲誤30日的訴願期間。雖然本法第6條第4項規定：「應提起撤銷訴訟、課予義務訴訟，誤為提起確認行政處分無效之訴訟，其未經訴願程序者，高等行政法院應以裁定將該事件移送於訴願管轄機關，並以行政法院收受訴狀之時，視為提起訴願。」本項規定目的在使人民不至於因將「得撤銷」之行政處分，誤以為是「無效」，而失去救濟的可能。但適用本項規定的前提是，當事人尋求無效確認之時仍在訴願期間內。若當事人尋求無效確認之時已逾訴願期間，有學者認為行政法院應逕予駁回，不必再移送[66]。至於應提起撤銷訴訟或課予義務訴訟，誤為提起確認行政處分無效之訴，已經訴願程序者，受理訴訟之行政法院即應闡明告知原告變更訴之聲明；若原告堅持行政處分無效之主張，審理結果認為系爭處分僅有得撤銷原因，未達無效程度時，則應為原告敗訴之判決。

又依本法第6條第2項規定，提起「確認行政處分無效之訴訟，須已向原處分機關請求確認其無效未被允許，或經請求後於三十日內不為確答者，始得提起之」，在經過此一程序之後，30日的訴願期間恐怕已經所剩無多，或早已超過。故為貫徹維護人民訴訟權的意旨，應以向原處分機關請求確認其無效之時，視為提起訴願。蓋當事人向原處分機關請求確認系

---

之訴。蓋無效處分所產生法效外觀，循撤銷訴訟加以排除之效果，並不遜於宣告無效之判決。此亦為德國實務及學理上之通說。參見吳庚，行政爭訟法論，民國94年10月第3版2刷，第124頁；吳庚，行政法之理論與實用，民國96年9月增訂10版，第411頁。

[66] 吳庚，行政爭訟法論，民國94年10月第3版2刷，第125頁。

爭行政處分無效時，即已為不服的表示，依訴願法第57條規定，本得視為提起訴願。本法第6條第4項規定，雖限以「行政法院收受訴狀之時，視為提起訴願」[67]，似與訴願法第57條規定牴觸，適用上頗有爭議，但基於維護人民的訴訟權，個人認為此段條文應予目的性限縮解釋，僅適用於原告未先向原處分機關請求確認其無效，即提起確認行政處分無效訴訟之情形，始以行政法院收受訴狀之時，視為提起訴願[68]。

如果當事人對於違法行政處分究竟是「無效」或「得撤銷」不確定，而提起「撤銷訴訟」，即使將來行政法院認為該行政處分應屬於「無效」，亦無庸闡明告知原告變更訴之聲明，因為撤銷的效果是使違法的行政處分溯及既往失其效力（行政程序法第118條前段參照），與宣告行政處分無效，乃確認違法的行政處分自始不生效力，結果並無不同；但如果原告聲明將訴訟種類變更為「無效確認之訴」，行政法院自應予准許（本法第111條第3項第4款參照）。或者當事人亦得將「無效確認訴訟」與「撤銷訴訟」以預備合併之方式為訴之聲明[69]，且通常係以主張其瑕疵程度較重之「無效確認訴訟」為先位聲明，惟須考慮先位聲明無理由，而備位聲明「撤銷訴訟」有理由時，須受部分駁回之判決（此點攸關訴訟費用之負擔比例）。此外，由於行政處分之「得撤銷」與「無效」是二個互斥、沒有重疊領域的概念，因而「撤銷訴訟」與「無效確認之訴」之間沒有所謂的補充性關係。故本法第6條第3項於2010年1月13日修正公布時，增訂但書，除規定：「確認訴訟，於原告得提起或可得提起撤銷訴訟、課予義務訴訟或一般給付訴訟者，不得提起之」外，另新增規定「但確認行政處分無效之訴訟，不在此限」[70]。又對於客觀上有無效事由之行政處

---

[67] 依訴願法第77條第2款規定，提起訴願未於同法第57條但書所定期間補送訴願書者，固應為不受理之決定。但對於應提起撤銷訴訟、課予義務訴訟，誤為提起確認行政處分無效訴訟，而已向原處分機關請求確認系爭行政處分無效之情形，應予以目的性限縮解釋，排除此款之適用，而改適用訴願法第77條第1款後段規定，於行政法院裁定將該事件移送於訴願管轄機關後，先通知補正訴願書，逾期不補正，才為不受理之決定。

[68] 依實務經驗，除非有行政程序法第98條所謂「告知救濟期間錯誤或未告知」之情形而獲得較寬裕的訴願期間，否則當事人於踐行向原處分機關請求確認系爭行政處分無效之程序後，再提起確認其無效訴訟時，如限以「行政法院收受訴狀之時，視為提起訴願」，大多已逾越訴願期間，無異使本法第6條第4項規範之良法美意大打折扣。

[69] 最高行政法院94年度判字第1396號判決參照。

[70] 實務見解早已認為：確認訴訟之補充性，於確認行政處分無效之訴訟，不適用之（參照德國行政法院法

分，固得選擇提起撤銷訴訟或確認行政處分無效之訴，但對於具有「得撤銷」原因的行政處分，卻僅能循撤銷訴訟加以救濟，故此二種訴訟之間並無絕對的「任選關係」。

### 2. 法律關係確認之訴

確認公法上法律關係成立或不成立（包括存在或不存在[71]）之訴，所指「公法上法律關係」實為行政法性質的法律關係，不及於刑事法律關係，亦不包括憲法爭議。析言之，係指法律主體與另一法律主體之間或法律主體與某物之間，基於一則具體的案例事實所產生的公法上關連性。此一定義中所提到的「法律主體與某物之間的關連性」，其精確含意係指法律主體與另一法律主體相互間，由於某物所產生的法律上關連性[72]；法律主體間的公法上的「關連性」必須存有「公權利」，才能創設一項「法律關係」。而所謂「公權利」則係指某一公法規範賦予人民的「法律之力」（Rechtsmacht），以確保某種法律所保護之利益。一項公權利的存在意謂另有他人負有義務。法律關係不僅可由單一的公權利所構成，也可以建立在多數的公權利之上[73]。

通說認為，針對法律關係的某項成立要件不得單獨提起確認之訴。例如公法上之行為能力、行政罰之責任能力或責任條件等，均不得作為確認之訴的程序標的，只能在整體法律關係中加以判斷。同理，針對人之地位或物之性質亦不得提起確認之訴；但若人之地位或物之性質已成為法律關係之核心時，則可藉由法律關係確認之訴來釐清。例如某人之國籍、學

---

第43條第2項規定）。參見最高行政法院94年度判字第1396號判決意旨。

[71] 法律關係成立與存在雖然有別，但司法實務上早已將兩者混同，未加區別，例如最高法院42年台上字第1031號、50年台上字第232號等判例；或逕稱法律關係存在與否，例如最高法院27年上字第316號、27年上字第1708號、29年上字第473號、40年台上字第1827號、52年台上字第1240號、52年台上字第1922號、60年台上字第4816號等判例。故於民國89年2月9日修正公布之民事訴訟法第247條已將原稱「確認法律關係成立或不成立之訴」修正為「確認法律關係之訴」。而民國89年7月1日施行的行政訴訟法第6條之立法說明即謂「確認公法上法律關係成立或不成立（包括存在或不存在）」等語。

[72] 例如由於某建築物有傾斜之危險，使其所有人負有拆除的義務，這便是所有人與建築物所在的地方政府間因為該建築物而產生的法律上關連性。又如公用地役關係或其他公物之利用關係等。

[73] 例如，存在於公務員與國家間的法律關係，不僅可以由單一的新體請求權構成，也可以由公務員與國家之間各種權利義務的整體所構成。換言之，吾人既可以就公務員權利義務關係之整體提起法律關係確認之訴，亦得就該法律關係之一部份請求確認。參照東吳大學林三欽老師98學年度「訴願法與行政訴訟法」課程講義，第三章行政訴訟之種類，第29頁，http://blog.yam.com/sanclinhandout/trackback，2010/3/23瀏覽。

籍、是否具有民意代表之身分、是否為地方自治團體之居民或人民團體之會員、某物是否為公物、某私有土地是否為既成道路等，均可為法律關係確認之訴的程序標的[74]。又法律關係確認之訴的程序標的，在民事訴訟法不限於原告與被告間之法律關係，亦得為當事人與第三人間的法律關係（最高法院32年上字第3165號、42年台上字第1031號判例參照），此項法則對行政訴訟亦應有其適用[75]。

　　確認法律關係成立或不成立之訴，是否以確認現在之法律關係為限？依據德國學說與實務的看法，當事人亦得請求確認「未來的」與「過去的」法律關係[76]。我國司法實務，對於私法上法律關係確認訴訟，則一向採取「以確認現在之法律關係為限，如已過去或將來應發生之法律關係，則不得為此訴之標的」之見解[77]；對於公法上法律關係確認訴訟，則尚無定論，有認為所謂「法律關係」，除指現在存在或現在不存在之法律關係外，對過去之法律關係，於消滅後仍有持續之效力時，亦得作為確認之對象[78]，惟此所謂「後續效果」有無的探求，應只是用以審查原告就該訴訟是否具有「即受確認判決之利益」而已。學者更有認為可以針對「未來的法律關係」提起確認之訴，然必須基於一項具體的案例事實，包括將來的事實為基礎所生的法律關係，以及該法律關係所依附的事實雖然已經發生，但尚未發展完成之情形。其確認利益，應依據系爭未來法律關係「真實發生的可能性程度」來判斷，若在某一事件中，在通常的情況下法律關係將會發生（換言之法律關係的發生是早晚的事），則應肯定當事人此刻搶先提起法律關係確認之訴具有確認利益；反之，若某項「未來的法律關係」欠缺實現的可能性，或只有在極端不尋常的情事發展下才可能實現時，則應認為針對該項「未來的法律關係」所提起的確認之訴，不具有即

---

[74] 吳庚，行政爭訟法論，民國94年10月第3版2刷，第129頁；林三欽，同前註98學年度「訴願法與行政訴訟法」課程講義，第三章行政訴訟之種類，第29頁。

[75] 例如公務員之配偶，如有即受確認判決之法律上利益，即得為原告起訴請求確認其配偶與某行政機關間公務員勤務關係存在。參照吳庚，行政爭訟法論，民國94年10月第3版2刷，第128頁。

[76] 黃錦堂，行政訴訟法第6條之註釋，收錄於：翁岳生主編，行政訴訟法逐條釋義，2006年7月初版4刷，第106頁。

[77] 最高法院49年台上字第1813號判例。

[78] 司法院行政訴訟及懲戒廳編輯，「法官辦理行政訴訟事件參考手冊」，民國94年12月第1版，第249頁。

受確認判決之法律上利益。「未來法律關係確認之訴」之所以具有確認利益的主要原因，在於沒有釐清未來法律關係疑義以前，當事人無法作成重大的投資決定，且現在「即得」、甚至「應該」作成經濟上的處置決定[79]。此外，法律關係確認之訴的標的亦得為「附條件的法律關係」，在「附停止條件的法律關係」方面，必須該法律關係所依附的基礎事實已經存在，只是因為條件尚未成就，所以法律關係尚未發生，其主要的爭執型態包括「哪些事實可以該當為停止條件」，以及「停止條件成就後的法律效力」；至於在「附解除條件的法律關係」方面，則可能的爭執型態為，當事人間對於哪些事實可以該當為「解除條件」，或一旦解除條件成就，其後續法律效果為何？對於上述爭議，學者亦認為當事人得提起法律關係確認之訴[80]。

　　相較於撤銷（形成）判決與給付判決分別擁有撤銷（形成）作用或執行力，確認判決既不具有調整現狀的作用，亦無執行力；且確認訴訟的功能往往已內含於其他訴訟種類之中。換言之，確認訴訟雖不失為個案中當事人可以選擇的訴訟類型之一，但由於其功能上的侷限性，確認訴訟無法一次完整的解決當事人間的爭執，或無法完全滿足當事人權利救濟的需求。因此，基於訴訟經濟等考量，若個案當中除了確認訴訟外，尚有其餘的訴訟類型可以適用，應優先適用其他功能較完整的訴訟種類，這就是「確認訴訟補充性原則」。且由於撤銷訴訟有嚴格的起訴期間限制，而法律關係確認之訴則無。若在此二訴訟類型得共通適用的案例範圍中，未設有「補充性原則」，將使撤銷訴訟起訴期間的限制失去意義，因為當事人得於遲誤撤銷訴訟的起訴期間之後，改提法律關係確認之訴。所以確認訴訟補充性原則，也應適用於曾經得提起撤銷訴訟，但因為遲誤起訴期間，現已不得提起的案件[81]。此外，課予義務訴訟也有起訴期間限制，亦應做相同的處理。本法第6條第3項原規定：「確認公法上法律關係成立或不

---

[79]　林三欽，行政法律關係確認訴訟之研究，台灣本土法學雜誌。102期。2008年1月號。第141、142頁。
[80]　林三欽，同前註，第135頁。
[81]　林三欽，同前註，第145-147頁；劉淑範，論確認訴訟之備位功能－行政訴訟法第六條第三項之意涵與本質，人文及社會科學集刊，第15卷1期（92.3.），第80頁以下。

成立之訴訟，於原告得提起撤銷訴訟者，不得提起之。」，語意不清，且適用補充性的範圍過窄，已於2010年1月13日公布修正為：「確認訴訟，於原告得提起或可得提起撤銷訴訟、課予義務訴訟或一般給付訴訟者，不得提起之。但確認行政處分無效之訴訟，不在此限。」即除了確認行政處分無效之訴訟外，其餘確認公法上法律關係存否，及確認行政處分違法之訴訟，相對於撤銷訴訟、課予義務訴訟或一般給付訴訟，均具有補充性關係。此一修正亦符合司法實務之見解[82]。（有關確認訴訟之補充性，於後面「行政處分違法確認之訴」有更詳細之論述）

另按，行政處分創設出對當事人不利的法律關係[83]者，當事人除主張該行政處分無效之情形外，本不可能對之提起確認法律關係不存在之訴，只能循撤銷訴訟以求救濟；如其怠於提起訴願或撤銷訴訟，俟行政處分確定後，該因行政處分而發生之法律關係亦隨之確定，此時亦不生是否可以無期間限制之確認訴訟請求救濟之問題；至於行政處分創設出對當事人有利的法律關係，而行政機關卻不予承認的情形，當事人不可能循撤銷訴訟以求救濟，只能提起確認法律關係存在訴訟以維護其權利。足見就法律關係因行政處分而發生之情形，並不存在著撤銷訴訟與確認公法上法律關係

---

[82] 最高行政法院95年度裁字第320號裁定謂：「依行政訴訟法第6條第1項後段之規定，提起確認已執行完畢或因其他事由而消滅之行政處分為違法之訴訟，固不以已有撤銷訴訟繫屬為必要，亦無訴願前置主義之適用，惟對於違法行政處分之救濟程序，原則上應提起撤銷訴訟，且於提起撤銷訴訟前，應先踐行訴願程序。故須於可得提起訴願期限屆滿前，或當事人依法提起訴願後在訴願決定前，或訴願決定後尚未提起行政訴訟前，或於訴訟繫屬中（事實言詞辯論終結前），該行政處分已執行完畢或因其他事由而消滅，始得提起或變更為確認該行政處分為違法之訴訟，以資救濟。如當事人因可歸責於自己之事由而遲誤提起訴願或撤銷訴訟之期限後，該行政處分始因執行完畢或其他事由而解消，即無容許當事人另提起確認該行政處分為違法訴訟之餘地。蓋當事人因可歸責於自己之事由而遲誤提起訴願或撤銷訴訟之期限者，該行政處分形式上即歸於確定，無論事後該行政處分是否發生解消原因，均不得再行爭訟，否則對於行政處分未發生解消原因，遲誤提起訴願或撤銷訴訟之期限者，本不得再行爭訟，如事後發生解消原因者，反得提起確認該行政處分為違法之訴訟，無異另闢蹊徑，顯非事理之平，且使提起訴願或撤銷訴訟之不變期間制度，形同虛設，亦違立法之本意。」、96年度裁字第3540號裁定謂：「本於確認訴訟補充性之法理，對於違法行政處分，固應認於訴願期限屆滿前、或當事人已依法提起訴願而在行政爭訟程序中，該行政處分執行完畢或因其他事由而消滅，且當事人不因該行政處分之撤銷而有回復之法律上利益時，始得提起或變更為確認該行政處分為違法之訴訟。」、98年裁字第1777號裁定謂：「確認公法上法律關係成立或不成立訴訟，相對於撤銷訴訟、給付訴訟或課予義務訴訟，具有補充性，並非最經濟有效之訴訟類型，如果可以提起其他種類之訴訟，即無提起確認公法上法律關係成立訴訟之必要。」等語，均已擴張原行政訴訟法第6條第3項規定確認訴訟補充性原則適用的範圍；其中95年度裁字第320號裁定更明示確認訴訟補充性原則，也應適用於曾經得提起撤銷訴訟，但因為遲誤起訴期間，現已不得提起的案件。

[83] 包括形成處分所原始創設的法律關係，及下命處分本於已發生之公法上債之關係，所創設的具體給付關係（執行名義）。

存否訴訟之適用領域重疊，必須擇優起訴的問題，也不發生「避免人民迴避撤銷訴訟之限制」的問題[84]。只有在對於爭議的法律關係具有確認性的行政處分[85]，才會發生當事人應選擇提起撤銷訴訟或確認訴訟的問題，而須強調為符合訴訟經濟及有效救濟原則，且為防止當事人迴避撤銷訴訟期間及訴願前置的限制，當事人應優先循撤銷訴訟以求解決紛爭[86]。

　　至於確認行政處分無效與法律關係不存在訴訟類型，兩者亦有其重疊性，由於確認行政處分無效訴訟能從根本否定行政處分之效力，且更能精確表彰當事人的訴求，解釋上仍應認確認法律關係不存在訴訟具有補充性。

　　末按何種情形才可以提起確認法律關係存否之訴？實務上認為對於因未合法送達（或通知）而尚未對外發生效力的行政處分，或已對外發生效力的行政處分，事後因故失其效力，或人民認為行政處分有效存在且對其有利，但行政機關卻認為行政處分無效、不存在、非行政處分、尚未對外發生效力或事後已失其效力等情形，由於不得提起撤銷訴訟，相對人或利害關係人可以提起法律關係不存在或存在之訴[87]。惟如果當事人主張行政處分未合法送達（或通知），尚未對外發生效力，而提起確認法律關係不存在之訴，但法院調查結果認為行政處分已經合法送達（或通知），則對於已經合法訴願程序者，即應行使闡明權，曉諭其變更訴之聲明為撤銷訴訟；其未經訴願程序，如以行政法院收受訴狀之時為準，尚在訴願期間

---

[84] 最高行政法院98年判字第946號判決（市地重劃計畫公告未經提起訴願而確定後，當事人以其事後已因故失效為由，提起確認該公告所形成的法律關係不存在訴訟）參照。

[85] 確認性行政處分有時會包含在下命處分裡面，典型事例為行政機關本於一定社會事實在法律規範下所產生之公法上債權關係作成行政處分，命債務人繳納款項，其中即包含確認公法上債之關係之性質。此種情形，當事人可以爭執該基本的公法上債之關係，亦可能爭執該下命處分所創設的具體給付關係（執行名義）。

[86] 台北高等行政法院96年度訴字第3834號判決（原告於課徵營利事業所得稅處分送達後，未於法定期限內提起行政救濟請求撤銷原處分，於原處分確定後送執行時，始提起確認公法上債權不成立訴訟）、97年訴字第259號判決（原告於接獲行政機關以公函確認系爭土地為具有公用地役關係之巷道後，除提起訴願，請求撤銷外，另提起確認公用地役關係不存在訴訟）參照。

[87] 臺北高等行政法院90年訴字第4505號（徵收失效）、96年度訴更一字第7號（行政處分未合法送達）、97年訴字第1072號（行政處分未合法送達），最高行政法院93年判字第1670號（徵收失效）、95年判字第141號（對國立大學系主任不予續聘之通知並非行政處分）等判決；94年度各級行政法院行政訴訟法律座談會曾討論以下法律問題：「土地徵收違反土地法第233條第1項，未於公告期滿15日內給付補償款，依司法院釋字第110號、第516號意旨，土地徵收得視為徵收之行政處分失其效力，提起確認訴訟時，應如何聲明？」該次會議的結論認為：「主張徵收失效而提起確認之訴，應依行政訴訟法第6條第1項規定，確認兩造間之徵收法律關係不存在，而非請求確認原徵收處分無效。」

者，個人認為此時應類推適用本法第6條第4項規定，以裁定將該事件移送於訴願管轄機關，並以行政法院收受訴狀之時，視為提起訴願，不宜逕以原告選擇訴訟類型錯誤而駁回其訴。

### 3. 行政處分違法確認之訴：

本法第6條第1項後段原規定：「其確認已執行完畢或因其他事由而消滅之行政處分為違法之訴訟，亦同。」依此規定，當系爭行政處分已經執行完畢或因其他事由而消滅，且當事人對於該行政處分是否違法的確認有即時的法律上利益，亦可提起確認訴訟。學說上將此種確認訴訟稱為「（行政處分）違法確認之訴」，即確認已經「消滅」的行政處分違法。

上開行政處分「消滅」的概念來自於德國行政法院法第113條第1項第4句「erledigt」一詞。其實德文erledigt的概念較之於「消滅」二字含意更廣泛，含括所有「因行政處分事件的演變、導致提起撤銷訴訟不再有實益的情形」，也無怪乎學者大多寧可捨棄行政訴訟法所使用的「消滅」概念，而另行提出「終結」、「了結」、「解消」或「解決」等概念，來表達「當事人欲提起『違法確認之訴』時行政處分所應處之狀態」[88]。故所謂行政處分「消滅」，係指行政處分的效力不復存在，除了包含行政處分「失效」的情況外，也包含其他因事件的演變，當事人不需（或無法）再用撤銷訴訟或課予義務訴訟尋求救濟的情形。如學者蕭文生所指出：「行政處分消滅係指行政處分規範內容所連結的不利益已不存在，或對原告而言撤銷行政處分係不可能或不具有任何利益之謂，亦即法院對於撤銷行政處分之請求的裁判係屬多餘且不必要。[89]」

本法第6條第1項後段原使用「已執行完畢或因其他事由而消滅」的文句。就文義而言，「行政處分消滅」係上位概念，而「執行完畢」則係行政處分消滅的事由之一。行政處分雖已執行完畢，其效力並不當然完全

---

[88] 東吳大學林三欽老師98學年度「訴願法與行政訴訟法」課程講義，第三章行政訴訟之種類，第39頁，發表於http://blog.yam.com/sanclinhandout/trackback，2010/3/23瀏覽。例如陳愛娥於翻譯德國行政法院法第113條第1項第4句「erledigt」一詞時，即使用「解消」二字，參見陳敏等，德國行政法院法逐條釋義，司法院，民國91年10月，第1222頁。

[89] 蕭文生，執行完畢與已消滅行政處分之救濟，收於：行政訴訟論文彙編（二），司法院秘書處發行，民國88年6月，第204頁。

耗盡,而須另加上「該行政處分所連結之不利益在執行時已完全實現、且執行結果無法回復,或即使回復也無意義」的要件,才完全符合「行政處分消滅」的概念[90]。例如若行政機關為執行「命所有人自行拆除違建」的行政處分,而將該違建強制拆除,則此時該行政處分不但已經執行,且執行結果已無法回復,因而該行政處分已經消滅。又如警方下命參與某一集會遊行之群眾解散,且強制驅離,在活動預定進行之時間終了後,警方始將警力撤走。由於時間的經過致使當事人已無法經由救濟手段回復當時集會遊行的進行狀態,故應認為警方所為「下命解散」行政處分之效力已經窮盡,且無法回復原狀,因而已經消滅[91]。

本法第6條第1項後段文字已於2010年1月13日修正公布為:「其確認已執行而無回復原狀可能之行政處分或已消滅之行政處分為違法之訴訟,亦同。」亦即除了「行政處分已經執行完畢」之外,另須「執行結果無法回復」,才具備提起「違法確認之訴」的要件。上述修正條文雖不再將「行政處分已經執行完畢」視為「行政處分消滅」的下位概念,而係改為「並列的二獨立概念」[92],但本文認為仍應建立廣義的「行政處分消滅概念」,而將「行政處分已經執行完畢、且其結果無法回復」認定為消滅的態樣之一,以便於理解與操作。

所謂行政處分「已消滅」,係指因「執行完畢」以外之其他事由而使行政處分失其效力。在此一概念下,行政處分可以是事實上失效(如集會遊行之申請被駁回,而預定舉行之時間已過;或下令拆除違建,而系爭房

---

[90] 台北高等行政法院89年度訴字第1833號判決認為:「人民提起撤銷訴訟之訴訟對象在於解除行政處分規範效力。是以凡有解除行政處分規範效力之必要者,原則均應以撤銷訴訟為之。已執行完畢之行政處分,如其規範效力仍然存在,且有回復原狀之可能者,行政法院仍應准原告提起撤銷之訴而非確認之訴,此觀行政訴訟法第四條、第六條、第一百九十六條規定,自應如此解釋。」即同此意旨,前引判決所謂「規範效力」應係指一般文獻所稱之「規制效力」。(同院90年度訴字第5512號判決亦採相同見解,經最高行政法院92年度判字第658號判決予以維持)

[91] 李建良,行政處分的「解決」與行政救濟途徑的擇定,台灣本土法學第40期,2002年11月,第108頁。

[92] 臺北高等行政法院95年度訴字第3040號裁定:「確認行政處分違法之訴,將行政處分執行完畢及行政處分消滅並列,實則行政處分執行完畢與行政處分消滅法律效果不同,蓋有瑕疵但非至無效之行政處分若未將該行政處分除去,則其執行之結果乃難以救濟,從而,於此場合,權利受侵害者仍應提起撤銷訴訟,且於同一訴訟程序中主張執行結果除去請求權,始得完善保障其權利,準此,行政訴訟法第6條第1項後段規定所謂執行完畢而消滅之適用範圍,應以行政處分執行完畢,且無回復原狀之可能者為限。至於罰鍰之處分及命令應停止違規使用之處分均無不能回復原狀之問題,即使在執行完畢後,仍得以撤銷判決保障其權利於無損」。

屋已於拆除前失火燒毀），也可以是法律上失效（如行政處分被撤銷、廢止、因解除條件成就或因終期屆至而失效等）。

　　對於違法而有效之行政處分，如係負擔處分，當事人本應循序提起訴願及撤銷訴訟；如係駁回申請的處分，當事人本應循序提起訴願及課予義務訴訟，以資救濟。惟於可得提起訴願期限屆滿前，或依法提起訴願後在訴願決定前，或訴願決定後尚未提起行政訴訟前，或於訴訟繫屬中（事實審言詞辯論終結前[93]），該行政處分如已執行而無回復原狀可能或已消滅者，即無可供撤銷之效力或不再有請求行政機關重為處分之實益，當事人應提起或變更為確認該行政處分為違法之訴訟。如當事人因可歸責於自己之事由而遲誤提起訴願或撤銷訴訟（或課予義務訴訟）之期限後，該行政處分始執行完畢而無回復原狀可能或因其他事由而消滅者，即無容許當事人另提起確認該行政處分為違法訴訟之餘地。蓋當事人因可歸責於自己之事由而遲誤提起訴願或撤銷訴訟（或課予義務訴訟）之期限者，該行政處分形式上即歸於確定[94]，無論事後該行政處分是否發生解消原因，均不得再行爭訟，否則對於行政處分未發生解消原因，遲誤提起訴願或撤銷訴訟（或課予義務訴訟）之期限者，本不得再行爭訟，如事後發生解消原因者，反得提起確認該行政處分為違法之訴訟，無異另闢蹊徑，顯非事理之平，且使提起訴願或撤銷訴訟（或課予義務訴訟）之不變期間制度，形同虛設，亦違立法之本意[95]。足見可以適用「違法確認訴訟」之事件，係由「撤銷事件」或「課予義務事件」轉變而來，相對於撤銷訴訟或課予義務訴訟，具有補充性[96]，必須於可得提起訴願期限屆滿前，或遵守期限提起訴願後在訴願決定前，或可得提起行政訴訟期限屆滿前，系爭行政處分發

---

[93] 按行政訴訟法第238條第2項規定：「於上訴審程序，不得為訴之變更、追加或提起反訴」，且因訴訟類型之選擇是否正確，攸關其起訴是否有實益，而起訴是否有實益，乃以事實審言詞辯論終結時之狀態為準，故對於起訴中之案件，是否發生行政處分解消事由，只須觀察至事實審言詞辯論終結為止，言詞辯論終結以後，該行政處分才發生解消事由，法院無須審酌，原告亦無庸將訴訟類型變更為行政處分違法確認之訴。

[94] 按當事人因天災或其他不應歸責於自己之事由而遲誤提起訴願或撤銷訴訟之期間者，依訴願法第15條第1項或行政訴訟法第91條第1項規定，得申請或聲請回復原狀。

[95] 最高行政法院95年度裁字第320號裁定意旨參照。

[96] 如前所述，行政訴訟法第6條第3項於2010年1月13日公布修正之條文內容，已將確認訴訟補充性原則適用的範圍擴及確認行政處分違法訴訟。

生解消原因，始得提起確認該行政處分為違法之訴訟；並具有後續（續行）性，必須依規定踐行訴願之先行程序後，並遵守期限提起撤銷或課予義務訴訟，於訴訟繫屬中，系爭行政處分發生解消原因，始得將原訴訟類型變更或轉換為行政處分違法確認訴訟而續行之[97]。

其實本法第6條第1項後段所規範的違法確認之訴主要是針對起訴前其效力已消滅（解消）的行政處分；若係訴訟進行中始消滅，原告則可依本法第111條第3項第3款規定「因情事變更而以他項聲明代最初之聲明」，無須經被告同意，將訴訟類型變更為行政處分違法確認之訴。行政訴訟法第196條於2010年1月13日公布修正之條文，更已增設第2項規定：「撤銷訴訟進行中，原處分已執行而無回復原狀可能或已消滅者，於原告有即受確認判決之法律上利益時，行政法院得依聲請，確認該行政處分為違法。」明確承認「續行確認訴訟」類型，此係參照德國「行政法院法」第113條第1項第4句規定而來，依德國學說，「續行確認訴訟」屬於「訴訟請求之轉換」，並非訴之變更，本無須被告之同意[98]，法院應向原告行使闡明權，徵得其同意後，將其訴轉換為違法確認之訴。

至於對起訴前其效力已消滅（解消）的行政處分提起確認違法訴訟，即所謂的「自始的處分違法確認訴訟」[99]，有無起訴期間的限制？法無明文規定。有學者認為原則上應類推適用撤銷訴訟的起訴期間，並自系爭行政處分效力消滅時起算[100]；行政法院對此問題則尚未明確表達其見解[101]。

---

[97] 由於「續行確認訴訟」係從撤銷或課予義務訴訟轉換而來，故必須具備撤銷或課予義務訴訟之本案判決特別要件。因此，對於未依規定踐行訴願之先行程序，直接提起撤銷或課予義務訴訟之案件，縱使仍在可得提起訴願之期限內，即發生行政處分解消事由，亦應由原告另行提起確認行政處分違法之訴，而不宜將原訴訟類型變更或轉換為行政處分違法確認訴訟。

[98] 陳敏，行政法總論，2007年10月5版，第1402頁。

[99] 翁岳生編／劉宗德、彭鳳至，行政法（下冊），第19章行政訴訟制度，元照出版有限公司，2006年10月3版，第446頁。

[100] 同上註。

[101] 最高行政法院99年度10月份第1次庭長法官聯席會議決議文表示：「共有土地之所有權應有部分，遭其他共有人依土地法第34條之1規定移轉予他人，嗣再移轉予善意第三人。主張第一次移轉登記處分違法並侵害其權益之土地共有人，如未遲誤法定救濟期間，惟提起撤銷訴訟已無回復原狀之可能者，得依行政訴訟法第6條第1項後段，以地政事務所為被告提起確認行政處分違法之訴訟」等語，僅係指明當事人於未遲誤法定救濟期間的情形下（包括可得提起訴願期限屆滿前，或依法提起訴願後於訴訟決定前，或訴願決定後尚未提起行政訴訟前），即發生善意第三人因信賴登記而取得土地所有權之情事，致提起撤銷訴訟亦無回復原狀之可能者，得提起確認行政處分違法訴訟，以資救濟等意旨。至於有無起訴期間之限制，並未深論。

個人認為應無起訴期間的限制，因為期間限制的目的是要維持法律秩序的安定性，避免法律關係懸而未決（確定），其前提是行政處分仍然有效，如果行政處分效力已經消滅（解消），即無限制起訴期間之必要[102]。

## 四、一般給付訴訟

### 1. 狹義的給付訴訟

給付訴訟係基於公法上原因，請求行政法院命對造為一定作為、不作為（或容忍）給付之訴訟，此為廣義的給付訴訟[103]。惟因請求之內容如係「行政機關應為一定的行政處分」，當事人應提起「課予義務訴訟」，可以定性為特別的給付訴訟，故請求之內容如係行政處分以外之其他作為、不作為（或容忍）給付之訴訟，則歸類為「一般給付訴訟」（狹義的給付訴訟）。本法第8條第1項規定：「人民與中央或地方機關間，因公法上原因發生財產上之給付或請求作成行政處分以外之其他非財產上之給付，得提起給付訴訟。因公法上契約發生之給付，亦同。」即係規範「一般給付訴訟」類型，依其「人民與中央或地方機關間」之文義，應不限於僅人民得為一般給付訴訟之原告，並不排除中央或地方機關也可以對人民提起一般給付訴訟。惟行政機關因公法上原因發生之給付請求權，如本得依行政處分而達其行政目的者，猶置較簡便之行政權不行使，而直接請求司法機關保護其請求權，不僅違反司法上之權利保護必要原則，且將混淆司法與行政之界限，故行政機關提起一般給付訴訟，應限於其不得以作成行政處分達其行政目的者，始得為之[104]。至於行政機關相互間因公法上原因所生一般給付訴訟，則須類推適用上開規定予以承認。

### 2. 主觀訴訟

所謂「行政處分以外之其他非財產上之給付」係指不屬行政處分之其他高權性質之作為或不作為而言，參照本法第5條第1項課予義務訴訟

---

[102] 德國巴伐利亞邦高等行政法院於1991年7月19日對DVB1.1992,S.1492f.乙案所作裁定，即採此種見解，參見彭鳳至，德國行政訴訟制度及訴訟實務之研究，司法院秘書處，民國88年6月，第107頁。

[103] 本法第3條所指「給付訴訟」即為廣義的給付訴訟。

[104] 台北高等行政法院91年簡字第260號、最高行政法院92年判字第620號等判決意旨參照。

中之怠為處分之訴係在請求行政法院判命被告機關為行政處分或特定內容之行政處分，屬於主觀訴訟，本條之訴所請求行政法院判命被告機關為某種事實行為或其他單純之行政行為（或稱單純之高權行為），亦應限於具體之個別行為且涉及特定人（即原告）之權益者，故人民尚不得經由一般給付訴訟請求行政法院判命行政機關訂定行政命令（無論法規命令或行政規則）[105]。蓋本法對於民眾訴訟之容許性既以法律有特別規定者為限（第9條參照），且未若德國行政法院法第47條設有法規審查程序，容許自然人、法人或行政機關得依法聲請高等行政法院審查法規之效力，而以判決宣告其為無效[106]（即承認抽象法規審查之客觀訴訟），則本條所謂「行政處分以外之其他非財產上之給付」，於解釋上即不可能包括制頒行政命令，應不致發生是否應承認「制定法規訴訟」（Normerlassklage）之爭議[107]。

### 3. 行政機關依約應為行政處分，而怠為或拒為處分時，應提起給付訴訟

　　由本法第8條第1項後段規定：「因公法上契約發生之給付，亦同。」可知若請求給付之法律關係基礎為行政契約，應提起給付訴訟，即使人民所請求之給付為行政處分時亦同。如此解釋，該規定才不會變成無意義（因為公法契約本來即為公法上之原因，何須特別強調？）；此時請求權的基礎是「行政契約」，而非「依法申請」，與提起課予義務之訴的

---

[105] 參見吳庚，行政爭訟法論，民國94年10月第3版2刷，第134頁；董保城，行政訴訟法第8條之註釋，收錄於：翁岳生主編，行政訴訟法逐條釋義，2006年7月初版4刷，第123頁。

[106] 德國行政法院法第47條（高等行政法院法規審查之事物管轄）：「(1)高等行政法院在其審判權範圍內，依聲請而審查下列法規之效力：1.依建設法規定所制定之規章，以及根據建設法第246條第2項之法規法令。2.其他位階低於邦法之法規，但以邦法就此有規定者為限。(2)自然人或法人，主張其權利因法規或因其適用而受損害，或在可預見之時間內將受損害者，以及各行政機關，得在法規公佈後二年內提出聲請。聲請應對制定該法規之團體、營造物或財團為之。高等行政法院對法規涉及其管轄權之邦及其他公法人，得指定期間，給予陳述意見之機會。……(5)高等行政法院之裁判，以判決行之，或認無言詞辯論之必要時，以裁定行之。高等行政法院確信法規不具效力時，宣告其為無效；在此一情形，裁判具有一般拘束力，而聲請相對人應如同法規之公布，將裁判書主文公佈之。……」（參照陳敏等，德國行政法院法逐條釋義，司法院，民國91年10月，第468頁）。

[107] 參見吳綺雲，德國行政給付訴訟之研究，司法院秘書處，84年6月，第125、126頁。此一問題在德國意見紛歧，有主張法規命令之制頒仍屬行政行為之一種，自屬一般給付訴訟之適用對象；反對者認為一般給付訴訟應僅針對具體個別行為，至於制頒法規命令乃抽象一般行為，應不屬於一般給付訴訟之適用範圍。（參見董保城，同前註，第123頁；彭鳳至，德國行政訴訟制度及訴訟實務之研究，司法院秘書處，民國88年6月，第45頁。至於德國司法實務見解如何？董保城著作引證資料謂其偏向肯定說，彭鳳至著作引證資料則謂其傾向否定說）。

情形不同，自可於行政機關依約應為行政處分，而怠為或拒為處分時，逕行提起給付訴訟，請求公法契約之相對人（行政機關）依約定為行政處分，而無須先踐行訴願程序。因提起一般給付訴訟與提起課予義務訴訟最大的差別就在於是否應經訴願，法律既明定「得提起給付訴訟」，即是免除人民於起訴前提起訴願的程序義務。

### 4. 可否於提起課予義務訴訟時，合併提起實現該行政處分內容之給付訴訟

　　一般給付訴訟既係直接起訴請求行政法院判決命對造為一定作為、不作為給付之訴訟，即必須具有實體法上之請求權基礎，且由於本法第5條所定請求應為行政處分之課予義務訴訟，為一般給付訴訟之特別規定，自不得復適用本法第8條第1項有關直接提起給付訴訟之規定，故提起一般給付訴訟者所主張之給付請求權，必須該給付之內容已經明確，且無須經行政機關准許、核定或確認為前提；如果該給付請求權，依實體法之規定，尚須經由申請、審查後以行政處分為准許、核定或確認等程序才會發生，即不得直接提起一般給付訴訟，而應先循序提起課予義務訴訟，請求判決命行政機關作成該核定給付之行政處分[108]。如果有應提起課予義務訴訟，且已合法踐行訴願前置程序，卻誤為提起一般給付訴訟之情形，法院應行使闡明權，使原告變更訴之聲明為課予義務訴訟；反之，如果有應提起一般給付訴訟，卻誤為提起課予義務訴訟之情形，法院亦應行使闡明權，使原告變更訴之聲明為一般給付訴訟；如果原告不願變更，始能以其訴訟類型選擇錯誤，裁定駁回其訴[109]。至於當事人可否於提起課予義務訴訟請求行政機關作成核定給付的行政處分時，合併提起實現該行政處分內容之給付訴訟，學者或實務上雖有採肯定見解者[110]，但個人認為原告提起課予義務訴訟，縱使獲得全部勝訴確定，亦須等待被告機關依判決意旨作成特定

---

[108] 最高行政法院90年判字第2369號、92年判字第1429號等判決意旨參照。

[109] 最高行政法院98年度判字第1475號判決意旨參照。

[110] 例如陳敏，行政法總論，2007年10月5版，第1408頁；最高行政法院95年裁字第2145號、台北高等行政法院97年訴字第2102號等裁判意旨參照。另外，臺北高等行政法院96年度訴字第352號、第410號判決雖均論知：「訴願決定及原處分（即否認原告為合法現住人）均撤銷。被告應認定原告為合法現住人，並應將原告關於一次補助費之申請，函轉公務人員住宅及福利委員會辦理補助費之核發。」但探究其訴之本質乃撤銷訴訟與一般給付訴訟之合併，並非提起課予義務訴訟合併提起實現該尚待作成行政處分內容之給付訴訟。

內容的授益行政處分後，始可能依該授益處分之效力及內容取得給付請求權，法院尚難於作成課予義務訴訟勝訴判決時，一併命被告機關依尚未發生之請求權為給付，當事人自無逕行合併提起實現該行政處分內容之給付訴訟之餘地。否則，法律設定課予義務訴訟程序，即屬多餘，且無異承認行政法院於作成命行政機關應為特定內容之行政處分之判決時，即使該行政處分發生效力，而可同時判命行政機關依該行政處分之內容為給付，如此一來，行政法院豈不是代替行政機關，直接以形成判決創設該行政處分？顯已逾越課予義務訴訟之聲明範圍，及現行法律規定訴訟種類之界限，並有違權力分立原則[111]。

### 5. 補餘的功能

一般給付訴訟具有補餘的功能，亦即當人民欲請求某種行政法上之給付，其他典型的訴訟類型，包括撤銷（形成）訴訟、課予義務訴訟及確認訴訟不足以涵蓋時，即得考慮將歸入一般給付訴訟。其中一般給付訴訟與課予義務訴訟（特別的給付訴訟）之訴求內涵固有重疊，因依法應優先適用課予義務訴訟，而可認其對於課予義務訴訟具有某種程度的補充性[112]，但一般給付訴訟與撤銷訴訟的訴求內涵沒有重疊，對於撤銷訴訟並不具補充性[113]。

### 6. 撤銷訴訟合併一般給付訴訟

依本法第8條第2項規定：「前項給付訴訟之裁判，以行政處分應否撤銷為據者，應於依第四條第一項或第三項提起撤銷訴訟時，併為請求。

---

[111] 最高行政法院90年判字第2369號、92年判字第1429號等判決意旨謂：「行政法院並未具有上級行政機關之功能，不得取代行政機關而自行決定。故行政訴訟法第八條所規定因公法上原因發生財產上之給付，而提起一般給付之訴，其請求金錢給付者，必須以該訴訟可直接行使給付請求權時為限。如依實體法之規定，尚須先由行政機關核定或確定其給付請求權者，則於提起一般給付之訴之前，應先提起課以義務之訴，請求作成該核定之行政處分」等語，似傾向於與筆者相同之見解。

[112] 最高行政法院94年度裁字第1131號裁定意旨謂：「一般給付之訴，乃在於實現公法上給付請求權而設，同法第5條所規定人民得訴請行政機關為一定之行政處分之課予義務訴訟亦同。惟一般給付訴訟，相對於其他訴訟類型，特別是以『行政處分』為中心之撤銷訴訟及課予義務訴訟，具有『備位』性質，從而若其他訴訟類型得以提供人民權利救濟時，即無許其提起一般給付訴訟之餘地。」其中關於一般給付訴訟對於撤銷訴訟具有「備位（補充）」性之論述，似有誤會。

[113] 一般給付訴訟相對於課予義務訴訟，一方面具有補充性，另一方面也可以作為補餘訴訟（Auffangklage）。參見彭鳳至，德國行政訴訟制度及訴訟實務之研究，司法院秘書處，民國88年6月，第44、45頁。

原告未為請求者，審判長應告以得為請求。」一般給付請求權之發生以行政處分經判決撤銷為前提者，固不得直接或僅提起一般給付訴訟，而應以「撤銷訴訟合併一般給付訴訟」的方式請求，若原告未於撤銷訴訟中併為請求，審判長應告知其有此項請求權。惟給付訴訟與撤銷訴訟之訴訟對象不同，於法理上並無必須一併請求之限制，故併為請求應係為人民之利益，而非限制人民訴訟權而設；人民若堅持只提其撤銷訴訟，仍應尊重其意願，容許其在勝訴確定後單獨提起一般給付訴訟。何況給付請求權的成立以某一行政處分經判決撤銷為前提者，原需等到該行政處分在訴訟程序中經判決撤銷確定時起才發生，其訴訟上之請求本存有時間上之先後順序，只因基於訴訟經濟及積極有效保護人民權利之考量，才以本法第8條第2項特別規定，容許撤銷訴訟與其後為實現給付請求權而得提起的一般給付訴訟合併提起，自不能反過來限制人民的訴訟處分權與主導權[114]。

## 7. 可否於提起課予義務訴訟，請求判命行政機關撤銷或廢止其負擔處分時，合併提起以該撤銷或廢止為前提的一般給付訴訟

另外，如果一般給付請求權發生係以行政機關自行撤銷或廢止其負擔處分為前提者，當事人亦不得直接提起一般給付訴訟，且由行政機關自行撤銷或廢止行政處分者，尚須以行政處分之方式為之。故縱使當事人依法可以申請行政機關自行撤銷或廢止其負擔處分（例如依行政程序法第128條規定申請程序重開），亦必須先依法提出申請，於遭否准後，循序提起課予義務訴訟，俟獲得全部勝訴判決確定，行政機關依判決意旨自行撤銷或廢止其負擔處分，該以負擔處分之撤銷或廢止為前提之一般給付請求權才會發生，原告自難於提起課予義務訴訟，請求判決命行政機關撤銷或廢止其負擔處分時，合併提起以該撤銷或廢止為前提的一般給付訴訟，其理由與前述當事人不能於提起課予義務訴訟請求行政機關作成核定給付的行政處分時，合併提起實現該行政處分內容之給付訴訟之道理相同。

---

[114] 此種合併起訴等於是將二階段的爭訟程序合併在一個訴訟程序中來進行，因此在德國被稱為「階次訴訟」（Stufenklage）。關於「階次訴訟」的中文翻譯及其說明，請參見劉淑範，論續行確認訴訟之適用範疇，臺北大學法學論叢，第46期，第128頁註38。

### 8. 公法上結果除去請求權

提起一般給付訴訟雖不以具有實體法上之給付請求權基礎作為起訴的合法要件，但由於原告所主張的給付請求權，必須在實體法上已經予以承認，才可能獲得勝訴判決，故行政法院審查某項請求是否適合提起一般給付訴訟，恆需探究原告起訴的請求權基礎為何。而且行政法上的給付請求權種類越多元，給付訴訟的範圍就越寬廣，過去仰賴擴大承認行政行為具有行政處分性，以利人民循撤銷訴願與撤銷訴訟的程序謀求救濟的需求度，也隨之降低；否則，逕行提起一般給付訴訟，雖可免除訴願前置程序的麻煩，但如果行政法上的給付請求權種類貧乏，亦可能徒勞無功，得不償失。因此，基於維護人民的訴訟權，確有增加行政法上的給付請求權種類的必要。以此觀點出發，本法第196條第1項規定：「行政處分已執行者，行政法院為撤銷行政處分判決時，經原告聲請，並認為適當者，得於判決中命行政機關為回復原狀之必要處置。」既係違法行政處分執行結果除去之訴訟救濟規定，而以承認結果除去請求權為前提，足見行政處分經執行後，嗣因違法遭撤銷，該執行結果變成違法，受害人民得請求除去（回復原狀），則因行政處分以外之其他行政行為侵害權利造成違法結果，如不許受害人民得請求除去（回復原狀），即有失衡平。因此，學者主張應承認「公法上結果除去請求權」[115]，使行政事實行為造成不法權利侵害結果時，受害人民得主張結果除去請求權，提起行政訴訟法第8條第1項之一般給付訴訟，以除去該項侵害結果，司法實務見解亦已逐漸採納[116]，最高行政法院並已作成決議，實質上予以承認[117]。

---

[115] 參閱，林三欽，公法上「結果除去請求權」之研究，收於同作者：「行政爭訟制度」與「信賴保護原則之課題」，2008年2月，第54至85頁。

[116] 最高行政法院判決承認結果除去請求權者，有94年度判字第1708號判決：「人民因其權利受公權力之違法干涉，而負擔不利之結果，應有回復未受不利結果前之原狀之請求權，此乃學說所稱之公法上之結果除去請求權。此項結果除去請求權，雖未見於我國行政法規之明文，惟其與行政程序法第127條所定之公法上不當得利返還請求權具有相同之性質，同有不容違法狀況存在之意義，應得以法理予以適用，而認許人民有此項請求權。」（94年度判字第1608號及97年度判字第374號判決採相同見解）。95年度判字第1220號判決：「屬抽象學理，其實現端賴法律明定具體得以主張之請求權。」95年度裁字第2083號裁定、98年度判字第334號判決則謂「尚有爭議」。其中98年度判字第334號判決之前審臺北高等行政法院95度訴字第1859號判決，則否認結果除去請求權。且最高行政法院98年度判字第334號判決及96年度裁字第2245號裁定，已揭示結果除去請求權之要件為：(1)須行政機關之行政行為（包括行政處分或其他高權行為）違法，或行為時合法，嗣因法律變更而成為違法者；(2)直接侵害人民之權益；(3)該侵害之狀態繼續存在，且有除去回復至行政行為前狀態之可能；(4)被害人對於損害之發生無重大過失。

[117] 最高行政法院99年3月9日庭長法官聯席會議決議：「人民之財產權應予保障，憲法第15條定有明文。憲

## 五、合併請求損害賠償或其他財產上給付之訴訟

### 1. 本法第7條規定使行政法院因此取得國家賠償訴訟有關財產上給付部分的審判權

　　本法第7條規定：「提起行政訴訟，得於同一程序中，合併請求損害賠償或其他財產上給付」，學者有認為非屬獨立的訴訟類型者[118]。惟因行政訴訟法第2條規定：「公法上之爭議，除法律別有規定外，得依本法提起行政訴訟」，所謂法律別有規定包括國家賠償法第12條：「損害賠償之訴，除依本法規定外，適用民事訴訟法之規定」，因此行政法院對於國家賠償事件尚無審判權，當事人無法以公法上侵權行為所生之損害賠償請求權作為「公法上法律原因」，向行政法院提起一般給付訴訟，請求行政機關為金錢賠償或回復原狀[119]；且由於目前國家賠償事件依法既應踐行民事訴訟程序，不同於行政訴訟程序，僅依本法第115條準用民事訴訟法第248條但書規定[120]，亦不得與其他公法爭議合併提起行政訴訟。故本法第7條規定，使原由普通法院管轄之國家賠償事件有關財產上給付部分，得利用同一行政訴訟程序，合併請求，不僅構成非同種訴訟程序不得合併審理原則之重大例外，且使行政法院因此取得對於國家賠償訴訟有關財產上給付部分的審判權。又依行政訴訟法第7條的立法理由係「因行政機關之違法處分，致人民權利或法律上利益受損害者，經提起行政訴訟後，其損害有能除去者，有不能除去者。其不能除去者，自應准許人民於提起行政訴訟之際，合併請求損害賠償或其他財產上之給付，以保護人民之權利，並省訴訟手續重複之繁」，可知國家賠償有關財產上給付事件與其所合併

　　法所保障之人民基本權利，具有防禦權功能，人民於其基本權利受到國家侵害時，得請求國家排除侵害行為。國家之侵害行為如屬負擔行政處分，受害人民得主張該行政處分違法，損害其權益，依行政訴訟法第4條規定提起撤銷訴訟，以排除該侵害行為。國家之侵害行為如屬行政事實行為，此項侵害事實即屬行政訴訟法第8條第1項所稱之『公法上原因』，受害人民得主張該行政事實行為違法，損害其權益，依行政訴訟法第8條第1項規定提起一般給付訴訟，請求行政機關作成行政處分以外之其他非財產上給付，以排除該侵害行為。」

[118] 蔡志方，論行政訴訟上各類訴訟之關係（中），月旦法學雜誌第54期（1999年11月），第121頁。陳計男，行政訴訟法釋論，作者自己發行，民國89年1月初版，第204頁。

[119] 國家賠償法第7條第1項規定：「國家負損害賠償責任者，應以金錢為之。但以回復原狀為適當者，得依請求，回復損害發生前原狀。」

[120] 民事訴訟法第248條（客觀訴之合併）：「對於同一被告之數宗訴訟，除定有專屬管轄者外，得向就其中一訴訟有管轄權之法院合併提起之。但不得行同種訴訟程序者，不在此限。」

的行政訴訟，雖非附屬關係，但亦非兩個獨立訴訟的單純合併，而必須是該國家賠償事件與其他公法爭議具有牽連關係，始得利用同一行政訴訟程序，合併起訴。對於具有如此重大意義之規定，並無否定其為獨立訴訟類型之理由[121]。除此以外，本法第7條並無特殊意義，因為依本法第115條準用民事訴訟法第248條規定，客觀訴之合併，原為本法所准許，無待第7條之特別規定，故本法第7條規定目的並非在限制可以合併起訴之訴訟類型僅有損害賠償或其他財產上給付。

### 2. 合併起訴不具備本法第7條之要件，即屬單純客觀訴之合併

如果合併起訴不具備本法第7條之要件，即屬單純客觀訴之合併，仍應受本法第115條準用民事訴訟法第248條之規範，不能逕以其合併起訴不具備本法第7條之要件，而裁定駁回原告之訴，或逕將合併提起的訴訟事件拆開，分別審理和判決。例如依本法第7條規定得合併提起之損害賠償或其他財產上給付之訴訟，依其立法意旨，雖以其與所合併之行政訴訟具有牽連關係者為限（即兩者具有前提或因果關係[122]，或謂兩個訴訟標的須基於同一原因事實[123]），但欠缺此一要件，而合於一般給付之訴之特別訴訟要件時，仍應予合併審理。除非該合併提起之損害賠償或其他財產上給付訴訟係屬國家賠償事件，才會因為不具備本法第7條合併起訴之要件，而落入民事訴訟法第248條但書規定之限制，以致無法合併審理，而成為獨立訴訟，行政法院必須以其無審判權，依本法第12條之2第2項裁定移送有受理訴訟權限之普通法院。

### 3. 所合併之行政訴訟有本法第107條第1項第2款至第10款情形應予裁定駁回時，關於國家賠償訴訟部分，應如何裁判

至於依行政訴訟法第7條規定，於同一程序中，合併依國家賠償法規定請求損害賠償（財產給付訴訟）後，如行政法院審理結果，認為所合併之行政訴訟部分有本法第107條第1項第2款至第10款情形應予裁定駁回

---

[121] 翁岳生編／劉宗德、彭鳳至，行政法（下冊），第19章行政訴訟制度，作者自己發行，2000年3月2版，第1154-1155頁。
[122] 陳計男，行政訴訟法釋論，作者自己發行，民國89年1月初版，第204頁。
[123] 最高行政法院98年6月份第1次庭長法官聯席會議（二）決議文參照。

時，則關於國家賠償訴訟部分，應如何裁判？實務作法原有歧異，有認為應裁定移送有受理訴訟權限之普通法院者[124]，有認為應一併裁定駁回，無庸移送者[125]。經最高行政法院於民國98年6月16日之庭長法官聯席會議，作成決議，採取「一併裁定駁回」之見解[126]。惟其所持理由謂：「當事人主張因行政機關之違法行政行為受有損害，循序向行政法院提起行政訴訟，並依行政訴訟法第7條規定於同一程序中，合併依國家賠償法規定請求損害賠償者，因行政法院就國家賠償部分，自當事人依法『附帶』提起國家賠償時起取得審判權，而案件經行政法院審理後，如認行政訴訟部分因有行政訴訟法第107條第1項第2款至第10款情形而不合法者，此時行政訴訟既經裁定駁回，其依國家賠償法附帶提起國家賠償之訴部分，屬附帶請求之性質，非可單獨提起之行政訴訟，因而失所附麗，自得一併裁定駁回。」等語，顯與本法第7條之立法緣由不符。因為將舊行政訴訟第2條之附帶請求[127]改為本法第7條之合併請求，係基於舊制只設有撤銷訴訟，損害賠償既屬給付訴訟，只能附帶請求，依現制給付訴訟亦為主要訴訟類型，已非附帶性質，應屬合併請求[128]。故以依本法第7條合併提起之國家賠償訴訟係屬附帶請求之性質，本訴不合法而應裁定駁回時，附帶請求部

---

[124] 例如最高行政法院97年裁字第2321、3677、3965號等裁定。

[125] 例如最高行政法院96年裁字第2182、3127號、97年裁字第549、935、1889、2224、4252號等裁定。

[126] 最高行政法院98年6月份第1次庭長法官聯席會議（二）決議文：行政訴訟法第7條規定「提起行政訴訟，得於同一程序中，『合併請求』損害賠償或其他財產上給付。」並未明定「合併提起訴訟」，故其文義上並不僅限於客觀訴之合併之情形，又斟酌該條之立法過程，乃在使當事人於提起行政訴訟時得「附帶」提起不同審判系統之訴訟，以連結行政訴訟與國家賠償訴訟審判權，而達訴訟經濟目的之意旨，並參照該條立法理由第三點明文闡述：「向行政法院『附帶』提起損害賠償之訴，自應適用行政訴訟程序，而其實體上之法律關係，仍以民法有關規定為依據……。」是行政訴訟法第7條規定所謂「合併請求」損害賠償或其他財產上給付，其訴訟法上之意義，依行政訴訟法與國家賠償法之規範體系而言，不宜限制解釋為客觀訴之合併，而應包含當事人於提起行政訴訟時，就同一原因事實請求之國家賠償事件，得適用行政訴訟程序「附帶」提起損害賠償或其他財產上給付訴訟，行政法院並於此情形取得國家賠償訴訟審判權之意，以符合立法意旨及立法理由，復可與國家賠償法第11條但書規定：「但已依行政訴訟法規定，『附帶』請求損害賠償者，就同一原因事實，不得更行起訴。」配合適用。是當事人主張因行政機關之違法行政行為受有損害，循序向行政法院提起行政訴訟，並依行政訴訟法第7條規定於同一程序中，合併依國家賠償法規定請求損害賠償者，因行政法院就國家賠償部分，自當事人依法「附帶」提起國家賠償時起取得審判權，而案件經行政法院審理後，如認行政訴訟部分因有行政訴訟法第107條第1項第2款至第10款情形而不合法者，此時行政訴訟既經裁定駁回，其依國家賠償法附帶提起國家賠償之訴部分，屬附帶請求之性質，非可單獨提起之行政訴訟，因而失所附麗，自得一併裁定駁回。

[127] 舊行政訴訟法第2條第1項規定：「提起行政訴訟，在訴訟程序終結前，得附帶請求損害賠償。」

[128] 參見司法院編，「行政訴訟制度研究修正資料彙編（三）」，第87次會議紀錄，第379頁，楊建華之發言，渠強調「切忌於條文中再行規定『附帶』二字」。

分亦失所附麗之論述，作為「合併提起之國家賠償訴訟」得一併裁定駁回之理由，似嫌牽強。個人認為採取下列見解，作為一併裁定駁回之理由，較為妥適。按國家賠償事件既須與其他公法爭議具有牽連關係，始得利用同一行政訴訟程序，合併起訴，則必須所合併的行政訴訟具備合法起訴要件，始可能進入實體審理，再藉由同一程序對於國家賠償事件加以審判。易言之，所合併的行政訴訟合法存在，係合併提起之國家賠償事件受實體判決之要件，如其因不合法而應裁定駁回，合併提起之國家賠償事件即欠缺受實體判決之要件，亦應一併裁定駁回。同理，如果合併提起的是其他財產上給付訴訟，因本訴不合法，無從為實體審理時，其他財產上給付訴訟亦無法藉由同一程序為實體判決，而應裁定駁回[129]。

### 4. 依行政訴訟法第7條規定合併請求國家賠償時，無須踐行國家賠償法第10條規定先以書面向賠償義務機關請求賠償及協議之程序。

依行政訴訟法第7條規定合併請求國家賠償時，是否仍須踐行國家賠償法第10條規定先以書面向賠償義務機關請求賠償及協議之程序？實務見解曾發生歧異，高等行政法院91年度行政訴訟法律座談會研討結果，多數見解雖採肯定說[130]，但並未普遍獲得上級審判決的支持。最高行政法院各庭判決亦出現歧見[131]，直到2008年6月10日始經由庭長法官聯席會議決議，採納93年判字第494號判決要旨：「人民因國家之行政處分而受有損害，請求損害賠償時，現行法制，得依國家賠償法規定向民事法院訴請賠

---

[129] 臺北高等行政法院99年度訴字第1619號裁定：「其以課予義務訴訟有理由之結果為據，進而請求給付者，因課予義務訴訟不合法，無從為實體上審理，即失併於同一訴訟程序中請求之適狀，亦不備起訴要件，又不能補正，同屬起訴不合法。應依行政訴訟法第107條第1項第10款裁定駁回之。」即採相同之見解。

[130] 各級行政法院91年度行政訴訟法律座談會於91年7月9日就法律問題：行政訴訟法第七條規定所謂之「得合併請求損害賠償」是否包括請求國家賠償？如包括請求國家賠償，是否應先踐行國家賠償法第十條之協議程序？研討結果：採丙說，即「行政訴訟法第七條之合併請求損害賠償雖包括國家賠償在內，但於行政訴訟中仍應踐行國家賠償法第十條之協議程序，以符國家賠償法規定之特別程序。」（司法院公報第44卷12期128頁）惟名義上雖為各級行政法院行政訴訟法律座談會，但慣例上，最高行政法院法官並不參與表決，且並無法律賦予其決議任何拘束力，故基於審判獨立，其研討結果僅係供各級行政法院判決之參考。

[131] 例如92年度判字第837號判決認：「本件上訴人於原審請求確認系爭原處分關於命令回復原狀（拆除）部分違法，並合併請求損害賠償，於法並無不合，既非依國家賠償法規定請求賠償，自無踐行該法所規定程序之必要。」；然96年度判字第478號判決則謂：「行政訴訟法第7條……『得於同一程序中合併請求損害賠償』之規定，並非有關國家賠償之完整性條文，其性質核僅係有關國家賠償裁判權之特別規定而已，舉凡有關國家賠償之構成要件、時效以及先行協議等事項，仍有國家賠償法規定之適用。」

償外，亦得依行政訴訟法第7條規定，於提起其他行政訴訟時合併請求。二者為不同之救濟途徑，各有其程序規定。人民若選擇依國家賠償法請求損害賠償時，應依國家賠償法規定程序為之。若選擇依行政訴訟法第7條規定請求損害賠償時，自僅依行政訴訟法規定程序辦理即可。行政訴訟法既未規定依該法第7條規定合併請求損害賠償時，應準用國家賠償法規定，自無須踐行國家賠償法第10條規定以書面向賠償義務機關請求賠償及協議之程序」，作為判例，統一了見解。

### 5. 合併訴訟之類型

依本法第7條提起損害賠償或其他財產上給付訴訟，所合併之訴訟，包括撤銷、確認及課予義務訴訟，甚至以一般給付訴訟請求履行公法契約，同時以備位聲明合併請求不履行之損害賠償[132]，或提起給付某特定物訴訟中，預慮可能給付不能而以備位聲明合併請求損害賠償[133]等，亦屬本條所謂之合併請求財產上給付。但依本法第7條提起課予義務訴訟時合併提起損害賠償或其他財產上給付訴訟[134]，應不包括前述提起課予義務訴訟請求行政機關作成核定給付的行政處分時，合併提起實現該行政處分內容之給付訴訟，以及提起課予義務訴訟，請求判決命行政機關撤銷或廢止其負擔處分時，合併提起以該負擔處分之撤銷或廢止為前提之一般給付訴訟。又如以預備合併的方式提起國家賠償訴訟時，該國家賠償訴訟不能作為先位聲明，否則該項先位之國家賠償訴訟為有理由時，行政法院即無須就預備之訴為裁判，而必須就原不得單獨向行政法院提起之國家賠償訴訟為原告勝訴之實體判決，此結果顯與行政訴訟法之制度設計，係為處理非歸屬司法院大法官會議或其他法院裁判之公法上爭議事件之目的不符，是應認以先位之訴之方式提起國家賠償訴訟，係屬不合法[135]。

---

[132] 吳庚，行政爭訟法論，民國94年10月第3版2刷，第142頁。
[133] 陳計男，行政訴訟法釋論，作者自己發行，民國89年1月初版，第204頁。
[134] 例如依法提出申請後，因行政機關怠為處分或駁回其申請致受有損害者，得於提起課予義務訴訟時合併提起損害賠償之訴。
[135] 最高行政法院94年度判字第1608號判決參照。

### 6. 限於客觀合併之訴

末按，依本法第7條提起損害賠償或其他財產上給付訴訟，既須於提起行政訴訟時，利用「同一程序」合併請求，即應係同一原告對於同一被告合併提起之數宗訴訟，限於客觀合併之訴，不及於主觀合併之訴。至於合併請求的時期，得於起訴時合併提起，或於其他行政訴訟繫屬中追加起訴，且因係依法律規定為追加合併請求，法院應予准許（本法第111條第3項第5款）。

## 六、其他法定類型之訴訟

本法所明文規定之訴訟種類，除前述撤銷訴訟、課予義務訴訟、確認訴訟及一般給付訴訟外，尚有公益訴訟（本法第9條）、選舉罷免爭議訴訟（本法第10條）、團體訴訟（本法第35條）、公法上契約效果或公法上其他原因發生之財產上給付關係變更之訴（本法第203條）、行政訴訟和解無效或撤銷之訴（本法第227條）、執行債務人異議之訴（本法第307條）。茲分別說明如下：

### 1. 公益訴訟

本法第9條規定：「人民為維護公益，就無關自己權利及法律上利益之事項，對於行政機關之違法行為，得提起行政訴訟。但以法律有特別規定者為限。」係以法律有特別規定為條件，承認公益訴訟（或稱民眾訴訟）。其特徵在於原告係為公益，而非因自己之權利或法律上利益受行政機關違法行為侵害，亦具有當事人適格，而得合法提起行政訴訟。在現行法律中堪稱訂有公益訴訟條款者，大多與環境保護有關，例如依廢棄物清理法第72條請求主管機關對於違規公私場所執行法令；依空氣污染防制法第81條請求主管機關對於違規公私場所執行法令；依水污染防治法第72條請求主管機關對於違規事業、污水下水道系統執行法令；依土壤及地下水污染整治法第49條請求主管機關對於違規公私場所執行法令；依海洋污染防治法第59條請求主管機關對於違規公私場所執行法令；依環境影響評估法第23條第8項、第9項請求主管機關對於違規開發單位執行法令。上開法律明定：「公私場所（事業、污水下水道系統或開發單位）違反本

法或依本法授權訂定之相關命令而主管機關疏於執行時，受害人民或公益團體得敘明疏於執行之具體內容，以書面告知主管機關。主管機關於書面告知送達之日起六十日內仍未依法執行者，（受害）人民或公益團體得以該主管機關為被告，對其怠於執行職務之行為，直接向行政法院（高等行政法院）提起訴訟，請求判令其執行。」其中由受害人民起訴部分固非公益訴訟，但由公益團體起訴請求判令執行部分，則為公益訴訟無疑。至於其訴訟類型，可以是課予義務訴訟（請求判命行政機關對違規者作成負擔處分），也可以是一般給付訴訟（請求判命行政機關作成行政處分以外之其他行政行為），其具體執行行為端視所依據的環保法律或該法律授權訂定之相關命令內容而定。另外，尚有依專利法第67條第2項、第107條第2項、第128條第2項，任何人得附具證據，向專利專責機關舉發請求撤銷第三人之專利權；依商標法第40條第1項，任何人得向商標專責機關提出異議請求撤銷第三人之商標註冊；依商標法第57條第1項，申請廢止第三人之商標註冊，亦係任何人均得為之。且均係「依法申請」之案件，如果主管機關怠為處分或為舉發、異議不成立之審定或駁回其申請，或訴願機關將原舉發、異議成立處分予以撤銷者，原舉發、異議或申請人對於前者自得提起訴願、課予義務訴訟，對於後者自得提起撤銷訴訟，以求救濟。故任何人如僅係基於公益為舉發、異議或申請，則其後續所提行政訴訟，即屬公益訴訟。

### 2. 選舉罷免爭議訴訟

　　本法第10條規定：「選舉罷免事件之爭議，除法律別有規定外，得依本法提起行政訴訟。」所謂選舉罷免事件之爭議，專指公法上選舉罷免事件之爭議，不及於私法上之選舉或罷免爭議事件，例如人民團體會員（或會員代表）依人民團體法選舉、罷免理事或監事，會員（或會員代表）、候選人（或當選人）及其所屬人民團體之間，就選舉、罷免事項所生爭議，自非本法第10條所指選舉罷免事件之爭議。至於私法上之選舉罷免爭議因主管機關依法介入，而作成行政處分時（例如主管機關不承認人民團體理監事的當選資格，而對於其提出的當選名冊不准核備），利害關

係人自得依法提起訴願及撤銷訴訟，此與本法第10條規定無涉。

　　所謂法律別有規定，係指依現行公職人員選舉罷免法第126條、第128條及總統副總統選舉罷免法第110條、第112條規定，關於選舉或罷免無效、當選無效、罷免案通過或否決無效等訴訟，係由普通法院準用民事訴訟法審理，故不得提起行政訴訟。此外，議會內部選舉爭議（例如地方議會議長副議長、立法院院長副院長選舉爭議），法律雖未明定提起何種訴訟，但基於權力分立原則，亦應由議會自律，依循其內部程序解決紛爭，不能提起行政訴訟。

　　按依公法規定辦理之選舉罷免事項，如果因主管機關依法介入，而作成行政處分時（例如主管機關認某人不具候選資格，而否准其申請登記為候選人），當事人或利害關係人本得依法提起訴願、行政訴訟（撤銷或課予義務訴訟），以求救濟，無待本法第10條之特別規定，故本法第10條主要係適用在公法上選舉罷免爭議，未經主管機關介入作成行政處分之情形。排除現行公職人員選舉罷免法及總統副總統選舉罷免法之選舉或罷免無效、當選無效、罷免案通過或否決無效等訴訟後，目前可以適用本法第10條提起之行政訴訟，似乎不多。例如，依水利法第12條第2項規定，農田水利會為公法人，依農田水利會組織通則所辦理之農田水利會會長、會務委員及水利小組長之選舉罷免爭議所衍生之選舉或罷免無效、當選無效、罷免案通過或否決無效等訴訟，並無法律特別規定應適用何種訴訟程序，自應提起行政訴訟。

### 3. 團體訴訟

　　本法第35條規定：「以公益為目的之社團法人，於其章程所定目的範圍內，由多數有共同利益之社員，就一定之法律關係，授與訴訟實施權者，得為公共利益提起訴訟。前項規定於以公益為目的之非法人之團體準用之。前二項訴訟實施權之授與，應以文書證之。第三十三條之規定，於第一項之社團法人或第二項之非法人之團體，準用之。」探究其立法緣由，本法第35條第1項之草案內容原係「以公益為目的之社團法人，於其章程所定目的範圍內，由多數有共同利益之社員，就一定之法律關係，授

與訴訟實施權者，得為各該社員之利益提起訴訟。」即由社團基於社員之授權，為社員之利益起訴，性質上是維護多數人（二人以上即為多數）私益的主觀訴訟。惟於立法院黨政協商時，將「得為各該社員之利益」提起訴訟，修改為「得為公共利益」提起訴訟[136]，經三讀通過，公布為現行條文，已非屬主觀訴訟。依此規定，如果有多數有共同利益之社員，依本法第9條規定得提起民眾訴訟者，就一定之法律關係，授與訴訟實施權時，公益團體非無可能為公益提起訴訟[137]。惟以本法於2000年7月1日起開始施行時的法制背景而論，僅有當時商標法第46條規定於商標公告期間的公眾異議制度，及依當時專利法第41條、第72條規定由任何人所為異議或舉發，後續可能為公益提起行政訴訟外，並無其他得由民眾提起公益訴訟之法律規定存在[138]，以致適用本法第35條第1項、第2項規定，由公益團體接受多數有共同利益之社員授權，為公益提起民眾訴訟的機率微乎其微[139]。而且依當時的土壤及地下水污染整治法第49條規定，公益團體已得以主管機關為被告，對其怠於執行職務之行為，為公益直接向行政法院提起訴訟，請求判令其執行[140]，無須具有共同利益之社員，就一定之法律關係，

---

[136] 司法院人員（彭鳳至等）於當初參加現行行政訴訟法之立法草案朝野協商時，曾以德國的團體訴訟為藍本，就草案第35條提出修正建議：1.將草案第35條規定刪除，而在行政實體法內規定，公益團體雖本身權益未受侵害，而得以自己名義，就公益事項提起行政訴訟的要件。2.將草案第35條第1項文字修正為：「以公益為目的之社團法人，於其章程所定範圍內，為維護公益，對於行政機關之違法行為，得提起行政訴訟。但以法律有特別規定者為限。」移列草案第9條第2項，刪除草案第35條第2、3、4項。惟不獲參與協商的立法委員接受。嗣後黃國鐘委員建議僅將原草案規定的「得為各該社員之利益」提起訴訟，修改為「得為公共利益」提起訴訟，經司法院人員（彭鳳至）同意，並協調其他委員後定案。詳見彭鳳至，論行政訴訟中之團體訴訟，收錄於翁岳生教授七秩誕辰祝壽論文集－當代公法新論（下），元照出版有限公司，2002年7月初版第1刷，第126-127頁。

[137] 參前註引彭鳳至論文，第127頁。

[138] 當時空氣污染防制法（民國88年1月20日修正公布條文）第74條第1項規定：「公私場所違反本法或依本法授權訂定之相關命令而主管機關疏於執行時，受害人民或公益團體得敘明疏於執行之具體內容，以書面告知主管機關。主管機關於書面告知送達之日起六十日內仍未依法執行者，人民得以該主管機關為被告，對其怠於執行職務之行為，直接向行政法院提起訴訟，請求判令其執行。」依其前後文義，得提起行政訴訟者，僅限於受害人民，並非公益訴訟。

[139] 商標法或專利法上的公眾異議或舉發後續行政訴訟，雖可能係公益訴訟，但所謂任何人，解釋上包括各種法人，公益社團法人可以藉由自始提出異議或舉發，取得後續的行政訴訟權，尚無由其社員授與訴訟實施權之必要。且實務上多係由自然人或公司提出異議或舉發，再循序提起行政訴訟，亦從未見有授權公益社團法人實施訴訟之案例。

[140] 土壤及地下水污染整治法（民國89年2月2日制定公布條文）第49條規定：「公私場所違反本法或依本法授權訂定之相關命令而主管機關疏於執行時，受害人民或公益團體得敘明疏於執行之具體內容，以書面告知主管機關。主管機關於書面告知送達之日起六十日內仍未依法執行者，人民或公益團體得以該主管機關為被告，對其怠於執行職務之行為，直接向行政法院提起訴訟，請求判令其執行。」民國99年2月3日修正移列為第54條第1項，並將後段「人民或公益團體」，修正成「受害人民或公益團體」，使其前

授與訴訟實施權（事實上，法律既未就此環保事項賦予民眾訴訟實施權，公益團體之社員即無訴訟實施權可以授與）；爾後，環境基本法於2002年12月11日制定公布，空氣污染防制法、水污染防治法和環境影響評估法等環保法律亦陸續修正公布，容許公益團體得以該主管機關為被告，對其怠於執行職務之行為，為公益直接向行政法院提起訴訟，請求判令其執行[141]。即已於個別的行政實體法內特別規定由公益團體為公益起訴之行政訴訟類型，解釋上只要是設立目的係為維護公益之團體，於其章程所定目的範圍內，即為得提起該目的種類公益訴訟的適格公益團體，無須經由社員授權，且不限於社團法人、非法人團體，亦可以是財團法人，故在法律實證上，本法第35條幾乎沒有適用之機會，實務上亦從未見依本條成立之訴訟[142]。則將來本法第35條之發展方向，究係要回歸原草案內容，朝向「利己的團體訴訟（為其團體成員利益的主觀訴訟）」修正，或轉向「利他的團體訴訟（公益訴訟）」修正，而於行政訴訟法內建立由公益團體提起公益訴訟的根據，頗值深思[143]。惟司法院的修正方向則是「利他的團體訴訟（公益訴訟）」[144]。

---

後文字相符。

[141] 環境基本法第34條第1項規定：「各級政府疏於執行時，人民或公益團體得依法律規定以主管機關為被告，向行政法院提起訴訟。」雖以「人民」，而非以「受害人民」為原告，但未直接規定「得……提起訴訟」，而係「得依法律規定……提起訴訟」，故本條無法成為民眾訴訟的權源，尚須其他法律規定民眾訴訟的要件，始能作為訴訟實施的權源。而空氣污染防制法（民國91年6月19日修正公布條文）第81條、水污染防治法（民國91年5月22日修正公布條文）第72條及環境影響評估法（民國92年1月8日修正公布條文）第23條均僅規範受害人民的主觀訴訟權及公益團體的客觀訴訟權，並未承認一般民眾的公益訴訟權。

[142] 經以本法第35條、社團法人等關鍵字在最高行政法院及三所高等行政法院內建之龍捲風知識檢索系統搜尋結果，發現自本法施行以來，依本法第35條提起團體訴訟者僅有4件（如有上訴，僅以上訴判決案號為準列計）：最高行政法院92年判字第1194號、93年判字第556號；台北高等行政法院96年訴第4216號、97年訴第997號。均被認為不符合本法第35條團體訴訟之要件，遭判決駁回。最後瀏覽日期2010年3月31日。

[143] 陳計男主張：正本清源之道，仍應修正回復為原草案之「為各社員之利益」提起訴訟（行政訴訟法釋論，民國89年1月初版，第74頁）。惟彭鳳至則認為本法第35條當初立法原草案內容有以下問題，值得商榷：1.不符合團體訴訟的立法原理；2.不符合行政訴訟的訴訟理論；3.不符合訴訟制度的基本精神；4有違反憲法上平等原則之虞；5不能有效達成立法目的。故主張應朝公益訴訟的方向修正（參前註引彭鳳至論文，第120至132頁）。司法院的修正草案亦擬刪除現行本法第35條，另增訂第11條之1：「以維護公益為目的之團體，於其章程所訂目的範圍內，得為公共利益提起訴訟。但以法律有特別規定者為限。」（陳敏，行政法總論，民國96年10月5版，第1447頁）。

[144] 參見司法院於民國91年8月28日、95年1月11日兩度函送立法院審議的修正版本，惟均未於當屆立法委員任期內完成審議。

## 4. 公法上契約效果或公法上其他原因發生之財產上給付關係變更之訴

本法第203條規定：「（第1項）公法上契約成立後，情事變更，非當時所得預料，而依其原有效果顯失公平者，行政法院得依當事人聲請，為增、減給付或變更、消滅其他原有效果之判決。（第2項）為當事人之行政機關，因防止或免除公益上顯然重大之損害，亦得為前項之聲請。（第3項）前二項規定，於因公法上其他原因發生之財產上給付，準用之。」兼具實體法上請求權基礎及程序法上起訴依據的性質，乃規範基於情事變更與公益調整原則，當事人得請求行政法院直接以判決變更（包括增減、消滅）公法上契約原有效果或公法上其他原因發生之財產上給付關係，屬於形成之訴[145]。依據或依上開第3項準用第1項起訴之原告，得為行政機關或人民；依據或依上開第3項準用第2項起訴之原告，則限於行政機關；並均以公法上契約或公法上其他原因發生之財產上給付關係之相對人為被告。惟行政機關如果因情事變更或維護公益，依法得以作成行政處分達到變更原公法上契約效果或公法上其他原因發生之財產上給付關係之目的者，基於司法上之權利保護必要原則，解釋上應不得提起本條之訴。

另外，行政程序法第146條：「行政契約當事人之一方為人民者，行政機關為防止或除去對公益之重大危害，得於必要範圍內調整契約內容或終止契約。前項之調整或終止，非補償相對人因此所受之財產上損失，不得為之。第一項之調整或終止及第二項補償之決定，應以書面敘明理由為之。相對人對第一項之調整難為履行者，得以書面敘明理由終止契約。相對人對第二項補償金額不同意時，得向行政法院提起給付訴訟。」第147條規定：「行政契約締結後，因有情事重大變更，非當時所得預料，而依原約定顯失公平者，當事人之一方得請求他方適當調整契約內容。如不能調整，得終止契約。前項情形，行政契約當事人之一方為人民時，行政機

---

[145] 類似條文參見民法第227條之2及民國92年2月7日修正前民事訴訟法第397條。依學者楊建華見解，當事人於法律行為（例如契約）成立後，因情事變更，依修正前民事訴訟法第397條請求增、減給付或變更其他原有效果者，應提起形成之訴，不得直接提起給付之訴，至多可以將兩者合併起訴。見氏著，問題研析民事訴訟法（二），三民書局，民國89年7月，第196-200頁。另依學者黃茂榮見解，依民法第227條之2請求增、減給付或變更其他原有效果者，必須聲請法院以裁判方式為之，這是一種應以訴的方式行使的形成權。見氏著，債法總論第二冊，2002年9月初版，第432頁。

關為維護公益，得於補償相對人之損失後，命其繼續履行原約定之義務。第一項之請求調整或終止與第二項補償之決定，應以書面敘明理由為之。相對人對第二項補償金額不同意時，得向行政法院提起給付訴訟。」雖亦係基於情事變更與公益調整原則，針對行政契約所作實體請求權規定，但契約相對人如不願接受當事人一方片面調整，或繼續履行原約定之義務之請求[146]，請求之一方應提起給付之訴，請求行政法院判決命對造同意調整或履行原約定之義務；如果契約相對人不同意補償金額時，亦係提起給付之訴，請求行政法院判決命對造為增加給付之行為；如果契約相對人對於當事人一方片面終止契約之效力有爭議，雙方當事人自得對原公法上契約關係是否仍然存在，提起確認之訴以求救濟。以上均與本法第203條規定由行政法院直接以判決變更（包括增減、消滅）公法上契約原有效果之訴訟類型不同。

### 5. 行政訴訟和解無效或撤銷之訴

本法第227條規定：「第三人參加和解成立者，得為執行名義。當事人與第三人間之和解，有無效或得撤銷之原因者，得向原行政法院提起宣告和解無效或撤銷和解之訴。前項情形，當事人得請求就原訴訟事件合併裁判。」依本法第219條第2項規定，第三人經行政法院之許可或由行政法院依職權通知參加和解，並賦予當事人與第三人成立之和解，具有執行力，以有效解決當事人間之紛爭。惟因第三人之參加和解，並非當事人原起訴範圍，故其參加與當事人成立之和解，如有無效或得撤銷之原因，尚無法請求繼續審判，只能依本條第2項，向原行政法院提起宣告和解無效或撤銷和解之訴，由法院以判決確認該和解無效或撤銷該和解。如果當事人間之和解亦有無效或得撤銷之原因，依本法第223條規定，原得請求繼續審判，鑒於第三人之參加和解與原訴訟事件具有關聯性，為避免程序重複，當事人得請求就原訴訟事件合併裁判。

---

[146] 行政程序法第147條第2項雖規定：「前項情形，行政契約當事人之一方為人民時，行政機關為維護公益，得於補償相對人之損失後，命其繼續履行原約定之義務」，但基於契約當事人平等原則，所謂「命其繼續履行原約定之義務」，應係指具有使其繼續履行原約定義務之請求權。

## 6. 執行債務人異議之訴

本法第307條規定：「債務人異議之訴，由高等行政法院受理；其餘有關強制執行之訴訟，由普通法院受理。」係承續本法第305條第1項「行政訴訟之裁判命債務人為一定之給付，經裁判確定後，債務人不為給付者，債權人得以之為執行名義，聲請高等行政法院強制執行。」、第4項「依本法成立之和解，及其他依本法所為之裁定得為強制執行者，或科處罰鍰之裁定，均得為執行名義。」之規定而來。所謂債務人異議之訴，依本法第306條第2項準用強制執行法第14條第1項、第2項規定，係指執行名義成立後，如有消滅或妨礙債權人請求之事由發生，債務人得於強制執行程序終結前，向執行法院（為執行或囑託執行的高等行政法院）對債權人提起異議之訴（如以裁判為執行名義時，其為異議原因之事實發生在前訴訟言詞辯論終結後者，亦得主張之）；執行名義無確定判決同一之效力者，於執行名義成立前，如有債權不成立或消滅或妨礙債權人請求之事由發生，債務人亦得於強制執行程序終結前提起異議之訴。其次，準用強制執行法第14條之1第1項規定，債權人若依強制執行法第4條之2規定，對債務人之繼受人，或其他執行名義效力所及之人，聲請強制執行，如受執行人主張非執行名義效力所及者，亦得於強制執行程序終結前，向執行法院對債權人提起異議之訴。因債務人異議之訴係對執行名義所示公法上實體請求權有所爭執，自應由高等行政法院受理，故為行政訴訟之類型。至於其餘有關強制執行之訴訟，例如第三人異議之訴（強制執行法第15條）、分配表異議之訴（強制執行法第41條）、關於外國船舶優先權之訴（強制執行法第114條之3）及債權人對第三人之聲明異議認為不實之訴（強制執行法第120條第2項）等，則係就執行標的物之歸屬、執行所得金額之分配或第三人之聲明異議有無不實等事項為爭執，性質上純屬私權之爭訟，自應由普通法院受理，不屬行政訴訟之類型。

另外，行政處分之受處分人，可否於行政機關以該行政處分為執行名義之強制執行程序終結前，以有消滅或妨礙債權人請求之實體事由發生，向高等行政法院提起債務人異議之訴？實務上原有不同見解，有認為不得提起；有認為雖不得依行政訴訟法第307條提起債務人異議之訴，但

關於公法金錢債權之行政執行得依行政執行法第26條準用強制執行法第14條規定，提起債務人異議之訴；也有認為得依行政訴訟法第307條規定提起債務人異議之訴。經最高行政法院於2008年5月1日庭長法官聯席會議作成決議：按行政執行名義成立後，如有消滅或妨礙債權人請求之事由發生，不論其執行名義為何，於強制執行程序終結前應許債務人提起異議之訴，以排除強制執行。行政訴訟法第307條前段規定：「債務人異議之訴，由高等行政法院受理」，應認其係屬行政訴訟法關於債務人異議訴訟類型之規定。雖該條係列於同法第8編，但既未明定僅以同法第305條第1項或第4項規定之執行名義為強制執行者為限，始有其適用，則行政處分之受處分人，於行政機關以行政處分為執行名義行強制執行時，如於執行名義成立後有消滅或妨礙債權人請求之事由發生，亦得於強制執行程序終結前，向高等行政法院提起債務人異議之訴[147]。

## 第三節　法定類型外之訴訟（無名訴訟）

### 一、概說

　　如前所述，本法第2條：「公法上之爭議，除法律別有規定外，得依本法提起行政訴訟。」係揭櫫行政審判權採概括主義之條款，是以在本法明定的前開訴訟類型外，承認尚有類型外之訴訟，並非法所不許。尤其因為依本法規定準用民事訴訟法的結果，可能衍生的特種訴訟類型，更無不予承認的理由。其餘情形如果有起訴必要（訴之利益），亦無妨參照本法第11條規範意旨，按其性質分別類推適用撤銷、確認或給付訴訟有關規定，擴展訴訟類型的範圍。爰藉由準用民事訴訟法或類推適用法定訴訟類型相關規定所可能衍繹的特種訴訟類型，探討可能發生之法定類型外之訴訟，例如確認法律關係基礎事實存否之訴（確認行政契約無效訴訟等）、確認行政不作為違法訴訟、預防不作為訴訟、機關訴訟和對己訴訟等。

---

[147] 最高行政法院97年5月份第1次庭長法官聯席會議（一）法律問題、甲乙丙說及決議文參照。

## 二、確認法律關係基礎事實存否之訴

### 1.悉以其有無即受確認判決之法律上利益，及是否不能提起他訴訟者為斷

　　行政法上之法律關係之成立，有直接基於法規之規定者，也有因行政處分、行政契約或事實行為而發生者，如果類推我國民事訴訟之傳統實務見解，其皆僅係法律關係發生之原因，而非法律關係本身，其是否存在或有效，屬於事實或法律問題，除本法有特別規定確認行政處分無效之訴訟類型外，其餘均不得作為確認訴訟的標的[148]。惟基於前述行政訴訟法第1條、第2條之立法意旨，自不宜單純以列舉主義的觀點，將公法上之確認訴訟類型侷限於本法第6條所規定的幾種形態，而應以訴訟效能或實益的角度來檢視是否應容許法律關係基礎事實存否之訴。尤其於2000年2月9日修正公布的民事訴訟法第247條第1項後段明文承認「法律關係基礎事實存否之訴」，以及2010年1月13日修正公布之行政訴訟法第307條之1規定：「民事訴訟法之規定，除本法已規定準用者外，與行政訴訟性質不相牴觸者，亦準用之」後，由於行政訴訟與民事訴訟於訴訟種類上具有共通性，自應準用民事訴訟法第247條：「確認法律關係之訴，非原告有即受確認判決之法律上利益者，不得提起之；確認證書真偽或為法律關係基礎事實存否之訴，亦同。前項確認法律關係基礎事實存否之訴，以原告不能提起他訴訟者為限。前項情形，如得利用同一訴訟程序提起他訴訟者，審判長應闡明之；原告因而為訴之變更或追加時，不受第二百五十五條第一項前段規定之限制。」之相關規定。即是否容許當事人提起確認公法上法律關係基礎事實存否之訴，悉以其有無即受確認判決之法律上利益，及是否不能提起他訴訟者為斷。如果系爭事件可以適用他種訴訟，且其效能不亞於（甚至勝過）「確認法律關係基礎事實存否之訴」，固不容許當事人提起確認法律關係基礎事實存否之訴，但審判長應行使闡明權，使原告為適當的聲明（變更為或追加他種訴訟），或者探求當事人真意，肯認其已

---

[148] 最高法院32年上字第2257號、37年上字第5989號、48年台上字第946號、52年台上字第3115號判例（以上判例因為民國89年2月9日修正公布的民事訴訟法第247條承認法律關係基礎事實存否之訴，已經最高法院先後於90年3月20日、91年12月10日決議不再援用）及27年上字第1708號、51年台上字第2307號判例參照。

為適法之聲明[149]，不能逕以其訴訟種類選擇錯誤而駁回其訴。

## 2. 如果行政契約、事實行為或狀態涉及數項法律關係，則基於訴訟經濟及避免裁判歧異，應容許當事人就該基礎事實存否提起確認之訴

細繹之，若法律關係發生之原因為「行政處分」，則由於有其他訴訟類型包括撤銷訴訟、給付訴訟、確認行政處分無效及公法上法律關係成立或不成立之訴，可以適用，即無再容許確認行政處分存在與否或有效訴訟之必要；若法律關係發生之原因為「行政契約」或「事實行為或狀態」，由於當事人亦得藉由提起法律關係確認之訴或給付訴訟，間接促使行政法院探求1.行政契約是否合法、有效及其內容；2.事實行為或狀態是否存在，原則上當事人仍無需直接以行政契約之內容、效力或事實行為、狀態存否作為確認訴訟之標的。但如果該行政契約、事實行為或狀態涉及數項法律關係，則基於訴訟經濟及避免裁判歧異，應容許當事人就該基礎事實存否提起確認之訴，否則當事人勢需針對每個相關的法律關係分別提起確認之訴，反不利於紛爭之一次解決。至於確認法規之有效或存在與否訴訟，則不應被容許。蓋法律牴觸憲法者無效，法律與憲法有無牴觸發生疑義而須予以解釋時，由司法院大法官掌理，為憲法第171條、第173條、第78條及第79條第2項所明定；各級法院就其受理事件，對所適用之法律，確信有牴觸憲法之疑義時，僅得裁定停止訴訟程序，聲請司法院大法官解釋（司法院84年釋字第371號解釋、本法第252條、司法院大法官審理案件法第5條第2項），故法律是否無效不得作為確認訴訟的標的。雖然各級法院法官對於牴觸憲法或法律之命令（包括法規命令與行政規則），可以逕認為無效，不予適用（司法院37年院解字第4012號解釋），但由

---

[149] 最高法院32年上字第2257號判例：「契約為法律關係之發生原因，非即法律關係之本身，契約之有效與否，本屬一種法律問題，不得為確認之訴之標的，惟以自己之所有物，經無處分權人與人訂立所有權移轉契約為原因，提起確認之訴時，雖其訴之聲明係求確認物權移轉契約為無效，而其真意實係以物權移轉契約無效為理由，求為確認自己之所有權仍屬存在之判決，其訴訟標的仍為法律關係，而非契約之無效。」臺北高等行政法院90年度訴字第4505號判決：「原告訴之聲明雖使用『確認行政處分失效』用語，惟依原告之陳述，其真意應指係爭徵收之行政處分，因被告新竹縣政府未於法定期間內發放補償費，致其徵收之法律關係嗣後不存在，涵括於確認法律關係不成立之類型內。經查，由現行行政訴訟法之立法解釋，確認公法上法律關係成立或不成立之訴，包括確認法律關係存在不存在，有行政訴訟法新舊條文對照表暨說明，即其立法理由，可資參酌。是原告所提確認行政處分失效之訴，真意即在確認徵收律關係不存在，應認所提起者為確認徵收之法律關係不成立之訴訟，予以准許。」

於命令是否無效，恆與公益有關，依本法第9條規定，人民為維護公益，就無關自己權利及法律上利益之事項，對於行政機關之違法行為，提起行政訴訟，既以法律有特別規定者為限，迄今又無法律容許確認行政命令無效訴訟，即不能直接以之為確認訴訟的標的，而僅能藉由提起「法律關係確認之訴」或其他類型的行政訴訟，間接促使行政法院探求行政命令是否合法、有效。

### 3. 是否容許確認證書真偽之訴

另外行政訴訟是否容許確認證書真偽之訴？此一問題與法律關係基礎事實存否之訴相似，應依前述新增訂行政訴訟法第307條之1，準用民事訴訟法第247條第1項規定，並悉以其有無即受確認判決之法律上利益，及是否不能提起他訴訟者為斷。雖然「證書真偽」究其性質而言，屬於「事實問題」，此一問題的釐清與「法律關係是否存在」，往往有密切的關連性，原則上當事人可以「系爭證書所建立的法律關係」為程序標的提起「法律關係確認訴訟」，而沒有針對該證書之真偽提起確認訴訟的必要。但「證書真偽」之確認終究與「法律關係確認」的訴求不同，有其獨立存在的價值；如果該證書之真偽涉及數項法律關係，則基於訴訟經濟及避免裁判歧異，自亦應容許當事人就該證書真偽提起確認之訴[150]。

## 三、確認行政不作為違法訴訟

本法第6條第1項後段容許當事人對於已執行而無回復原狀可能之行政處分或已消滅之行政處分，在有即受確認判決之法律上利益之條件下，可以對之提起確認違法訴訟。係基於行政處分已執行而無回復原狀可能或已消滅（事實上失效，例如集會遊行之申請被駁回，而預定舉行之時間已過；或法律上失效，例如行政處分被撤銷），即無可供撤銷之效力或不再有請求行政機關重為處分之實益。依此類推，行政機關對於人民依法申請的案件，於法令所定期間內應作為而不作為（未為任何准駁），人民依本法第5條第2項規定，固得循序提起課予義務訴訟，以求救濟，但如果事過

---

[150] 林三欽，行政法律關係確認訴訟之研究，台灣本土法學雜誌，102期，2008年1月號，第140頁。

境遷，當事人已無申請作成行政處分之必要，或行政機關已許可當事人之申請，自無再提起課予義務訴訟之實益，此時，如果當事人有即受確認判決之法律上利益，似無不可容許其對於該行政機關之不作為，提起確認違法訴訟，或於課予義務訴訟進行中轉換為「不作為違法確認之訴」[151]而續行之。

## 四、預防不作為訴訟

### 1. 學界見解仍有歧異，實務見解則傾向於肯定說

所謂預防性不作為之訴（Die vorbeugende Unterlassungsklage），係指人民訴請行政法院，判命被告機關未來不得作成可能損害其權利之行為（包括行政處分或行政處分以外之高權行為）[152]。按行政機關如已為原告認係違法的干預行為，且在繼續中，原告起訴請求其將來不再繼續（或停止）為此種干預行為（稱單純的或一般不作為訴訟，通常合併提起排除該侵害的狀態的作為訴訟），係屬本法第8條第1項一般給付訴訟的範圍，殆無疑義。惟如果行政機關尚未為任何干預行政行為，原告惟恐將來面臨不利的行政干預，欲事先加以防止，是否可以依本法第8條第1項規定，提起預防性不作為之訴，請求法院判命行政機關不為該項干預行為？容有爭議。蓋給付之訴通常限於現在給付之訴，至於將來之給付，其履行期或未屆至，或將來如何尚不得而知，本無從以其「不為給付」而提起給付之訴，故須有法律明文規定，始得提起將來給付之訴。本法雖未明定預防性不作為之訴[153]，但依本法第115條，行政訴訟之起訴程序既準用民事訴訟法第246條規定：「請求將來給付之訴，以有預為請求之必要者為限，得提起之」，且參照民法第199條第3項：「不作為亦得為給付」之規定，

---

[151] 大陸最高人民法院《行政訴訟法若干問題的解釋》第57條第2款第1項規定：被告不履行法定職責，但判決責令其履行法定職責已無實際意義的，人民法院應當作出確認被訴具體行政行為違法的判決。即容許確認認為於作為違法及拒絕作為違法之訴，詳後述。此外，日本行政事件訴訟法第3條第5項亦明文承認「不作為違法確認之訴」。

[152] 參見吳庚，行政爭訟法論，民國94年10月第3版2刷，第135頁。

[153] 日本行政事件訴訟法第3條第7項規定：「本法所稱『禁止訴訟』，指行政機關不得作成一定處分或裁決而有作成之虞時，請求命行政機關不得作成該處分或裁決之訴訟。」乃明文承認預防性不作為訴訟的立法例（參見林素鳳譯日本行政事件訴訟法，收錄於司法院編「各國行政法制翻譯彙編（一）」，民國97年8月，第82頁）。

預防性不作為訴訟中關於消極的不作成行政處分以外之事實行為及單純高
權行為部分，在有權利保護必要之條件下，即應予容許，已無不同見解。
至於訴請不作為的對象為行政處分時，學界見解仍有歧異。否定說認為行
政機關以行政處分作為行政上採取措施之手段，在制度上已存在各種機
制：行政處分作成後有訴願及撤銷訴訟充當救濟途徑，在行政訴訟繫屬中
或起訴前，行政處分之相對人得聲請裁定停止執行等。故當事人不得任意
聲請行政法院，預先判命行政機關不得作成某種行政處分，以免行政權之
運作遭受過度之干預。雖然德國通說認為如遇有特殊值得權利保護必要之
情形，應例外允准預防性不作為訴訟，但一般給付訴訟在德國法上係根據
行政法院法許多相關條文而來，並無與本法第8條相當之條文，第8條第1
項既明文限於財產上給付或非行政處分之其他給付（作為或不作為），自
不得援德國之例，預先判命行政機關不得作成某種行政處分，縱使限於例
外情形，亦非法之所許[154]；肯定說則認為本法第8條第1項關於「請求作成
行政處分以外之其他非財產上之給付」訴訟，其所欲排除者，乃是「請求
作成行政處分」之課予義務訴訟，由於課予義務訴訟，已於本法第5條另
有特別規定，故第8條第1項關於非財產上給付訴訟，不僅並未限於「非行
政處分之其他高權行為」，而應包括阻止行政機關作成行政處分之非財產
上給付訴訟在內；本法雖未明定預防的不作為訴訟，惟鑑於此種訴訟性質
上為給付訴訟，故只要人民在實體法上享有預防的不作為請求權存在，則
於其有權利保護必要的前提要件下，仍應承認得依本法第8條規定提起預
防的不作為訴訟，以有效保護人民權利免於非法侵害[155]。**實務見解則傾向
於肯定說，並強調應嚴格其起訴要件，即「提起預防性不作為訴訟，須以
因行政機關之作為有對其發生重大損害之虞時，始認具有權利保護必要，
但對損害之發生，得期待以其他適當方法避免者，不在此限」**[156]。

---

[154] 吳庚，行政爭訟法論，民國94年10月第3版2刷，第136-137頁
[155] 陳清秀，行政訴訟法，作者自己發行，民國88年6月初版，第138、139頁。
[156] 參照最高行政法院96年度裁字第2183號裁定理由。採類似見解的立法例，見日本行政事件訴訟法第37條
　　第1項規定：「禁止訴訟，僅限於因作成一定處分或裁決而有致生重大損害之虞時，始得提起之。但為
　　避免該損害之發生，另有其他適當方法時，不在此限」（林素鳳，前揭譯著，第92頁）。另外高雄高等
　　行政法院93年度訴字第320號判決意旨亦採肯定說；惟臺北高等行政法院96年度全字第183號裁定意旨則
　　採否定見解（未抗告而確定）。

### 2.個人見解

　　個人認為依本法第115條準用民事訴訟法第246條規定，既應承認將來給付之訴，且參照民法第199條第3項規定，不作為亦得為給付，則提起預防性不作為訴訟請求將來不作為的對象，於概念上即無排斥行政處分之理。而請求將來「不作成」特定行政處分，與課予義務訴訟之請求「作成」特定行政處分，其請求給付的方法雖然相反，但從主觀訴訟的基本精神看，其請求的目的均在維護原告個人的權利或法律上利益。只是後者係因「不作成」已經侵害原告個人的權利或法律上利益而需請求「作成」；前者則係因恐將來之「作成」有致生損害原告個人權利或法律上利益之虞，而需請求「不作成」。故提起預防性不作為訴訟，應限於一定處分之作成，有致原告權利或法律上利益受損害之虞時，始得提起之；且因為對於違法的行政處分，在通常情形下，採取訴願、撤銷訴訟、確認訴訟，或聲請停止執行等事後救濟方式，即足以維護其權利或法律上利益，故必須該等事後救濟程序，無法發揮及時有效之救濟效果，亦即須當事人已無從期待循現行行政訴訟程序之其他訴訟類型，維護其權利或法律上利益時，始能承認其具有提起預防性不作為訴訟的權利保護必要[157]。另外，基於憲法所保障之人民基本權利，具有防禦功能，在實體法上應類推適用民法第767條規定妨害防止請求權之法理，承認人民對於將作成的違法行政處分，有侵害其基本權利之虞時，享有預防的不作為請求權，才能完善本法第1條「保障人民權益，確保國家行政權之合法行使」之立法目的。否則，只在訴訟法上容許預防性不作為訴訟（起訴合法），卻因不承認人民有預防的不作為請求權，實體上仍無從獲得勝訴判決，恐將枉費建構預防性不作為訴訟類型的美意。

---

[157] 德國法院實務上有請求未來消極不作成行政處分之案例OVG Luneburg：某搖滾樂餐廳不定期向市府申請週末延長營業時間至凌晨三點，市府每次皆予以個別許可。鄰近居民受到干擾深以為苦，因而提起預防性不作為訴訟。行政法院認為居民針對延長營業時間之許可提起撤銷之訴將緩不濟急，因為居民每次感受到餐廳又在深夜營業時，始察覺市府又已批准延長營業之許可；由於居民無法以事後救濟方式達到有效法律救濟，因而不能要求居民必須等到市府批准延長營業許可後再行訴請救濟。（參見董保城，行政訴訟法第8條之註釋，收錄於：翁岳生主編，行政訴訟法逐條釋義，2006年7月初版4刷，第118、119頁）。

## 五、機關訴訟

### 1. 德國法源

　　機關訴訟（Organstreit）源於德國早期行政法院實務與學說之發展[158]。德國行政法院法對於機關訴訟雖無明文規定，但其學說和判例均肯認機關訴訟。亦即就公法人或公營造物的機關爭訟，尤其是地方自治團體（公法人）的機關間或其成員與公法人團體間對於權限及其行使的爭議，由於並非固有的憲法上爭議，而是屬於個別法律所規定的機關及權限的爭議，具有行政法性質，應屬於一般行政法院裁判權之範圍。承認機關訴訟的目的係為澄清個別的機關彼此間或其成員對於公法人團體本身具有何種「內部法律地位」（Innenrechtsstellung），而給予行政訴訟的權利救濟途徑[159]。惟在法律無明文規定之情形下，是否以及在如何條件下，可以承認行政機關或機關成員為了維護其「組織法之權限或法律地位」而具有訴訟權能？依德國實務通說，在行政主體內部法制化之後，行政機關或機關成員固然可能成為一個法規範上一定權限的歸屬主體，但組織法規原則上係以行政分工合作，促成行政整體運作為其目的，並非如同保護個人利益一般地保障行政機關的權限。故即使行政機關依法享有之特定權限受侵害，亦只構成違反客觀法規範，而不具有侵害主觀公權利之意義；除非立法者基於特殊的考量，而賦與行政機關或機關成員在其權限受侵害時，具有可以維護自己「組織法上權限或法律地位」的權能，始有承認其享有具可爭訟性之「組織性權利」之餘地。而是否有上述例外的情形存在，則必須探求相關的組織法規以為決定。基本上在金字塔形之行政組織下，上下級機關之間，或者機關相互間內部法的爭議可以由其共同上級機關加以裁決者，即無承認行政機關享有上述意義之可爭訟性權利之必要。至於在組織法上，特別將行政主體之機關設計成具有相互監督、制衡功能的對立機關，例如地方自治團體之地方首長及議會、大學校長及校務會議；或是在

---

[158] 林明昕，論行政訴訟法上之訴訟類型（從日、德比較法觀察），收錄於司法院編，行政訴訟制度相關論文彙編第4輯，2005年12月，第596-597頁。

[159] 陳清秀，行政訴訟法，作者自己發行，民國88年6月初版，第111頁；盛子龍，行政訴訟法第3條之註釋，收錄於：翁岳生主編，行政訴訟法逐條釋義，2006年7月初版4刷，第56、57頁。

組織上特別採取合議制的結構，以多元結構的意思形成方式整合相互對立之不同利益者，其機關權限或構成員之參與地位受侵害時，則具有可以維護自己「組織法上權限或法律地位」的權利[160]。

### 2. 日本法源

日本行政事件訴訟法第6條明文規定機關訴訟係指國家或地方自治團體之機關相互間，關於權限之存否或行使權限之爭議而提起之訴訟。依同法第43條規定意旨，機關訴訟依其請求內容，為處分或裁決之撤銷請求、處分或裁決之無效確認請求或其他請求，而分別準用撤銷訴訟、確認訴訟以及當事人訴訟之規定。且依同法第42條規定，機關訴訟與民眾訴訟，均以法律有特別規定，並僅限法律所規定的人，才可提起。例如關於地方自治團體之機關辦理委辦事務之權限行使爭議，由上級機關首長對下級機關首長提起職務執行命令訴訟（地方自治法第146條、國家行政組織法第15條）。又如地方自治團體的議會就議會議決或選舉有實體上或程序上違法時，該地方自治團體的首長，應表示理由使議會再議決或再選舉，議會所為再議決或再選舉仍屬違法時，在都道府縣，知事（首長）應向自治大臣；在市町村，應向知事，請求再審查；對於審查裁定有不服時，議會或首長得向法院起訴。此即為自治機關訴訟（地方自治法第176條）。再如有關地方稅課稅權的歸屬的訴訟及地方行政區域境界爭議所提起之訴訟，通說認為前者屬於一般撤銷訴訟，後者屬於當事人訴訟，惟亦有認為屬於機關訴訟[161]。

### 3. 條件限制

由上可見，機關爭訟可說是行政組織內部的權限爭議，本來應由行政組織內部擔任統一行政作用的上級行政機關加以解決，並非以國民的個人權利救濟為目的，僅在於確保行政機關（或地方自治機關）彼此或與其成員之間權限分配及行使的客觀公正及合法適當，以維護行政機關、地方自治機關（包含議會）或機關成員在組織法上所享有之權限或地位，就理念

---

[160] 參見盛子龍前揭著作頁次。
[161] 園部逸夫編，注解行政事件訴訟法，1989年初版，第533頁以下。轉引自陳清秀前揭書，第111頁。

上自偏向以公益及法秩序維護為目的之客觀訴訟[162]。因此，在日本，其法制明定提起機關訴訟，與民眾訴訟一樣，係以法律有特別規定者為限；在德國，法律雖無明文規定，但依其實務通說，仍須探求相關的組織法規以為決定，只有在組織法上，特別將行政主體之機關設計成具有相互監督、制衡功能的對立機關，或是在組織上特別採取合議制的結構，以多元結構的意思形成方式整合相互對立之不同利益者，其機關權限或構成員之參與地位受侵害時，始具有可以維護「自己組織法上權限或法律地位」的權利。我國行政訴訟法既以「保障人民權益，確保國家行政權之合法行使」為目的，所謂確保國家行政權合法行使，只是手段，其目的在於保障人民的合法權益，故原則上，當事人必須因其主觀公權利遭受侵害，始具有行政訴訟權能；參照本法第9條有關公益訴訟之規定，客觀訴訟之提起須以法律有特別規定者為限，始得容許。至於除個別法律以明文承認機關訴訟之外，法官是否可以透過法律續造，借用公權利保障之體系，承認在一定條件下，行政機關、地方自治機關或機關成員亦享有維護其權限或地位之「權利」[163]？個人認為應參照前述德國的實務見解，即探求相關的組織法規是否默許機關訴訟、是否已就權限爭議明訂其他解決機制，及法理上或實務上是否有其他更經濟有效的紛爭解決機制以為決定。如果係金字塔形之行政組織、機關之間具有上下級指揮監督或命令服從關係，或者機關相互間內部法的爭議可以由其共同上級機關加以裁決者，即無承認行政機關

---

[162] 日本學者有認為機關訴訟屬於客觀的訴訟，並非屬於法律上的爭議，故此類訴訟並不當然歸屬於法院的權限範圍，而只是從法律政策上觀點來看，期待以司法解決的事項，由法律特別例外允許提起訴訟，可說是特殊的訴訟形式（參見原田尚彥，行政法要論，第326頁以下；南博方、原田尚彥、回村悅一，新版行政法，第117頁，轉引自陳清秀前揭書，第111頁）。惟德國學者有認為機關爭議的核心，並非對於權限分配的客觀法控制，而毋寧是機關地位免於侵害的主觀權利保護（Ule,aaO.,S.159. 轉引自陳清秀前揭書，第112頁）。

[163] 國內學者持肯定見解者，例如陳清秀認為依本法第2條規定，公法上之爭議，原則上歸屬於行政訴訟審判權之範圍，而有關機關內部權限爭議，亦屬公法上爭議，而非私法上爭議，故除法律另有規定外，原則上亦屬行政訴訟審判權之範圍，從而應可分別情形，依據行政訴訟法第3條提起撤銷訴訟、確認訴訟或給付訴訟，以資救濟（參閱陳清秀前揭書第113頁）。惟學者陳愛娥則持「深表懷疑」之態度，參閱氏著，以行政行為類型為中心的行政訴訟類型，萬國法律，2000年8月，第112期，第28頁。另學者盛子龍則主張只要嚴控其適用案型，在不嚴重危及行政訴訟保障公權利之功能的前提下，有限度地開放機關訴訟，以提供可以適當解決該類紛爭之司法機制，似無嚴格反對之必要；並認為這種介於公權利保障與客觀法秩序維護之中間型態，不妨考慮將其歸類為「廣義的權利保障」，已示與劃分國家及個人領域的公權利保障之區別（參閱盛子龍前揭著作第57、58頁）。

就其權限存否或行使爭議具有提起機關訴訟，尋求司法救濟之必要[164]。例如我國地方制度法第77條規定：「中央與直轄市、縣（市）間，權限遇有爭議時，由立法院院會議決之；縣與鄉（鎮、市）間，自治事項遇有爭議時，由內政部會同中央各該主管機關解決之。直轄市間、直轄市與縣（市）間，事權發生爭議時，由行政院解決之；縣（市）間，事權發生爭議時，由內政部解決之；鄉（鎮、市）間，事權發生爭議時，由縣政府解決之。」既已就中央與地方機關，或地方機關之間的權限分配或行使爭議，明訂其一般性處理機制，則關於上開機關之間的權限爭議，除非法律有特別規定機關訴訟或有承認機關訴訟的解釋空間，否則無由司法介入行政權限爭議的餘地。

### 4. 現行法制探討

目前我國法律明文承認機關訴訟者係依地方制度法第76條第1項規定，直轄市、縣（市）、鄉（鎮、市）依法應作為而不作為，致嚴重危害公益或妨礙地方政務正常運作，其適於代行處理者，得分別由行政院、中央各該主管機關、縣政府命其於一定期限內為之；逾時仍不作為者，得代行處理。但情況急迫時，得逕予代行處理。依同法條第5項規定，直轄市、縣（市）、鄉（鎮、市）對於代行處理之處分，如認為有違法時，依行政救濟程序辦理之，即提起訴願及行政訴訟。其次，同法第75條第1至

---

[164] 參見最高行政法院57年度判字第178號判例：「行政官署就其主管事務對所屬機關所為指示處理之命令，係屬上級官署對下級官署，本於職權所行之指揮監督，既非對人民所為之行政行為，更不因而對人民發生具體之法律效果，自不能認為行政處分，而對之提起訴願」；臺中高等行政法院94年度訴字第364號裁定：「被告93年9月17日府法1字第0931800121號函指定原告為賠償義務機關，係依國家賠償法第9條第4項規定，於賠償義務有爭議時，本於上級機關權責確定下級機關何者為賠償義務機關，為上級監督機關為執行法律所為之指示，尚不對外發生准駁之法律上效果，難謂其屬行政處分性質。訴願決定以上開函非屬行政處分，不予受理，即無不合，原告提起行政訴訟，顯非合法，應予駁回」；最高行政法院95年度裁字第1776號（臺中高等行政法院94年度訴字第364號裁定之抗告案）除肯定原裁定之見解外，並進一步闡釋：「行政主體內部職務管轄權確定行為，屬官署與另一官署間，行政主體所為之組織內部規制，既非對人民所為之行政行為，更不因而對人民發生具體的法律效果」及依司法院院解字第2990號解釋意旨，闡釋：「上級機關對行政機關或地方自治團體之決定，如該行政機關或地方自治團體非基於與人民同一地位，即應否認上級機關之決定為行政處分。本件抗告人雖又主張其係地方自治團體，因系爭指定函確定行為即成為民事訴訟被告，進而受有因判決敗訴而須負擔賠償責任之風險，故該行為對於抗告人自發生一定之法律效果云云。惟查，相對人為上開指定經確定抗告人為國家賠償法賠償義務機關後，抗告人縱因國家賠償法程序進而負賠償責任，亦係基於行政主體之地位，因執行國家賠償賠償義務所生之國家賠償責任，尚難認與基於與人民地位相同，自難認系爭相對人93年9月17日府法1字第0931800121號函為行政處分」。

7項規定：「（第1項）省政府辦理第八條事項違背憲法、法律、中央法令或逾越權限者，由中央各該主管機關報行政院予以撤銷、變更、廢止或停止其執行。（第2項）直轄市政府辦理自治事項違背憲法、法律或基於法律授權之法規者，由中央各該主管機關報行政院予以撤銷、變更、廢止或停止其執行。（第3項）直轄市政府辦理委辦事項違背憲法、法律、中央法令或逾越權限者，由中央各該主管機關報行政院予以撤銷、變更、廢止或停止其執行。（第4項）縣（市）政府辦理自治事項違背憲法、法律或基於法律授權之法規者，由中央各該主管機關報行政院予以撤銷、變更、廢止或停止其執行。（第5項）縣（市）政府辦理委辦事項違背憲法、法律、中央法令或逾越權限者，由委辦機關予以撤銷、變更、廢止或停止其執行。（第6項）鄉（鎮、市）公所辦理自治事項違背憲法、法律、中央法規或縣規章者，由縣政府予以撤銷、變更、廢止或停止其執行。（第7項）鄉（鎮、市）公所辦理委辦事項違背憲法、法律、中央法令、縣規章、縣自治規則或逾越權限者，由委辦機關予以撤銷、變更、廢止或停止其執行。」並未明定地方政府對於上級監督政府所為撤銷、變更、廢止或命停止其執行的處分，是否可以循序提起行政訴訟，僅於同條第8項規定：「第二項、第四項及第六項之自治事項有無違背憲法、法律、中央法規、縣規章發生疑義時，得聲請司法院解釋之；在司法院解釋前，不得予以撤銷、變更、廢止或停止其執行。」其中省政府辦理同法第8條事項[165]、地方政府辦理上級監督政府委辦事項，遭委辦機關予以變更、廢止或命停止其執行部分，因基於指揮監督關係[166]，有服從之義務，不能提起行政救濟，固無疑義。但地方政府辦理自治事項遭上級監督政府撤銷、變更、廢止或命停止其執行者，因上級機關至多依據憲法、法律、中央法規、縣規章，施予監督，並無指揮服從關係，自無不許提起行政救濟之

---

[165] 地方制度法第8條：省政府受行政院指揮監督，辦理下列事項：一、監督縣（市）自治事項。二、執行省政府行政事務。三、其他法令授權或行政院交辦事項。

[166] 依地方制度法第2條第1款規定，省政府為行政院派出機關，省為非地方自治團體；且依同法第8條，省政府受行政院指揮監督。又依同法第2條第3款規定，委辦事項係指地方自治團體依法律、上級法規或規章規定，在上級政府指揮監督下，執行上級政府交付辦理之非屬該團體事務，而負其行政執行責任之事項。

理，所以才會有同法第75條第8項「得聲請司法院解釋」之規定，惟在司法院解釋前，已遭上級監督政府予以撤銷、變更、廢止或命停止其執行者，應如何救濟，即生疑義。就此，司法院針對台北市政府於民國91年間，因決定延期辦理里長選舉，中央主管機關內政部認其決定違背地方制度法第83條第1項規定，經報行政院依同法第75條第2項予以撤銷；台北市政府不服，乃依同條第8項規定逕向司法院聲請解釋乙案，於民國91年12月20日作成釋字第553號解釋：「憲法設立釋憲制度之本旨，係授予釋憲機關從事規範審查（參照憲法第七十八條），除由大法官組成之憲法法庭審理政黨違憲解散事項外（參照憲法增修條文第五條第四項），尚不及於具體處分行為違憲或違法之審理。本件行政院撤銷台北市政府延期辦理里長選舉之決定，涉及中央法規適用在地方自治事項時具體個案之事實認定、法律解釋，屬於有法效性之意思表示，係行政處分，台北市政府有所不服，乃屬與中央監督機關間公法上之爭議，惟既屬行政處分是否違法之審理問題，為確保地方自治團體之自治功能，該爭議之解決，自應循行政爭訟程序處理。台北市如認行政院之撤銷處分侵害其公法人之自治權或其他公法上之利益，自得由該地方自治團體，依訴願法第一條第二項、行政訴訟法第四條提起救濟請求撤銷，並由訴願受理機關及行政法院就上開監督機關所為處分之適法性問題為終局之判斷。」另外，依訴願法第1條第2項規定，各級地方自治團體對上級監督機關之行政處分，認為違法或不當，致損害其權利或利益者，得依法提起訴願。參照司法院34年院解字第2990號解釋，曾就鄉鎮對省縣政府關於公有財產所為處分能否訴願，作成釋示稱：「若其處分不獨對於鄉鎮為之，對於一般人民具有同一情形，亦為同一之處分者，則鄉鎮係以與一般人民同一之地位而受處分，不能以其為公法人，遂剝奪其提起訴願之權。」可知訴願法第1條第2項所稱損害其權利或利益，兼指地方自治團體基於法人地位所享有之公法及私法上之權益而言，其中公法上權益包括自治行政之權利，地方自治團體如主張上級監督機關之職務命令侵害其自治行政之權利，本質上屬於國家與地方自治團體權限爭議的事件，就此循序所提行政訴訟，自屬機關訴訟。

### 5. 以機關名義或以自治團體名義為原告

　　至於地方自治團體對於上級監督機關提起行政訴訟，應以機關名義或以自治團體名義為原告？實務上，有援引改制前行政法院47年判字第27號、49年判字第22號判例意旨，認應以地方自治團體名義作為原告，並以地方行政機關首長為代表人，而不能以地方行政機關名義起訴者[167]，前揭司法院釋字第553號解釋意旨似採此見解[168]，惟揆諸本件台北市於民國91年5月7日所提聲請書，其係以地方行政機關（台北市政府）名義聲請解釋，司法院釋字第553號解釋理由文末仍認「其向本院所為之釋憲聲請，可視為不服原行政處分之意思表示，不生訴願期間逾越之問題（參照本院院字第四二二號解釋及訴願法第六十一條），其期間應自本解釋公布之日起算。」即默許其以機關名義提起訴願（不否認機關有實施行政爭訟的權能）。個人認為司法院34年院解字第2990號解釋，既已肯認地方自治團體以與一般人民同一之地位而受處分者，可以提起行政爭訟，而該處分之標的無論係公法或私法上之權益，亦無論係自治事項或其他主觀公權利，實質或實際上均係由地方自治團體所設行政機關在管理，並以該行政機關之名義作為接受處分的相對人[169]；且我國實務上係採廣義的行政主體

---

[167] 例如：台中高等行政法院對於「彰化縣政府於95年4月4日以府民行字第0950063521函請所轄彰化市公所依彰化縣各村里轄鄰編組及調整自治條例第2條第2項後段規定，聘任該里遴報人員，然彰化市公所仍不為之，彰化縣政府旋依地方制度法第76條第1項暨彰化縣各村里轄鄰編組及調整自治條例第2條第2項後段規定，以95年4月21日府民行字第0950076428A號函代行聘任彰化縣彰化市彰安里第3鄰、第6鄰、第8鄰、第9鄰、第11鄰、第12鄰、第14鄰、第22鄰及第23鄰之鄰長計9名，任期至95年7月31日止。彰化市公所不服，提起訴願，遭決定駁回，遂提起行政訴訟」乙案，於民國96年3月30日以95年度訴字第721號判決駁回其訴，理由略謂本件應由地方自治團體即彰化市並由彰化市長代表彰化市循序提起訴願及行政訴訟，其當事人適格始無欠缺，而原告以地方行政機關名義，就有關地方自治事項提起訴願，訴願決定未以當事人不適格為由駁回訴願，雖有欠合，然其結論一致。原告復行提起本件訴訟，仍難認為適格之當事人，其訴顯無理由。（原告未上訴，已確定）。

[168] 司法院釋字第553號解釋文先謂「台北市政府有所不服，乃屬與中央監督機關間公法上之爭議，惟既屬行政處分是否違法之審究問題，為確保地方自治團體之自治功能，該爭議之解決，自應循行政爭訟程序處理」，繼謂「台北市如認行政院之撤銷處分侵害其公法人之自治權或其他公法上之利益，自得由該地方自治團體，依訴願法第一條第二項、行政訴訟法第四條提起救濟請求撤銷，並由訴願受理機關及行政法院就上開監督機關所為處分之適法性問題為終局之判斷」，其理由復謂「涉及中央機關對地方自治團體基於適法性監督之職權所為撤銷處分行為，地方自治團體對其處分不服者，自應循行政爭訟程序解決之。其爭訟之標的為中央機關與地方自治團體間就地方自治權行使之適法性爭議，且中央監督機關所為適法性監督之行為是否合法，對受監督之地方自治團體，具有法律上利益。為確保地方自治團體之自治功能，本件台北市之行政首長應得代表該地方自治團體，依訴願法第一條第二項、行政訴訟法第四條提起救濟請求撤銷」等語。

[169] 無論司法院釋字第553號解釋或台中高等行政法院95年度訴字第721號判決所指上級機關對於地方自治團體作成干涉自治權之處分，均以該地方自治團體所設行政機關（台北市政府、彰化市公所）名義為處分相對人。

說，認不具公法人地位之機關、學校或其他營造物等亦可視為行政主體，享有當事人能力[170]；又依行政訴訟法第24條，作成行政處分之機關可以作為適格的被告；何況無論以地方自治團體或以其所設最高行政機關名義起訴，均以其行政首長為代表人，則地方自治團體所設行政機關即有實施訴訟之權能，何必斤斤於以地方自治團體名義起訴，始為適格之原告？反對說所引改制前行政法院47年判字第27號、49年判字第22號判例意旨，主要係在強調上級機關對於地方自治團體財產權利所為處分，地方自治團體如有不服，應「自己出而爭訟」，不得以縣議會之名義提起行政爭訟，或由自治團體組成份子臨時推出代表人以提起行政爭訟，並未完全否定由地方行政機關名義起訴，並以其行政首長代表人之適法性，此觀上開判例全文自明[171]。故近年來，司法實務已容許地方自治團體以與一般人民同一之地位而受處分者，可以地方行政機關名義提起行政爭訟。例如：中央健康保險局向台北市政府催繳全民健康保險保險費補助款[172]，以及勞工保險局向台北市政府催繳各類被保險人勞工保險費暨就業保險費補助款之案例，原告均以台北市政府名義提起行政訴訟，各級行政法院都未以台北市政府為不適格之原告而駁回其訴或上訴[173]。

---

[170] 吳庚，行政法之理論與實用，民國96年9月增訂10版，第179頁。

[171] 改制前行政法院47判字第27號判例：「被告官署（臺灣省政府）就所屬縣市財產核定劃分，原難概指為對縣市法人所為之行政處分，縱令果係政府對縣市法人所為之處分而合於訴願法規定時，亦僅縣市長得以縣市之名義提起訴願。原告（台北縣議會）僅在行使一縣之立法權，其就關於縣財產事項，遽以自己縣議會之名義提起訴願，自屬當事人適格欠缺。」49年裁字第22號判例：「臺灣省各縣市實施地方自治綱要固未經立法程序，僅屬行政規章性質，尚不得認為法律，但依該綱要而組織之鄉鎮，係屬地方團體，要無可疑。本件系爭之土地，原係苗栗鎮（自治團體）呈准徵收，嗣經再審被告官署決定准由前前訴訟程序之參加人照徵收價額收回。是得主張權利受損害者，祇為該苗栗鎮（自治團體），亦惟該苗栗鎮（自治團體）得提起行政爭訟，殊無疑義。司法院院字第一一三〇號解釋，係就未組成地方自治團體之地方人民公產而為釋示。官署對於地方自治團體財產權利之處分，該自治團體如有不服，自應自己出而爭訟，絕無由自治團體組成份子臨時推出代表人以提起訴願之理。司法院前開解釋，於本件自無適用之餘地。」（按此案例之原告為自然人許錦文）。

[172] 最高行政法院94年度判字第1546號、96年度判字第1114號、97年度判字第423號、97年度判字第424號、98年度判字第827號、97年度判字第430號、97年度判字第475號等。

[173] 最高行政法院95年度判字第1839號、96年度判字第1162號、96年度判字第1082號、96年度判字第1095號、96年度判字第1094號、97年度判字第388號、97年度判字第490號、97年度判字第457號、98年度判字第894號等。

### 6. 依地方制度法第38條協商後仍無法解決，自有容許地方議會提起給付訴訟之必要

另外，依地方制度法第43條規定：「（第1項）直轄市議會議決自治事項與憲法、法律或基於法律授權之法規牴觸者無效；議決委辦事項與憲法、法律、中央法令牴觸者無效。（第2項）縣（市）議會議決自治事項與憲法、法律或基於法律授權之法規牴觸者無效；議決委辦事項與憲法、法律、中央法令牴觸者無效。（第3項）鄉（鎮、市）民代表會議決自治事項與憲法、法律、中央法規、縣規章牴觸者無效；議決委辦事項與憲法、法律、中央法令、縣規章、縣自治規則牴觸者無效。（第4項）前三項議決事項無效者，除總預算案應依第四十條第五項規定處理外，直轄市議會議決事項由行政院予以函告；縣（市）議會議決事項由中央各該主管機關予以函告；鄉（鎮、市）民代表會議決事項由縣政府予以函告。（第5項）第一項至第三項議決自治事項與憲法、法律、中央法規、縣規章有無牴觸發生疑義時，得聲請司法院解釋之。」可知地方自治團體所設立法機關（議會）議決委辦事項與憲法、法律、中央法令、縣規章、縣自治規則牴觸者，應視其層級，分別聲請行政院、中央各該主管機關，或縣政府予以審查確認後函告為有效或無效，不能再提起行政爭訟；如係議決自治事項與憲法、法律、中央法規、縣規章有無牴觸發生疑義時，除總預算案應依同法第40條第5項規定程序（詳見後述）處理外，於聲請行政院、中央各該主管機關，或縣政府予以審查確認後，仍有不服，得聲請司法院解釋，做終局之確認，亦難循序提起行政訴訟[174]。其次，依地方制度法第39條第1至3項規定，地方自治團體所設行政機關對於同級立法機關（議會、代表會）之議決案如認為窒礙難行時，固得於該議決案送達三十日內，就窒礙難行部分敘明理由送請該議會覆議，但依同法第39條第4項規定，覆議時，如有出席議員、代表三分之二維持原議決案，直轄市政府、縣（市）政府、鄉（鎮、市）公所應即接受該決議，只有發生同法第40條第

---

[174] 有學者認為：「如縣市議會或鄉鎮民代表會所作成之決議是否有效，如無從依其議事規範解決，或自治監督機關不欲介入或其介入無效時，似亦應容許反對該項決議之議員或代表提起確認訴訟。」（見吳庚，行政爭訟法論，民國94年10月第3版2刷，第145頁）恐與地方制度法第43條第5項規定不符。

5項或第43條第1項至第3項規定之情事時，始不受此限制。所謂同法第40條第5項規定情事，係指直轄市、縣（市）、鄉（鎮、市）總預算案經覆議後，仍維持原決議時，如對歲入、歲出之議決違反相關法律、基於法律授權之法規規定或逾越權限，或對維持政府施政所必須之經費、法律規定應負擔之經費及上年度已確定數額之繼續經費之刪除已造成窒礙難行者，此種情形應準用同法第40條第4項規定，即直轄市政府、縣（市）政府、鄉（鎮、市）公所得報請行政院、內政部、縣政府邀集各有關機關協商，於一個月內決定之；逾期未決定者，由邀集協商之機關逕為決定之。又所謂同法第43條第1項至第3項規定之情事，即係指前述議決事項有無效之虞者，分別聲請行政院、中央各該主管機關，或縣政府予以審查確認其為無效，或聲請司法院解釋之。自無法提起行政爭訟。惟如果經上級機關審查確認該議決事項為有效，或由司法院解釋認定其與憲法、法律、中央法規、縣規章無牴觸，或就該總預算決議案報請行政院、內政部、縣政府邀集各有關機關協商決定後，直轄市政府、縣（市）政府、鄉（鎮、市）公所卻延不執行該議決事項或總預算決議案，依同法第38條規定，直轄市議會、縣（市）議會、鄉（鎮、市）民代表會固得請其說明理由，必要時得報請行政院、內政部、縣政府邀集各有關機關協商解決之，惟協商後仍無法解決，自有容許地方議會提起給付之訴，請求行政法院判決命地方行政機關為執行決議之行為之必要[175]。

## 六、對己訴訟

### 1.實務通說見解

　　所謂對己訴訟（In-Sich-Prozess）係指行政機關處於與人民相同之地位（即立於準私人之地位）而成為行政處分或其他行政行為之相對人時，不服該行政行為或其他公法上爭議，對於為該行政行為之機關所提起之行政訴訟，包括中央與地方之機關間訴訟及隸屬同一公法人之機關間

---

[175] 學者吳庚亦認民選地方行政首長如拒不履行地方議會決議，上級監督機關干預又不生效果者，不妨容許地方議會提起給付之訴，請求判命地方行政首長（應係行政機關）為執行決議之行為。參見氏著前揭行政爭訟法論，第145頁。

訴訟[176]，其訴訟類型可以是撤銷訴訟、確認訴訟、課予義務訴訟或給付訴訟[177]。此應與前述機關訴訟，在概念上相區別[178]，因前者指國家或地方自治團體之機關相互間，關於權限之存否或行使權限之爭議而提起之訴訟，性質傾向於客觀法秩序之維護；對己訴訟則傾向於主觀公權利之保障，應無不許機關於主觀公權利受侵害時，或其他為維護主觀公權利，提起行政訴訟之理[179]。在德國，其學者通說及實務見解，為了使行政機關得維護國庫利益，承認行政機關具有對己訴訟的訴訟權能。我國司法院於民國43年10月6日雖作成釋字第40號解釋，認「行政訴訟法第一條規定，人民因中央或地方官署之違法處分，致損害其權利者，得依法定程序提起行政訴訟，是僅人民始得為行政訴訟之原告。台灣省物資局依其組織規程係隸屬於台灣省政府之官署，與本院院解字第二九九〇號解釋所稱之鄉鎮自治機關不同，自不能類推適用此項解釋。至海關緝私條例第三十二條對於提起行政訴訟之原告，並無特別規定，要非官署所得引為提起行政訴訟之根據。」改制前行政法院並據此作成50年裁字第9號判例。惟為國內學者所批評[180]，實務上後來容許行政機關提起爭訟之案例更不斷出現：其一為法律規定以管理機關作為行政罰之對象者，受罰之機關有提起行政爭訟之權能，如水污染防治法等環保法規是（改制前行政法院77年判字第2268號、最高行政法院98年度判字第544號判決）[181]；其二為國有財產管理機

---

[176] 中央與地方之機關間訴訟，猶如一家之內父子或兄弟涉訟。可稱為廣義的對己訴訟；隸屬同一公法人之機關間訴訟，猶如左右手或手腳涉訟，可稱為狹義的對己訴訟。

[177] 例如行政機關相互間因公法上財產或行政契約涉訟時，可類推適用行政訴訟法第8條規定提起公法上一般給付訴訟。參見吳庚，前揭行政爭訟法論，第145頁。

[178] Wahl/Schutz, in: Schoch/Schmidt-Asmann/Pietzner, VwGO, 1998, §42 Abs. 2, Rn.102.轉引自盛子龍，行政訴訟法第3條之註釋，收錄於：翁岳生主編，行政訴訟法逐條釋義，2006年7月初版4刷，第56頁。惟國內學者有將兩者混為一談者，謂：一般討論機關訴訟，通常包括　1.不同公法人之機關訴訟　2.同一法人之不同機關對己訴訟，甚至包括　3.同一公法人之行政機關與議會機關法律之爭議訴訟。（參見林石猛，行政訴訟類型之理論與實務，學林文化事業有限公司，2004年9月，第488、499頁）。

[179] 行政訴訟法上，並無一般性的禁止「對己訴訟」的原則。Vgl.Schmidt,Verwaltungsprozeßrecht, 2000,43. 轉引自盛子龍前揭著作，第56頁註94。

[180] 對司法院釋字第40號解釋，論者曾批評其未詳究法理，徒斤斤於行政訴訟法及訴願法上人民二字而作望文生義之解釋，並主張機關與一般人民同一法律地位而受處分時，亦得提起行政爭訟，見林紀東，行政法，民國79年，第485頁及518頁。

[181] 改制前行政法院77年判字第2268號判決（經濟部工業局所屬高雄臨海林園大發工業區聯合污水處理廠被高雄市環境保護局處罰事件）、最高行政法院98年度判字第544號判決（經濟部工業局桃園幼獅工業區服務中心被桃園縣政府處罰事件）。該98年度判字第544號判決更闡釋為何以管理機關作為行政罰之對象，乃因「水污染防治法第7條之規範對象，包括事業、污水下水道系統及建築物污水處理設施等三種，又依水污染防治法第2條第12款規定……參照下水道法第2條第1、2、3、4款規定……及下水道法第

關經法院指定為「遺產管理人」，於公示催告期間屆滿，無人承認繼承，申請為遺產歸屬國有登記，為主管土地登記機關所駁回，改制前行政法院認為「所謂人民應包括行政機關或鄉鎮自治機關，基於與人民同一地位而受違法不當之行政處分者在內……本件原告……並非以其為依法組織之行政機關地位，行使其行政上職權為本件土地登記之聲請，則其為被告機關駁回聲請之處分，顯係基於與人民同一地位而受之行政處分，依首開說明，自得對原處分提起訴願、再訴願」（76年判字第643號判決）；其三為台灣省菸酒公賣局不服商標註冊核駁事件，主管機關經濟部亦受理其提起之訴願案（經濟部71年訴字第43960號訴願決定）[182]；其四為臺北自來水事業處被臺北市稅捐稽徵處課徵地價稅事件，雖隸屬同一直轄市自治團體，行政法院仍認為遭補稅處分之機關具有提起行政爭訟之權能（臺北高等行政法院96年度訴字第1323號判決）；其五為原告國立臺灣民主紀念館（國立中正紀念堂管理處）經被告臺北市政府都市發展局認定未經申領執照，而於館址以金屬等材料，建造高度1層約1.8公尺，面積約29平方公尺之施工圍籬，違反建築法第25條、第86條等規定，並不得補辦手續，乃以公函通知原告後，旋即強制拆除完畢，嗣被告並通知原告應繳納代拆費用新臺幣2,030元。又因中正紀念堂成為臺北市暫定古蹟爭議，被告臺北市政府文化局屢對國立臺灣民主紀念館（國立中正紀念堂管理處），以違反文化資產保存法為由，施予罰鍰及命停工、拆除、回復原狀等行政處分，原告均不服，循序提起行政訴訟。行政法院均認為原告之當事人適格（臺北高等行政法院96年度訴字第3751號、96年度訴字第3750號、97年度訴字第105號、97年度訴字第807號）；其六為經濟部水利署被高雄縣

---

8條第1項規定：『政府機關或公營事業機構、新開發社區、工業區之專用下水道，由各該機關或機構建設、管理之。』足見工業區專用下水道包括污水下水道系統及雨水下水道，工業區管理機關依法處理該工業區下水道系統內之廢（污）水並管理區內專用下水道系統。查上訴人既以經濟部工業局桃園幼獅工業區服務中心身分，取得被上訴人核發之「廢（污）水排放許可證」（桃縣環排許字第H0044-01號），而得以排放廢（污）水，則其為水污染防治法第7條第1項所謂「污水下水道系統」之管理機關，屬於水污染防治法之規範對象，殆無疑義。復按污水下水道系統排放廢（污）水於地面水體者，應符合放流水標準，既為行為時水污染防治法第7條第1項所明定，此為上訴人應盡之法定義務，如排放廢（污）水於地面水體未符合放流水標準，同法第40條定有處罰明文。因此，只要經查獲發現有廢（污）水自污水下水道或雨水下水道系統之放流口流出之事實，即符合上開條文所稱「排放」之定義，而得以處罰污水下水道系統管理機關。」

182 見陳志清，訴願之理論與實用，民國75年，第25頁。

政府地方稅務局，依高雄縣土石採取特別稅徵收自治條例課徵土石採取特別稅事件，係地方行政機關對中央行政機關課以地方稅，遭課稅之機關有提起行政爭訟之權能（高雄高等行政法院97年度訴字第168號等22件判決，均撤銷訴願決定及原處分，被告機關上訴後，經最高行政法院以98年度判字第858號等裁判均駁回上訴而確定）。

### 2. 實務上少數不同見解

　　雖然，實務上高雄高等行政法院曾就原告交通部高雄港務局與被告高雄市稅捐稽徵處間有關課徵營業稅及罰鍰的爭訟事件，作成90年度訴字第1382號判決，以其係同一公法人下之機關與機關間之訴訟，應循行政一體、層層管制之體制，謀求解決爭議之正當途徑，其猶提起本件訴訟，核無權利保護之必要，應另循向兩造共同上級機關即行政院請求解決，始為正辦，而判決駁回原告之訴，未經原告上訴，業於91年2月15日確定在案[183]。同院89年度訴字第230號判決，復就原告財政部國有財產局臺灣南區辦事處與被告高雄市政府地政處前鎮地政事務所間有關所有權登記事件，原告起訴主張其向被告申請某筆由其負責管理之未經登記土地辦理土地所有權第一次登記時，因發生與區段徵收作業牴觸之疑義而遭核駁乙案，亦採應經由行政一體，層層節制予以解決機關間爭議，不得訴請行政法院裁判之見解，而判決駁回原告之訴[184]。但此一見解於嗣後89年度訴字第230號案上訴時，為最高行政法院92年裁字第494號裁定意旨所不採[185]。綜上，2000年7月1日施行的訴願法，原先之立法草案第18條第2項條文：

---

[183] 參見林石猛，行政訴訟類型之理論與實務，學林文化事業有限公司，2004年9月，第492-500頁。

[184] 林石猛，前揭著作，第500-502頁。

[185] 最高行政法院92年裁字第494號裁定係以「系爭原未登記之國有土地係坐落高雄市高坪特定區第二期開發區內，而該開發區經參加人高雄市政府層請行政院准對參加人因開發需要，申請區段徵收該區土地，並一併徵收其上之土地改良物在案。且系爭區段徵收地區內未登記土地，亦經行政八十八年十一月十八日台八八內中地字第八八二九五五號函核准依平均地權條例施行細則第六十九條之一規定，登記為高雄市所有，有行政上開對系爭國有土地所有權歸屬之公函附卷可稽。則被上訴人依據國有土地利用之最高主管機關行政之指示函，依平均地權條例施行細則第六十九條之一規定，於民國八十九年十二月一日將系爭土地登記為高雄市所有，自屬有據。上訴人既為行政之下級機關，……，亦應間接受上級機關即行政院上揭核准函拘束，要無提起本件行政救濟之必要」等語為由，維持原判決，並指明「行政程序法第十九條關於行政機關互助之義務，係就行政機關管轄權事項所為之規定，核與本件係對被上訴人管轄之登記事項所為之行政處分不服之情形有別。原判決並適用行政程序法第十九條規定，認本件得透過行政一體、層層節制或透過請求機關之上級機關決定之，認無提起本件行政救濟之必要，其理由容有未洽，惟尚不影響於判決之結果。」

「中央或地方機關立於與人民同一之地位而受行政處分者，亦得提起訴願」，雖於立法院審議時遭到刪除，但實務上，行政機關於與人民相同之地位而受處分時，可提起行政爭訟，已成常態。

## 第四節　各種訴訟類型的關係

行政訴訟法提供撤銷訴訟、課予義務訴訟、確認訴訟及給付訴訟等訴訟類型，以解決紛爭。對特定訴訟事件，原告固應採用正確之訴訟類型，惟如何判定原告採用之訴訟類型，係不正確或不能達成訴訟目的？又原告採用之訴訟類型，如自始即不正確或不能達成訴訟目的，或於起訴後因有一定事由，以致不正確或不能達成訴訟目的，是否能變更、轉換或補充其他之訴訟類型？此等問題，涉及各種訴訟類型之關係。大體而言，不同之訴訟類型間，由其本質觀察，可能存在排斥、併存、競合、轉換、補充（備位）或補餘關係：

### 一、排斥關係

對特定行政訴訟事件，僅某一訴訟類型為正確，其他之訴訟類型皆不可行，為該正確之訴訟類型所排斥，該正確訴訟類型與其他訴訟類型間，即存在「排斥關係」；此類情形，主要係因各該訴訟類型之適法要件互不相容，或因某一訴訟類型應優先適用而排除其他訴訟類型所致。以撤銷訴訟為例，此一訴訟類型之目的在於廢棄行政處分之效力，故凡原告起訴爭執之事項須排除行政處分之效力始能獲致解決者，均應提起撤銷訴訟，而使本訴訟類型具有排他性。本法第6條第3項除係基於確認訴訟之補充性而為規定外，另一方面亦係彰顯撤銷訴訟的排他性質。然若原告之請求單純以撤銷行政處分效力仍無法達成或有更適當之救濟途徑者，撤銷訴訟即不具有排他性。例如關於依法申請而遭拒絕之處分，縱予以撤銷，通常情形並未完全滿足原告起訴之目的，尚應提起駁回申請之課予義務訴訟，且課予義務訴訟本質上即具有撤銷原處分及訴願決定之效果。因此，於有關原告人民依法申請行政處分之案件，無論係提起怠為處分之訴抑或駁回申請

之訴，該課予義務訴訟均具有排他性質，排除撤銷訴訟、一般給付訴訟等訴訟類型。

另外，對無效之行政處分，行政處分相對人得依行政程序法第113條第2項，請求原處分機關確認其無效。如原處分機關對該確認之請求置之不理，或予以駁回，原屬課予義務訴訟之範圍，惟行政訴訟法第6條第1項、第2項已明文規定可以提起確認行政處分無效訴訟，且該訴訟更能直接達成當事人起訴之目的，自應提起「確認訴訟」，請求行政法院判決確認系爭行政處分為無效，而非提起「課予義務訴訟」，請求行政法院判命原處分機關為確認其無效之行政處分。

## 二、併存關係

對特定行政訴訟事件，有二以上之訴訟類型皆為正確，原告得同時或先後併予採行，以達成訴訟之目的。其情形通常構成訴之單純合併或訴之追加。此外，本法亦有明定應或得合併提起二以上訴訟類型者，如第7條、第8條第2項、第196條規定屬之。

## 三、競合關係

就某一事件同時承認二以上合法訴訟類型，且無論提起何者，原告起訴目的均可獲致滿足者，其情形可能係預備合併或擇一合併。前者例如對於無效之行政處分，當事人可以「無效確認訴訟」為先位聲明，以「撤銷訴訟」為備位聲明[186]。後者主要係關於人民依法申請之案件，行政機關依法得選擇以行政處分、行政契約或其他行政上措施為之（有行為形式之選擇自由），以滿足人民之申請，如果同時滿足二以上訴訟類型之適法要件，即為擇一合併。例如被害人民依廢棄物清理法第72條第1項規定，起訴請求行政法院「判令主管機關執行職務」之訴，即可請求主管機關自行清理廢棄物（事實行為）或命應負責之第三人清理（行政處分），而合併

---

[186] 最高行政法院94年度判字第1396號判決參照。

提起一般給付訴訟或課予義務訴訟[187]。

## 四、轉換關係

所謂轉換關係，係指就同一基礎事實所生行政訴訟事件，經提起某一訴訟類型後，因不符合該訴訟類型之適法要件或情事變更等理由致無續行必要，經法院闡明後轉換（變更）為其他訴訟類型。其目的在於減省已進行之訴訟程序。例如，依本法第111條第3項第2款，將給付訴訟變更為課予義務訴訟；依本法第111條第3項第3款或第4款，將撤銷訴訟變更為確認行政處分違法訴訟，或將撤銷訴訟變更為確認行政處分無效訴訟等。

## 五、補充（備位）關係

所謂補充性係指，若A、B二訴訟類型的適用領域重疊，且立法者基於訴訟經濟等考量，明訂在此重疊範圍的案例類型應優先適用A類型，此時吾人稱B訴訟類型相對於A訴訟類型具有補充性，有部分學者將之翻譯為「備位性」或「後備性」[188]。此與前述排斥關係互為表裡[189]。例如，依本法第6條第3項規定，撤銷訴訟、課予義務訴訟以及一般給付訴訟在適用上應優先於確認法律關係存否與確認行政處分違法訴訟。至於行政處分「無效」與「得撤銷」係不相重疊的二概念，故「行政處分無效確認之訴」與「撤銷訴訟」間既無重疊適用領域，也無補充性關係；再者，「行政處分無效的確認」與請求作成行政處分或其他給付訴求之間，於法理上並無必然的重疊關係，也無應擇一優先適用的必要性，因而也無所謂的補充性關係[190]。

---

[187] 翁岳生編／劉宗德、彭鳳至，行政法（下冊），第19章行政訴訟制度，2000年3月2版，第1160、1161頁。

[188] 劉淑範，論確認訴訟之備位功能：行政訴訟法第六條第三項之意涵與本質，人文及社會科學集刊，第15卷第1期（92.3.），第59頁以下。

[189] 翁岳生編／劉宗德、彭鳳至前揭書，第1161頁。

[190] 東吳大學林三欽老師98學年度「訴願法與行政訴訟法」課程講義，第三章行政訴訟之種類，第42頁。發表於http://blog.yam.com/sanclinhandout/trackback，瀏覽日期2010年4月20日。但有學者認為：由於處分無效情形大幅萎縮且其判斷標準繫於行政法院之裁判，造成得撤銷與無效瑕疵理論僅存相對區別。其結果，人民實際上如欲謀求權利救濟免於落空，乃不得不先行提起處分撤銷訴訟，僅於行政法院認有無效瑕疵後，始轉換為處分無效確認訴訟。因此，處分無效確認訴訟成為撤銷訴訟之補充訴訟類型（翁岳生編／劉宗德、彭鳳至前揭書，第1162頁）。另外，陳敏亦認為：對特定行政處分提起「撤銷訴訟」，於

## 六、補餘關係

　　一般給付訴訟具有補餘的功能，亦即當人民欲請求某種行政法上之給付，而當特別的給付訴訟類型（課予義務訴訟）不適用時，即得考慮提起一般給付訴訟。故一般給付訴訟相對於課予義務訴訟，一方面具有補充性，另一方面也可以作為補餘訴訟（Auffangklage）[191]。不僅如此，即使是一般給付訴訟與所有其他法定訴訟類型之關係，亦復如此，當所有法定訴訟類型皆不適用時，即可考慮有無一般給付訴訟之適用。因此，一般給付訴訟的補餘功能不僅存在於與課予義務訴訟間的關係，也適用於與其他訴訟類型間的關係[192]。

## 第五節　訴訟類型選擇錯誤時法院所應為之處置

### 一、探求真意與依職權闡明

　　行政訴訟法設有不同之訴訟類型，其目的在對當事人間之紛爭，給與最直接、迅速、有效之解決。如原告所提起之訴訟類型，並不正確，或不具備正確訴訟類型之法定要件，則或將遭敗訴之判決，或不能獲得充分之救濟。惟各個行政訴訟事件，其事實基礎及法律爭議各有不同，所尋求之法律救濟亦不相同，有時又未必為單一之訴訟類型所能解決；且由於行政訴訟各種訴訟種類之選擇與適用，與行政行為之方式及當事人請求法院保護之目的，息息相關，尚非依一般生活經驗得為判斷，自難期待原告必能採行正確無誤之訴訟類型。依行政訴訟法第105條第1項，起訴狀所應記載者，為：「當事人」、「起訴之聲明」及「訴訟標的及其原因事實」，雖未包括「訴訟類型」，惟「訴訟類型」毋寧蘊涵於「起訴之聲明」及「訴訟標的及其原因事實」之中。故而行政法院應依職權，經由解釋探求原告之真意（民法第98條參照），確定原告起訴之事件，應屬何種正確的

---

訴訟繫屬中，發現該行政處分自始無效，無從以撤銷訴訟消滅其本來未有之法律效力，應將該撤銷訴訟轉換為確認行政處分為無效之「確認訴訟」，否則其訴為不合法（參見氏著行政法總論，民國96年10月5版，第1370頁）。惟此見解與通說認為對於無效的行政處分亦可提起撤銷訴訟之見解不符。

[191] 彭鳳至，德國行政訴訟制度及訴訟實務之研究，司法院秘書處，民國88年6月，第44、45頁。

[192] 林三欽前揭課程講義，第18頁。

訴訟類型，並按該訴訟類型所應具備之訴訟要件為審判。如果依據「起訴之聲明」及「訴訟標的及其原因事實」，足以認定原告對於該事件所採行之訴訟類型不正確或不完足時，審判長應基於行政訴訟法第125條第3項之闡明義務，協助原告為正確及完足之起訴聲明[193]，以免其因採行錯誤或有欠缺之訴訟類型而受不利益。如原告堅持其起訴聲明，不願變更採用正確之訴訟類型或補充（追加）完備其訴訟類型時，始應分別情形以其訴不合法（例如對於事實行為之侵害應提起一般給付訴訟排除之，卻誤以為行政處分而提起撤銷訴訟；對於終止公法契約之意思表示，本應提起確認契約關係存在訴訟以為救濟，卻誤以該終止契約之意思表示為行政處分而提起撤銷訴訟）、欠缺權利保護必要（例如對於尚未消滅的行政處分，應提起撤銷訴訟，卻提起確認違法訴訟）或無理由（例如對於其瑕疵未到達重大明顯程度的行政處分，應提起撤銷訴訟，且已經踐行訴願程序，卻堅持提起無效確認訴訟），予以駁回。

## 二、本法第6條第4項規定之擴大（類推）適用

如果闡明後所變更（轉換）或追加之訴訟，依法設有前置程序者，對於原告是否已合法踐行該前置程序，宜採較為寬鬆的認定態度[194]。另參考本法第6條第4項規定：「應提起撤銷訴訟、課予義務訴訟，誤為提起確認行政處分無效之訴訟，其未經訴願程序者，高等行政法院應以裁定將該事件移送於訴願管轄機關，並以行政法院收受訴狀之時，視為提起訴願」之意旨，對於應提起撤銷訴訟、課予義務訴訟，卻誤為提起確認法律關係存否之訴或確認行政處分違法之訴；或應提起課予義務訴訟，卻誤為提起一般給付訴訟；或給付訴訟之裁判，以行政處分應否撤銷為據，卻只提起給付訴訟，漏未提起撤銷訴訟等情形，縱使尚未經訴願程序，只要以行政法

---

[193] 最高行政法院91年度判字第1882號、91年度裁字第609號、94年度判字第1396號、98年度判字第1475號裁判意旨，及最高行政法院99年3月9日庭長法官聯席會議決議：「土地所有權人認系爭註記違法者，得向行政法院提起一般給付訴訟，請求排除侵害行為即除去系爭註記（回復未為系爭註記之狀態）。於此情形，當事人如誤提起撤銷訴訟，受訴法院審判長或受命法官應妥為行使闡明權，使當事人得循正確訴訟種類，請求救濟」等語參照。

[194] 例如將一般給付訴訟變更為課予義務訴訟，即有應先行訴願程序及起訴期間的問題，在德國行政訴訟實務上，對於先行程序是否可以經由原告起訴及被告答辯而取代，採取相當寬鬆的認定態度。彭鳳至：德國行政訴訟制度及訴訟實務之研究，司法院秘書處，民國88年6月，第62、63頁。

院收受訴狀之時為準，仍在訴願期間者，即應予以闡明，使變更（轉換）為撤銷訴訟或課予義務訴訟，或追加撤銷訴訟，並類推適用上開規定，以裁定將該事件移送於訴願管轄機關，並以行政法院收受訴狀之時，視為提起訴願；否則，如逕以其未經訴願程序，無從准予變更或追加，而駁回其訴，由原告循訴願、撤銷訴訟（或課予義務訴訟）之程序救濟，往往因已遲誤提起訴願之期間，致無法救濟[195]，恐與本法第6條第4項之立法目的，背道而馳。

### 三、本法第6條第4項後段「以行政法院收受訴狀之時，視為提起訴願」之目的性限縮解釋

　　且對於應提起撤銷訴訟、課予義務訴訟，誤為提起確認行政處分無效之訴訟，其未經訴願程序者，如果曾經依行政程序法第113條第2項、本法第6條第2項，向原處分機關請求確認其無效或曾以其他方式作不服原處分之表示時，即應依訴願法第57條、第61條第1項規定，以該請求確認其無效（或不服的表示）時，視為提起訴願，以貫徹憲法第16條維護人民訴訟權的意旨。至於本法第6條第4項規定以「行政法院收受訴狀之時，視為提起訴願」，應予目的性限縮解釋，僅適用於原告未先向原處分機關請求確認其無效，亦未曾以其他方式作不服原處分之表示，逕提起確認行政處分無效訴訟之情形，始以行政法院收受訴狀之時，視為提起訴願。而本法第111條第4項所謂「前三項規定，於變更或追加之新訴為撤銷訴訟而未經訴願程序者不適用之」，則應限縮在縱以行政法院收受訴狀之時或曾以其他方式作不服原處分之表示時為準，亦已逾越訴願期間者，始無准許變更或追加之必要。

### 四、有無踐行前置程序從寬認定

　　又對於無效之行政處分，雖不妨提起撤銷訴訟，但原告如欲將其訴變更為確認行政處分無效之訴，依本法第111條第3項第4款規定，行政法院

---

[195] 本法第6條第4項之立法說明參照。

應予准許。若原告於提起確認行政處分無效之訴訟前,已提起訴願,經原處分機關答辯其所作成之行政處分為合法者,即等同於「已向原處分機關請求確認其無效未被允許」,不得謂其起訴不備本法第6條第2項規定之要件[196]。

## 五、因法院教示不當所造成的訴訟類型選擇錯誤,其不利益不歸於當事人

何種公法爭議事件適於採行何種訴訟類型解決紛爭,不但當事人難以掌握,就連法官也難免見仁見智,各有不同的見解。如果當事人因服從法官之裁判教示而重新提起與先前不同類型的行政訴訟,承審法官縱使認為先前所提訴訟種類係屬正確,基於信賴原則,亦難再以其起訴程序不合法而駁回之。此時,固無妨再予闡明,使變更(轉換)為正確的訴訟類型;但如已無法變更時,即宜就其新提起的訴訟類型為實體判決。例如依最高行政法院98年7月份第1次庭長法官聯席會議決議所示:「公立學校教師因具有教師法第14條第1項各款事由之一,經該校教評會依法定組織(教師法第29條第2項參照)及法定程序決議通過予以解聘、停聘或不續聘,並由該公立學校依法定程序通知當事人者,應係該公立學校依法律明文規定之要件、程序及法定方式,立於機關之地位,就公法上具體事件,所為得對外發生法律效果之單方行政行為,具有行政處分之性質」之見解,當事人對於解聘、停聘或不續聘之處分如有不服,自應循序提起撤銷訴訟以資救濟。如果當事人在此決議前,曾對該等處分提起撤銷訴訟,卻遭行政法院以其屬公法上契約關係之爭議,不得提起訴願及撤銷訴訟,而裁定駁回,遂改提起確認教師聘約關係存在之訴,行政法院即不能援引上開決議意旨,認其提起確認訴訟有違確認訴訟補充性原則,而不予允許,亦即不得將行政法院見解不一致之不利益,加諸於當事人,而使當事人喪失行政訴訟救濟之途徑[197]。

---

[196] 最高行政法院94年度判字第1396號判決意旨參照。
[197] 最高行政法院100年度判字第1194號判決意旨參照。

## 第一節　序說

　　1949年10月1日，中共宣佈建立「中華人民共和國」，以北京為首都，朝向社會主義法制建設邁進，根據1949年9月制定的《中國人民政治協商會議共同綱領》第17條規定，完全廢除中華民國政府所施行的法律、命令和司法制度，重新建立其法律和司法制度[1]，但由於全盤蘇聯化的法制繼受，實施無產階級專政，一切行政以貫徹共產黨的政策為依歸，使得建立在依法行政與權力制衡基礎上之行政訴訟制度根本沒有存在的空間，又歷經建立政權以來各種政治運動（包括司法改造、大鳴大放、百花齊放、反右派鬥爭、生產大躍進等運動及文化大革命）的摧殘，並由於極左思潮和法律虛無主義的影響，導致輕視法律和司法制度之思想盛行[2]，行政訴訟制度更無萌芽發展的可能。迨1982年3月8日全國人大常委會公布《中華人民共和國民事訴訟法（試行）》，同年10月1日起試行，該法第一次明確規定了法院審理行政案件適用民事訴訟法規定之程式，才正式開啟行政訴訟的進程。

---

[1]　《中國人民政治協商會議共同綱領》是中國共產黨主持制定的一個臨時性憲法，1949年9月29日由中國人民政治協商會議第一屆全體會議通過。由序言和七章組成，共60條。這個會議產生的中華人民共和國中央人民政府接受該綱領為施政方針。其中第17條明訂：「廢除國民黨反動政府一切壓迫人民的法律、法令和司法制度，制定保護人民的法律、法令，建立人民司法制度。」維基百科http://zh.wikipedia.org/zh-tw，瀏覽日期2010/4/21。

[2]　有關中共建政以來各種政治運動對司法制度與司法機關的破壞情形，參見楊一凡、陳寒楓主編《中華人民共和國法制史》，黑龍江出版社，1997年1月，第780頁；許崇德主編《中國憲法》，北京中國人民大學出版社，1994年2月，第100～101頁；王文杰，嬗變中之中國大陸法制，交通大學出版社，民國93年12月，第11頁、第103至118頁；鄭正忠，大陸地區司法制度之演進與近年改革之概況，收錄於中國大陸法制研究第十輯，司法院，民國90年10月，第483～502頁。

## 第二節　歷史沿革及發展

### 一、停滯階段（1949年至1982年）

　　此時期並不存在行政訴訟制度，雖然於1949年9月29日制訂之《中國人民政治協商會議共同綱領》第19條規定：「人民和人民團體有權向人民監察機關或人民司法機關控告任何國家機關和任何公務人員的違法失職行為。」明確地提出了要建立行政訴訟制度。1954年的《中華人民共和國憲法》第97條規定：「中華人民共和國公民對於任何違法失職的國家機關工作人員，有向各級國家機關提出書面控告或者口頭控告的權利，由於國家機關工作人員侵犯公民權利而受到損害的人，有取得賠償的權利。」亦表明要建立行政訴訟及國家賠償制度，但並無相應之具體程式規範可資依循，亦無對應的司法機關可以受理行政訴訟案件。雖然於1949年12月經中央人民政府委員會批准之《最高人民法院組織條例》規定，在最高人民法院設置行政審判庭，為建立行政審判機關提供了組織法依據，但僅止於設想，未能實現。又雖然於1957年以前，為了適應某一時期政治經濟活動的特殊需要，有些行政文件曾對行政訴訟作過具體規定，例如1950年制訂的《關於勞動爭議解決程式的規定》中規定，對勞動行政機關的仲裁不服，勞動爭議當事人可以提請人民法院處理；類似行政文件還有：1952年制訂的《關於五反運動中成立人民法庭的規定》、1953年制訂的《輸出輸入商品檢驗暫行條例》、1954年《海港管理暫行條例》等，但這些都只是原則性規定，欠缺程式規範可以落實。到1956年以後，隨著「資本主義工商業的社會主義改造運動」之完成，確立社會主義的計畫經濟體制後，「政治手段」與「非規範性之政策、命令」成為解決各類社會矛盾包括行政爭議之主要方法[3]，司法制度包括行政訴訟制度均難以發展。

　　又遭逢1966年5月開始的文化大革命，使司法制度受到更嚴重之破

---

[3]　蘇義洲，大陸地區行政訴訟類型之研究，碩士論文，國立中山大學大陸研究所，2000年6月，第59、60頁。

壞。1966年12月18日，江青接見紅衛兵時公開指稱：「公安部、檢察院、最高人民法院，都是資本主義國家搬來的，是凌駕於黨政之上的官僚機構，幾年來一直是同毛主席對抗」。1967年6月7日，公安部長謝富治根據江青的講話，正式拋出了「徹底砸爛公安、檢察、法院」的反革命口號，對公、檢、法機關，「要從政治、思想、理論、組織上徹底砸爛」；在江青、謝富治等人煽動下，衝擊、破壞司法制度之行動迅速蔓延到全國。1967年初，人民法院即已陷入癱瘓狀態，同年12月，中共中央對公、檢、法機關實施「軍管」，人民法院成為公安機關軍管會下屬的「審判組」，許多司法人員遭到迫害，由其「革命委員會」主導審判工作。到1968年上半年，全國各級政法機關更受到嚴重破壞，大批政法幹部被揪鬥，組織上陷於癱瘓，思想上極為混亂。竟承認群眾組織可以進行審判，動輒召開公審大會，批鬥罪犯，宣判執行，使全國陷入無法無天的混亂狀態。甚至於1970年3月起，由中共政治局組成憲法修改小組，在修憲中確立不再設立檢察機關，由公安機關行使檢察院職權，取消人民法院依法獨立審判、公開審判、辯護制度等重要原則，而於1975年通過之新憲法中，將1954年《憲法》原有106個條文，大幅減少為30個條文，其中司法機關僅有一條（第25條），規定：「最高人民法院、地方各級人民法院和專門人民法院行使審判權。各級人民法院對本級人民代表大會和它的常設機關負責並報告工作。各級人民法院院長由本級人民代表大會的常設機關任免。檢察機關的職權由各級公安機關行使。檢察和審理案件，都必須實行群眾路線。對於重大的反革命刑事案件，要發動群眾討論和批判」，人民法院雖未被取消，但已成為清算鬥爭工具[4]。並於第26條第1項明定：「公民的基本權利和義務是，擁護中國共產黨的領導，擁護社會主義制度，服從中華人民共和國憲法和法律。」將擁護中國共產黨的領導，置於服從憲法與法律之前。在此種時空環境下，行政訴訟制度根本沒有萌芽生根的餘地。

---

[4] 鄭正忠前揭著第499、500頁。另1975年1月17日公佈的《中華人民共和國憲法》第25條全文參閱香港中華法律網，http://www.isinolaw.com，最後瀏覽日：2010/4/24。

　　迄1976年10月，四人幫垮臺，文化大革命結束後，鄧小平復出。1978年12月，中共召開十一屆三中全會，標誌著新時代的來臨，會中決議以「農業、工業、國防、科技」等四個現代化為共產黨的政策，為謀「四個現代化」實施，必須維持安定的政治環境與經濟的持續發展。於是推動「社會主義民主和法制」的重建，強調「為了保障人民民主，必須加強社會主義法制，使民主制度化、法律化，做到有法可依，有法必依，執法必嚴，違法必究」[5]。逐步恢復在文革中被破壞殆盡之司法制度。除於1978年憲法中予以恢復文革期間遭廢除之檢察機關，嗣於1979年7月1日全國人民代表大會重新制訂通過《人民檢察院組織法》，同日並制訂通過刑事訴訟法外，並於1982年3月8日經第五屆全國人民代表大會常務委員會公佈，同年10月1日起試行《中華人民共和國民事訴訟法（試行）》，其中第3條第2項規定：「法律規定由人民法院受理的行政案件，適用本法規定」，將人民法院受理行政案件的範圍，限定於法律有特別規定者，並使行政訴訟之審理，適用民事訴訟程式，為行政訴訟制度之建立提供程式方面之準用性規範，可謂大陸行政訴訟制度之真正開始萌芽。

## 二、萌芽階段（1982年至1989年）

　　從1982年10月1日民事訴訟法試行後，同年12月4日公佈施行的《中華人民共和國憲法》（即現行憲法）第41條恢復規定：「中華人民共和國公民對於任何國家機關和國家工作人員有提出批評和建議的權利，對於任何國家機關和國家工作人員的違法失職行為，有向有關國家機關提出申訴、控告或者檢舉的權利……由於國家機關和國家工作人員侵犯公民權利而受到損失的人，有依照法律規定取得賠償的權利。」使行政訴訟制度之進展再次獲得確認。為提供行政訴訟受案範圍之明確依據，自1982年至1988年底，累計有130多個中央法律與行政法規採取個別列舉之方式規定對行政處理決定不服者，得向人民法院起訴[6]。

---

[5]　參見劉清波，社會主義國家法制，臺北黎明文化事業公司，民國81年2月，第182頁。
[6]　王漢斌，關於《中華人民共和國行政訴訟法（草案）》的說明－1989年3月28日在第七屆全國人民代表大會第二次會議上，收錄於劉定波主編，新編《行政訴訟法學》，中國政法大學出版社，1990年1月1

　　由於起初承認行政訴訟之個別法規多偏向涉外經濟與經濟行政方面，故為配合行政訴訟程式之審理，1983年起於法院內普設經濟審判庭，受理經濟行政案件。惟因審理經濟行政案件，不同於解決原、被告之間的民事權利義務關係問題，最高人民法院為使經濟審判庭得以更妥當地適用民事訴訟法審理經濟行政案件，遂作出一系列之司法解釋，例如1985年2月16日發布的《最高人民法院關於開展專利審判工作的幾個問題的通知》、1985年11月6日發布的《最高人民法院關於人民法院審理經濟行政案件不應進行調解的通知》。並由於1986年9月5日全國人民代表大會常務委員會通過《中華人民共和國治安管理處罰條例》，自1987年1月1日起施行，該條例第39至40條第一次確立治安行政訴訟制度[7]，不僅使人民對行政訴訟建立清晰之概念，更促使行政審判庭之設立。因治安行政案件不適宜交由經濟審判庭審理，且案件大量增加，原有法庭安排，顯然不敷使用。於是1986年10月6日，湖南省汨羅縣人民法院成立了大陸第一個基層人民法院行政審判庭，湖北省武漢市人民法院成立第一個中級人民法院行政審判庭[8]；最高人民法院於1987年1月14日發出「關於建立行政審判庭的通知」，要求各級人民法院先選幾個點試辦設立行政審判庭，總結了典型經驗再推開。截至1989年4月行政訴訟法通過前為止，已有26個高級人民法院、242個中級人民法院（占中院總數的63.5%）、1,154個基層人民法院（占基層法院的39%）陸續設立了行政審判庭，最高人民法院亦於1988年10月4日宣布設置行政審判庭並開始受理案件[9]。

---

版，第302頁。轉引自張國勳，中共行政訴訟制度之研究－兼論兩岸行政訴訟法之比較與檢討，碩士論文，國立中興大學法律學研究所，1994年6月，43頁。

[7]　第39條：被裁決受治安管理處罰的人或者被侵害人不服公安機關或者鄉（鎮）人民政府裁決的，在接到通知後五日內，可以向上一級公安機關提出申訴，由上一級公安機關在接到申訴後五日內作出裁決；不服上一級公安機關裁決的，可以在接到通知後五日內向當地人民法院提起訴訟。
　　第40條：對治安管理處罰提出申訴或者提起訴訟的，在申訴和訴訟期間原裁決繼續執行。被裁決拘留的人或者他的家屬能夠找到擔保人或者按照規定交納保證金的，在申訴和訴訟期間，原裁決暫緩執行。裁決被撤銷或者開始執行時，依照規定退還保證金。（本條例曾於1994年修正，現已被2005年8月28日頒布，2006年3月1日開始實施之《中華人民共和國治安管理處罰法》所替代。參見香港中華法律網，http://www.isinolaw.com，最後瀏覽日：2010/4/23）

[8]　胡建淼主編《行政訴訟法教程》，杭州大學出版社，1990年1月1版，第50頁，轉引自張國勳前揭著第43頁；法制日報，「權力」必須服從於法律行政訴訟法風雨兼程20年，2009-4-2，http://www.law-lib.com轉載，2010/4/30瀏覽。

[9]　張尚鷟主編《行政法學》，北京大學出版社，1991年8月2版，第247頁，轉引自張國勳前揭著第43、44頁；法制日報前揭報導。

　　自1986年設置第一個行政審判庭以來，人民法院受理之行政案件急速增加，從1986年一審受理632件、1987年一審受理5,940件、1988年一審受理8,573件，到1989年一審收案已達9,934件，1990年一審收案更高達13,006件[10]，終於促使大陸地區第一部具有社會主義性質的獨立行政訴訟法誕生。

## 三、發展階段（1989年迄今）

　　1989年4月4日大陸第七屆全國人民代表大會第二次會議通過了第一部行政訴訟法，並由其國家主席於同日公布，自1990年10月1日起施行，全文計11章、75條。另外，為配合行政訴訟法的施行，1990年12月國務院通過了《中華人民共和國行政復議條例》，對行政復議制度作了比較有系統的規定（詳後述）。最高人民法院旋於1991年6月11日公佈《關於貫徹執行〈中華人民共和國行政訴訟法〉若干問題的意見（試行）》，自1991年7月11日試行。第八屆全國人民代表大會常務委員會第七次會議於1994年5月12日通過制訂《國家賠償法》，並由其國家主席於同日公布，自1995年1月1日起施行，擴大行政賠償的範圍[11]（詳後述）。最高人民法院即於1997年4月29日公布（同日施行）《關於審理行政賠償案件若干問題的規定》；迨2000年3月8日又公布《最高人民法院關於執行〈中華人民共和國行政訴訟法〉若干問題的解釋》，自2000年3月10日起施行，並同時廢止先前《關於貫徹執行〈中華人民共和國行政訴訟法〉若干問題的意見（試行）》。至此行政訴訟制度，始粗具規模，並藉由法律之制訂與修改，逐漸擴大行政訴訟的受案範圍，例如2005年4月27日制訂公布、2006年1月1日起施行的《公務員法》，增加行政人事聘用合同訴訟[12]等；其次，舊《商標法》規定不服商標局所為駁回申請、不予公告的審定或其

---

[10]　中國法律年鑑編輯部編，1988中國法律年鑑，法律出版社，1989年3月1版，第816頁；同編，1989中國法律年鑑，法律出版社，1990年9月1版，第1082頁；同編，1990中國法律年鑑，中國法律年鑑社，1991年9月1版，第994頁。

[11]　大陸《國家賠償法》於2010年4月29日局部修正公布，實施日期2010年12月1日。

[12]　公務員法第100條第4款規定：「聘任制公務員與所在機關之間因履行聘任合同發生爭議的，可以自爭議發生之日起六十日內向人事爭議仲裁委員會申請仲裁。當事人對仲裁裁決不服的，可以自接到仲裁裁決書之日起十五日內向人民法院提起訴訟。」

對於異議的裁定，只能申請復審，由商標評審委員會做出終局決定（裁定），不能提起行政訴訟[13]，然2001年10月27日修正公布、同年12月1日施行的《商標法》第32條、第33條、第43條、第49條規定，已准許當事人如不服商標評審委員會所作的駁回復審決定、異議復審裁定、爭議裁定和撤銷復審決定，得以向人民法院起訴；又例如原來《專利法》規定申請人對專利局駁回申請的決定不服的，可以向專利復審委員會請求復審，除發明專利的申請人對專利復審委員會駁回復審請求的決定不服的，可以向人民法院起訴外，專利復審委員會對申請人關於實用新型和外觀設計的復審請求所作出的決定為終局決定；且專利復審委員會對宣告專利權無效的請求進行審查，作出決定後，除對專利復審委員會宣告發明專利無效或者維持發明專利權的決定不服的，可以在收到通知之日起三個月內向人民法院起訴外，專利復審委員會對宣告實用新型和外觀設計專利權無效的請求所作出的決定為終局決定[14]，然2000年8月25日修正公布、2001年7月1日施行的專利法第41條、第46條，已准許專利申請人如對專利復審委員會的復審決定不服，無論係發明、實用新型或外觀設計專利，都可以向人民法院起訴；專利復審委員會對宣告專利權無效的請求所作出決定，專利權人或請求人對專利復審委員會宣告專利權無效或者維持專利權的決定不服的，亦無論係發明、實用新型或外觀設計專利，都可以向人民法院起訴。

---

[13] 1982年8月23日公布、1983年3月1日施行的商標法第20條、第21條、第22條依序規定：「國務院工商行政管理部門設立商標評審委員會，負責處理商標爭議事宜。」、「對駁回申請、不予公告的商標，商標局應當書面通知申請人。申請人不服的，可以在收到通知十五天內申請復審，由商標評審委員會做出終局決定，並書面通知申請人。」、「對初步審定、予以公告的商標提出異議的，商標局應當聽取異議人和申請人陳述事實和理由，經調查核實後，做出裁定。當事人不服的，可以在收到通知十五天內申請復審，由商標評審委員會做出終局裁定，並書面通知異議人和申請人。」

[14] 1984年3月12日公布、1985年4月1日起施行的專利法第43條、第48條、第49條依序規定：「專利局設立專利復審委員會。申請人對專利局駁回申請的決定不服的，可以在收到通知之日起三個月內，向專利復審委員會請求復審。專利復審委員會復審後，作出決定，並通知申請人。發明專利的申請人對專利復審委員會駁回復審請求的決定不服的，可以在收到通知之日起三個月內向人民法院起訴。專利復審委員會對申請人關於實用新型和外觀設計的復審請求所作出的決定為終局決定。」、「專利權被授予後，任何單位或者個人認為該專利權的授予不符合本法規定的，都可以請求專利復審委員會宣告該專利權無效。」、「專利復審委員會對宣告專利權無效的請求進行審查，作出決定，並通知請求人和專利權人。宣告專利權無效的決定，由專利局登記和公告。對專利復審委員會宣告發明專利無效或者維持發明專利權的決定不服的，可以在收到通知之日起三個月內向人民法院起訴。專利復審委員會對宣告實用新型和外觀設計專利權無效的請求所作出的決定為終局決定。」1992年9月4日修正時（1993年1月1日起施行）雖對前揭第43條、第48條之內容有所變動，但仍維持僅限於對有關發明專利的復審決定不服，才可以提起行政訴訟的基本架構。

或經由最高人民法院的司法解釋[15]或監督指示[16]，不斷地充實其內容，例如2001年7月17日公布的《最高人民法院關於公安機關不履行法定行政職責是否承擔行政賠償責任問題的批復》[17]、2002年7月24日公布（同年10月1日起施行）的《最高人民法院關於行政訴訟證據若干問題的規定》、2004年5月18日公布的《最高人民法院關於審理行政案件適用法律規範問題的座談會紀要》[18]、2006年12月5日發布的《最高人民法院關於妥善處理群體性行政案件的通知》、2007年4月24日發布的《最高人民法院關於加強和改進行政審判工作的意見》、2007年12月17日公布（2008年2月1日起施行）的《最高人民法院關於行政訴訟撤訴若干問題的規定》[19]、2007年12月17日公布（2008年2月1日起施行）的《最高人民法院關於行政案件管轄若干問題的規定》、2008年3月28日發布的《最高人民法院關於充分發揮行政審判職能作用為保障和改善民生提供有力司法保障的通知》、2009年11月9日發布的《最高人民法院關於依法保護行政訴訟當事人訴權的意見》[20]、2010年4月25日發布的《最高人民法院關於審理商標

---

15　人民法院組織法第33條：「最高人民法院對於在審判過程中如何具體應用法律、法令的問題，進行解釋。」

16　人民法院組織法第30條：「最高人民法院是國家最高審判機關。最高人民法院監督地方各級人民法院和專門人民法院的審判工作。」

17　確定了行政機關不履行法定行政職責，致使公民、法人和其他組織的合法權益遭受損害的，應承擔相應的行政賠償責任的原則。

18　此紀要詳述：一、關於行政案件的審判依據；二、關於法律規範衝突的適用規則；三、關於新舊法律規範的適用規則；四、關於子法律規範具體應用解釋問題。其中「關於行政案件的審判依據」，即係說明法院對於抽象行政行為作司法審查的範圍，其內容如下：「根據行政訴訟法和立法法有關規定，人民法院審理行政案件，依據法律、行政法規、地方性法規、自治條例和單行條例，參照規章。在參照規章時，應當對規章的規定是否合法有效進行判斷，對於合法有效的規章應當適用。根據立法法、行政法規制定程式條例和規章制定程式條例關於法律、行政法規和規章的解釋的規定，全國人大常委會的法律解釋，國務院或者國務院授權的部門公布的行政法規解釋，人民法院作為審理行政案件的法律依據；規章制定機關作出的與規章具有同等效力的規章解釋，人民法院審理行政案件時參照適用。……行政審判實踐中，經常涉及有關部門為指導法律執行或者實施行政措施而作出的具體應用解釋和制定的其他規範性文件，主要是：國務院部門以及省、市、自治區和較大的市的人民政府或其主管部門對於具體應用法律、法規或規章作出的解釋；縣級以上人民政府及其主管部門制定發佈的具有普遍約束力的決定、命令或其他規範性文件。行政機關往往將這些具體應用解釋和其他規範性文件作為具體行政行為的直接依據。這些具體應用解釋和規範性文件不是正式的法律淵源，對人民法院不具有法律規範意義上的約束力。但是，人民法院經審查認為被訴具體行政行為依據的具體應用解釋和其他規範性文件合法、有效併合理、適當的，在認定被訴具體行政行為合法性時應承認其效力；人民法院可以在裁判理由中對具體應用解釋和其他規範性文件是否合法、有效、合理或適當進行評述。」

19　「撤訴」係撤回起訴之意。

20　以上司法解釋或監督指示參見香港中華法律網，http://www.isinolaw.com，瀏覽日：2010/4/23。

授權確權行政案件若干問題的意見》[21]等。或由最高人民法院（或其行政審判庭）透過對於下級審法院請示具體個案問題或抽象法律問題的答覆，統一實務見解，例如最高人民法院於1994年6月27日《關於當事人對行政機關做出的全民所有制工業企業分立的決定不服提起訴訟人民法院應作為何種行政案件受理之復函》[22]、最高人民法院行政審判庭於1991年5月25日《關於對公安機關採取監視居住行為不服提起訴訟法院應否受理問題的電話答覆》[23]、最高人民法院行政審判庭於1991年6月18日《關於公安機關未具法定立案搜查手續對公民進行住宅人身搜查，被搜查人提起訴訟，人民法院可否按行政案件受理問題的電話答覆》[24]、最高人民法院行政審判庭於1997年10月29日《關於對當事人不服公安機關採取的留置措施提起的訴訟，法院能否作為行政案件受理的答覆》[25]、最高人民法院行政審判庭於1998年2月11日《關於開除公職是否屬於受案範圍請示的答覆》[26]等。又為適應中國大陸加入世界經濟貿易組織後的新形勢，最高人民法院又陸續作成以下三個司法解釋：於2002年8月27日公布（2002年10月1日施行）的《最高人民法院關於審理國際貿易行政案件若干問題的規

---

[21] 法制日報，2010年04月26日，http://big5.ce.cn/xwzx/fazhi/201004/26/t20100426_21323912.shtml。所謂「商標授權確權行政案件」係指因商標註冊、異議、爭議及撤銷所衍生的行政爭訟。

[22] 函復山西省高級人民法院：你院[1994]普法行字第14號請示收悉。經研究，我們認為，根據《中華人民共和國全民所有制工業企業法》第二條第二款、《全民所有制工業企業轉換經營機制條例》第六條和《中華人民共和國行政訴訟法》第十一條第一款第三項的規定，當事人對行政機關強行作出的關於全民所有制工業企業分立的決定不服，依法向人民法院提起行政訴訟的，人民法院應作為「侵犯法律規定的經營自主權」的行政案件受理（參見奚曉明主編，最高人民法院最新行政訴訟司法解釋彙編，人民法院出版社，2006年12月1版，第254頁）。所謂「分立」即台灣公司法上的分割。

[23] 答覆福建省高級法院行政庭：公安機關為了防止被告逃離偵查而作出監視居住決定，限制其活動區域和住所，是刑事偵查措施。不屬行政訴訟受案範圍所列行為，公民對此不服堅持起訴，法院應裁定不予受理。至於公安機關作出監視居住決定，但將監視居住對象關押在派出所、拘留所等場所的作法，這是刑事偵查過程中的違法行為，不屬於行政訴訟法受案範圍。公民對此不服堅持起訴，法院應裁定不予受理。其可向上級公安部門及有關單位反應。（參見奚曉明主編前揭書第289頁）。

[24] 答覆四川省高級人民法院：公安機關在偵破刑事案件中，對公民的住宅、人身進行搜查，屬於刑事偵查措施。對刑事偵查措施不服提起訴訟的，不屬於行政訴訟調整範圍。如果公安機關在採取上述措施時違反法定程式，可以向該公安機關或其上級機關及有關部門反映解決，人民法院不應作為行政案件受理。（參見奚曉明主編前揭書第292頁）。

[25] 答覆安徽省高級人民法院：留置是公安機關行政管理職權的一種行政強制措施，屬於《行政訴訟法》第十一條第一款第二項規定的人民法院行政訴訟受案範圍。（參見奚曉明主編前揭書第298頁）。

[26] 同意雲南省高級人民法院傾向性意見，即「行政訴訟法第十二條第三項的規定，指的是行政機關對行政機關工作人員的獎懲、任免決定，而非企、事單位的職員。本案趙新妹屬事業單位即學校的教師，不是行政機關的工作人員。劍川縣人事局對其作出開除公職的行政處分不屬行政訴訟法第十二條第三項規定的範圍，應視為可訴具體行政行為。根據行政訴訟法第十一條第八項之規定，人民法院應予受理。」（參見奚曉明主編前揭書第300、301頁）。

定》、於2002年9月11日公布（2003年1月1日施行）的《最高人民法院關於審理反補貼行政案件應用法律若干問題的規定》、於2002年9月11日公布（2003年1月1日施行）的《最高人民法院關於審理反傾銷行政案件應用法律若干問題的規定》。

## 第三節　立法背景

### 一、概說

　　自1949年中共建政以來，大陸地區各級行政機關的基本職能是以計劃指令管理全民所有制企業及集體所有制企業的生產經營活動，然於1978年開始實施的改革開放政策，使集體的計畫經濟，逐漸蛻變為以私有制為中心的市場經濟，經濟領域大量採用商品經濟的民事行為模式，為了保障公民[27]、企業法人和其他組織在民事活動中的合法權益，適應改革、開放，1986年4月12日全國人民代表大會通過《民法通則》，自1987年1月1日施行，主要任務是調整平等主體間的財產關係，其爭議係循民事訴訟解決。但是，政府對經濟的管理，國家和公民或企業法人之間的行政管理關係，民法通則基本上未作規定，而要由行政法加以調整，其本質與民事法律關係不同。因為行政管理或調整所產生的對立與糾紛，自不宜長期依循《民事訴訟法（試行）》規定的程式解決，制訂適合當時政治與社會背景的獨立行政訴訟法的需求，乃日益迫切。

### 二、政治體制之改革

　　中共自1978年第十一屆三中全會以降，實行「改革、開放」政策，社會政治、經濟、文化均發生極其深刻之歷史性變化。就政治而言，1982年憲法為行政訴訟制度之發展創造民主憲政之基礎。該部憲法第2條第1項明白揭示「中華人民共和國一切權力屬於人民」之「民主」原則，並於第5條第2、3項規定：「一切法律、行政法規和地方性法規都不得同

---

[27] 所謂「公民」係指自然人，參見大陸《民法通則》第2章公民（自然人）。

憲法相牴觸。一切國家機關和武裝力量、各政黨和各社會團體、各企業事業組織都必須遵守憲法和法律。一切違反憲法和法律的行為，必須予以追究」，首度提出「憲法之最高性」及「依法行政原則」中之「法律優位」概念，而為監督國家機關與公務員依法行政，遂於第41條第1、3項，賦予人民對於任何國家機關和公務員有提出批評、建議之權利，對其違法失職行為有提出申訴、控告或檢舉之權利，受其侵權則有依法取得賠償之權利。凡此，皆為行政訴訟立法提供有力之憲法基礎。

　　迨1987年10月，中共召開第十三屆黨代表大會，會中明確指出：在社會主義民主政治進一步制度化、法律化之過程中，要逐步作到「黨、政權組織同其他社會組織的關係制度化，國家政權組織內部活動制度化……等」。對行政法制建設更提出明確之任務，包括為行政活動提供基本之規範與程序、改善執法活動、建立人民申訴制度、加強法律監督、制定行政訴訟法，加強對行政工作與行政人員之監察，追究一切行政人員之失職、瀆職和其他違法亂紀行為等，從宏觀上全面提出行政法制建設任務[28]。

## 三、經濟體制之改革

　　大陸地區原先在中共高度集中之計畫經濟體制下，是政企不分、政事不分、政群不分，一切社會組織行政化，且皆被構築於行政組織之隸屬關係中。行政組織系統內部產生糾紛，其解決仍係透過行政組織系統，而非訴諸第三者之法院予以解決。行政訴訟自亦欠缺產生與存立之基礎。自1978年實施經濟體制改革以來，由產品經濟轉化為商品經濟體制。產品經濟以計畫為中心，企業隸屬於政府，政府對企業之管理屬內部調控關係，可透過行政指令等手段推行其「指令計畫」；而商品經濟則意味著「政企分開」，各企業組織成為具有法人資格之商品生產者，根據市場需求以決定自己之活動。儘管企業仍須服從行政機關之管理，惟並非基於行政隸屬關係之服從。政府與企業作為兩不同之主體，皆有其各自獨立之利

---

[28] 楊海坤《我國行政法學研究之崛起》，法律科學，1990年第3期，第27、28頁。轉引自張國勳前揭著第50、51頁。

益需要維護，政府與企業間之關係須透過法律進行調整，而非傳統之行政指令方式，且二者均須於法定範圍內，依法律開展其活動。尤其為保障企業之合法權益，避免受到行政機關違法行為之侵害，除事前須就行政活動之範圍、程式等予以規範與控制外，尚須就權益受侵害之企業予以事後之行政救濟，而行政訴訟即為此時最迫切需要之救濟手段[29]。

## 四、一黨專政的侷限

　　儘管1982年12月4日起施行憲法第2條規定：中華人民共和國的一切權力屬於人民，人民行使國家權力的機關是全國人民代表大會和地方各級人民代表大會；第57條規定：中華人民共和國全國人民代表大會是最高國家權力機關。但從其憲法序言第七自然段歷經數次修正，始終高舉著「中國各族人民將繼續在中國共產黨領導下」之旗幟，2004年3月14日修正公布的憲法，更將序言第七自然段中「在馬克思列寧主義、毛澤東思想、鄧小平理論指引下」修改為「在馬克思列寧主義、毛澤東思想、鄧小平理論和『三個代表』重要思想指引下」，增加「三個代表」[30]，足見其對共產黨一黨領導路線之堅持並未因改革開放有所讓步。故實質上仍由中國共產黨一黨主控全國人民代表大會權力之運作，一切權力終局歸結為中共一黨享有，所謂的依法行政，實際上是依黨的意識形態來立法，而不是依真正的人民意識。因此，行政的概念，在大陸地區就成為管理人民、控制社會之手段，而少有西方國家制衡之概念。從而，在黨一元化的領導下，形成黨政不分、政企合一[31]、以黨領政、以黨代政、黨大於政、政大於法之扭

---

[29] 張樹義主編《行政法學新論》，時事出版社，1991年1月1版，第36、37頁。轉引自張國勳前揭著第51、52頁。

[30] 即中國共產黨代表中國先進生產力的發展要求、代表中國先進文化的前進方向、代表中國最廣大人民的根本利益的歷程。參見2004年11月7日發布之《中共中央關於在全黨開展以實踐「三個代表」重要思想為主要內容的保持共產黨員先進性教育活動的意見》，香港中華法律網，http://www.isinolaw.com，瀏覽日：2010/4/27。

[31] 2005年10月27日修訂公布，自2006年1月1日起施行的《中華人民共和國公司法》第19條規定：「在公司中，根據中國共產黨章程的規定，設立中國共產黨的組織，開展黨的活動。公司應當為黨組織的活動提供必要條件。」1988年4月13日公布、1988年8月1日施行《中華人民共和國全民所有制工業企業法》第第3條：「企業的根本任務是：根據國家計劃和市場需求，發展商品生產，創造財富，增加積累，滿足社會日益增長的物質和文化生活需要。」、第8條：「中國共產黨在企業中的基層組織，對黨和國家的方針、政策在本企業的貫徹執行實行保證監督。」第56條：「政府有關部門按照國家調節市場、市場引導企業的目標，為企業提供服務，並根據各自的職責，依照法律、法規的規定，對企業實行管理和

曲現象，黨可以領導司法、政可以干預司法[32]。是以，大陸地區行政訴訟制度理論基礎在此種環境下產生實際難題，某些行政部門濫用職權，藐視人民法院行政審判權之現象有增無減，例如，原告因不服行政處罰而提起行政訴訟，最後在訴訟中被拘捕之案件屢有發生；行政機關不出庭、不答辯、拒交訴訟費、拒絕執行所在多有；地方黨委常干預行政案件之審理，或直接插手，或間接干擾；有些地方行政機關為了避免當行政訴訟被告，將有可能被訴之行為都交由黨委、黨書記去做，以此規避行政訴訟，造成受到行政行為侵害之人民無法提出行政救濟[33]。且法院院長、庭長及審判員等人事選舉任免受制於同級人民代表大會及其常務委員會[34]，法院的物質資源來自於同級人民政府，政府的財政狀況以及對法院的態度決定著同級法院物質供給的豐寡，與地方其他權力機關維持一種「親和」關係是法

---

監督。(一)制訂、調整產業政策，指導企業制定發展規劃。(二)為企業的經營決策提供諮詢、資訊。(三)協調企業與其他單位之間的關係。(四)維護企業正常的生產秩序，保護企業經營管理的國家財產不受侵犯。(五)逐步完善與企業有關的公共設施。」

[32] 最高人民法院院長歷年在全國人民代表大會的工作報告均高舉黨的領導。例如於2010年3月11日在第十一屆全國人民代表大會第三次會議上的工作報告，一仍舊貫強調：「2009年，最高人民法院在以胡錦濤同志為總書記的黨中央堅強領導下，在全國人民代表大會及其常務委員會有力監督下，認真貫徹黨的十七大精神和十一屆全國人大三次會議決議，深入貫徹落實科學發展觀，緊緊圍繞黨中央關於「保增長、保民生、保穩定」的戰略決策，認真履行憲法和法律賦予的職責，各項工作取得新進展。……2010年，最高人民法院要認真貫徹黨的十七大、十七屆三中、四中全會和本次大會精神，緊緊圍繞黨中央「五個更加注重」的要求和深入推進社會矛盾化解、社會管理創新、公正廉潔執法三項重點工作，堅持為黨和國家工作大局服務，……認真貫徹黨中央關於深化司法體制改革的意見，繼續落實《人民法院第三個五年改革綱要（2009－2013）》。……各位代表，我們要緊密團結在以胡錦濤同志為總書記的黨中央周圍，高舉中國特色社會主義偉大旗幟，以鄧小平理論和「三個代表」重要思想為指導，深入貫徹落實科學發展觀，為全面落實依法治國基本方略、加快建設社會主義法治國家，奪取全面建設小康社會新勝利做出新的更大的貢獻！」（中國發展門戶網，http://cn.chinagate.cn，瀏覽日期2010/4/27）。最高人民法院的審判監督文件亦不諱言黨的領導，例如2009年11月9日發布的《最高人民法院關於依法保護行政訴訟當事人訴權的意見》即明示：「各級人民法院必須充分理解司法權源於人民、屬於人民、服務人民、受人民監督的根本屬性，從貫徹落實黨的十七屆四中全會精神和實現司法的人民性的高度，充分認識行政案件受理工作的重要性，認真抓好行政案件受理工作，切實解決行政訴訟『告狀難』問題。」（參見香港中華法律網，http://www.isinolaw.com，瀏覽日：2010/4/27）。

[33] 楊海坤《擺脫行政訴訟制度困境的出路》，收錄於《中國法學》1994年3期，第51至56頁。轉引自蘇義洲，大陸地區行政訴訟類型之研究，碩士論文，國立中山大學大陸研究所，2000年6月，69頁。

[34] 人民法院組織法第35條：地方各級人民法院院長由地方各級人民代表大會選舉，副院長、庭長、副庭長和審判員由地方各級人民代表大會常務委員會任免。在省內按地區設立的和在直轄市內設立的中級人民法院院長，由省、直轄市人民代表大會選舉，副院長、庭長、副庭長和審判員由省、直轄市人民代表大會常務委員會任免。在民族自治地方設立的地方各級人民法院的院長，由民族自治地方各級人民代表大會選舉，副院長、庭長、副庭長和審判員由民族自治地方各級人民代表大會常務委員會任免。最高人民法院院長由全國人民代表大會選舉，副院長、庭長、副庭長、審判員由全國人民代表大會常務委員會任免。

第36條：各級人民法院院長任期與本級人民代表大會每屆任期相同。各級人民代表大會有權罷免由它選出的人民法院院長。在地方兩次人民代表大會之間，如果本級人民代表大會常務委員會認為人民法院院長需要撤換，須報請上級人民法院報經上級人民代表大會常務委員會批准。

院不得已的選擇。乃使行政訴訟制度陷在困境中，行政訴權之概念難以建立[35]，亦無從於實定法上，或審判實務上形成足以表徵行政訴權之行政訴訟類型體系。

## 第四節　立法影響

### 一、受案數量的巨額增長

《行政訴訟法》制定前的1983年至1989年3月，全國各級法院受理的行政訴訟案僅為18,000多件，而從1989年4月4日《行政訴訟法》公布後至1990年10月1日（施行日），僅僅一年半時間，全國各級法院受理的一審行政訴訟案就已達到17,000多件，相當於《行政訴訟法》公布前7年受案數的總和。自1989年開始5年來，全國法院共受理第一審行政案件84,305件，平均每年上升35.5%，案件涉及到30多個行政部門，共審結82,129件，其中維持行政機關決定的占34.1%，撤銷行政機關決定的占17.5%，變更行政機關決定的占3%，撤訴的占35.4%，作其他處理的占10%[36]。從1989年至1998年計9年間，全國各級法院第一審受理的行政訴訟案件已達460,195件，而1998年與1989年相比，一審受理的行政訴訟案

---

[35] 《最高人民法院關於依法保護行政訴訟當事人訴權的意見》即明示因「行政訴訟『告狀難』現象依然存在，已經成為人民群眾反映強烈的突出問題之一。為不斷滿足人民群眾日益增長的司法需求，切實解決行政訴訟有案不收、有訴不理的問題，現就進一步重視和加強行政案件受理，依法保護當事人訴訟權利，切實解決行政訴訟『告狀難』問題」，提出如下意見：「要堅決清除限制行政訴訟受理的各種『土政策』，嚴禁以服務地方中心工作、應對金融危機等為藉口，拒絕受理某類依法應當受理的行政案件。要準確理解、嚴格執行行政訴訟法和相關司法解釋關於起訴條件、訴訟主體資格、起訴期限的規定，不得在法律規定之外另行規定限制當事人起訴的其他條件。要正確處理起訴權和勝訴權的關係，不能以當事人的訴訟請求明顯不成立而限制或者剝奪當事人的訴訟權利。要正確處理訴前協調和立案審理的關係，既要充分發揮訴前協調的作用，又不能使之成為妨礙當事人行使訴權的附加條件。……要堅決抵制非法干預行政案件受理的各種違法行為，徹底廢除各種違法限制行政案件受理的『土政策』。對於干預、阻礙人民法院受理行政案件造成惡劣影響的，應當及時向當地黨委、紀檢監察機關和上級人民法院反映，上級人民法院要協助黨委和紀檢監察機關作出嚴肅處理。……要採取加強有力的法律保護手段，嚴厲查處打擊報復當事人的行為，使人民群眾敢於運用法律手段維護自己的合法權益。要建議政府和有關部門正確理解和評價行政訴訟敗訴現象，修改和完善相關考評制度，防止和消除由此產生的負面影響。要更加主動自覺地爭取黨委的領導和人大的監督，取得政府機關及社會各界的支援。通過不懈努力，使行政訴訟受理難、審判難、執行難問題得到根本解決，使行政訴訟制度在保護合法權益、促進依法行政、化解行政爭議、維護和諧穩定中發揮更加積極的作用。」

[36] 最高人民法院工作報告（1993年）──任建新於1993年3月22日在第八屆全國人民代表大會第一次會議上。中國法院網，最高人民法院，http://www.court.gov.cn，瀏覽日期2101/4/27。

已從9,934件猛增至98,350件，將近十倍[37]。僅以1990年與1991年的一審受理的行政訴訟案件相比，即從13,006件暴增為25,667件（增長為將近二倍）；如再以2008年第一審受理的行政訴訟案件108,398件與1989年的9,934件相比，則成長達十一倍（有關大陸行政訴訟法施行前後三年案件收結情形統計表及最近六年行政訴訟案件收結情形統計表詳如附錄二）。受案數量的增長顯示行政訴訟的直接價值，即民怨已被有效導引到法制面正常的疏解管道。

## 二、對大陸地區傳統文化的影響

行政訴訟對傳統文化帶來巨大的衝擊。主要表現在以下幾個觀念的衝突。1.行政訴訟強調個人價值，意味著傳統的「團體本位」向「個人本位」的轉化，「義務本位」向「權利本位」轉化。2.行政訴訟強調對抗，傳統文化中的和諧在行政訴訟前黯然失色，行政訴訟賦予了個人和國家相對抗的權利。3.行政訴訟強調平等，包括個人與個人之間以及個人與國家之間的平等。4.行政訴訟強調的理性與傳統的「天人合一」哲學觀有根本的差異。因此，行政訴訟制度的確立，有助於涵養以個人人格獨立、個人思想自由及社會平等為基礎的民主政治文化。

## 三、對大陸地區憲政發展的影響

實行憲政是現代國家的根本標竿，包含民主、法治、人權三個要素。孟德斯鳩有句至理名言：「一切有權力的人都容易濫用權力。」當立法權和行政權集中在同一個人或同一機關之手，即容易濫用權力。如果司法權又不與立法權和行政權分立，人民的自由更將伊於胡底。大陸地區儘管在理論上不承認三權分立，但以司法審查對行政權力施予監督的行政訴訟制度，已符合權力制衡精神。《行政訴訟法》第1條明定：「為保證人民法院正確、及時審理行政案件，保護公民、法人和其他組織的合法權益，維

---

[37] 參考劉恒於《中國行政訴訟制度的沿革、現狀與展望》一文所整理的1989年至2005年中國行政訴訟案件概況表（收錄於中央研究院法律學研究所籌備處出版：2006年兩岸四地法律發展上冊，第342頁）。

護和監督行政機關依法行使行政職權，根據憲法制定本法。」已實質上接受權力制衡之理論，一改以往權力集中的思維方向，有助於大陸地區的憲政發展。

## 第一節　行政復議之概念與沿革

### 一、概念

　　在大陸，行政復議的涵義比行政復議的名稱更加統一。無論在1949年「解放」後初期，還是1990年12月《行政復議條例》公布以後，行政復議的概念始終被定義和理解為：不服行政主體行政行為當事人（包括個人和組織）依法向一定的行政組織（行政復議機關）請求重新處理；復議機關據此對原處理決定重新審查，依不同情況作出維持、變更或撤銷裁決的法律制度，但在名稱上原來是很不統一的，法律、法規中涉及行政復議有不少提法，如：「復核」、「復查」、「復審」、「復驗」、「復議」、「申訴」、「再審查」、「再異議」、「再申訴」等。1979年以後，大陸法律基本統一使用「行政復議」一詞。迨1990年12月國務院發布《行政復議條例》後，這一名稱才算確定。

　　行政復議制度，是行政法規定用以解決行政爭議的基本法律制度之一。所謂行政復議，係指個人、組織不服行政機關所作出影響其本身權益的具體行政行為，依法定程式向作出具體行政行為的行政機關的上級機關或法律規定的其他行政機關申請審查，並由該上級行政機關或法律規定的其他行政機關接受個人、組織的申請，對該項申請中所被指控的具體行政行為加以審理並作出裁決的活動[1]；性質上，與台灣的「訴願」概念相當。

---

[1]　應松年主編，《行政法與行政訴訟法辭典》，中國政法大學出版社，1992年初版，第211及233頁。

## 二、沿革

就歷史沿革而言，行政復議，作為由法律規定在行政系統內解決行政爭議的制度，或可追溯到1930年由國民政府所頒佈的訴願法。但伴隨著中共政權的成立，該法在大陸已被廢止；另於1949年至1989年的40年間，透過各單行法律、法規的公布實行，逐漸在個別行政領域下確立其各自的行政復議制度。而此段期間大陸行政復議制度的發展，有三個顯著的特點：[2]

第一個特點是，50年代時即有少數法律、法規規定某些行政管理領域可以申請復議，包括《財政部設置財政檢查機構辦法》、《稅務復議委員會組織通則》、《印花稅暫行條例》、《暫行海關法》、《農業稅條例》、《商品管理條例》、《治安管理處罰條例》、《國境衛生檢疫條例》等；但這些規定的實踐卻在60年代到70年代間，幾乎銷聲匿跡，究其原因，主要是因為有極「左」的干擾以及法律虛無主義的影響，特別是10年文革動亂（1966至1976）對法制的破壞；從而，在此時期所建構的行政復議制度，僅有1971年所發布的《海損事故調查和處理規則》（試行）第13條及第14條。惟1979年以後，隨著改革開放與民主法制建設的全面發展，行政復議制度也得到恢復和發展。據統計，到1990年底，大陸已有100多個法律、行政法規規定行政復議。可見大陸行政復議制度的發展曲線係和其經濟、政治發展曲線，以及其整個法制化過程的發展曲線相一致的。

第二個特點是，行政復議制度的建立先於行政訴訟制度，時間相隔30餘年，此與大陸實行高度集權的計畫經濟有關。因為企業、事業單位作為政府的一部分，統由政府機關直接管理，企業、個人在無自身利益驅動的條件下，一旦發生糾紛，當然只須在行政系統內復議即可，無須透過法院；從而，行政復議成為唯一可能的救濟途徑，而其決定亦為終局的決定。[3]

---

[2]　應松年，中國大陸的行政復議制度，《憲政時代》20卷1期，1994年7月，第68頁。
[3]　莫宏亮／王成棟／吳景明，《行政復議》中國政法大學出版社，1993年3月1版，第27頁。

　　第三個特點是，在40餘年時間裡，行政復議都由各單行法律、法規規定，內容有限，程式各異，並無統一的行政復議法律予以調整；且此些規定，多是對公民申請復議權的一種確認，對於與行政復議相關的基本原則、制度和程式的規定仍相當欠缺。加以各種法律、法規各行其是，各自為政的結果，致使大陸法律、法規對「行政復議」的名稱用語不一，已如前述，更增添行政復議法制體系的混亂與矛盾。

　　大陸行政訴訟制度起始於1982年3月8日全國人大常委會公布《中華人民共和國民事訴訟法（試行）》，同年10月1日起試行之後。該法第一次明確規定了法院審理行政案件適用民事訴訟規定之程式，正式開啟行政訴訟的歷史。迨1989年4月4日大陸全國人民代表大會通過了第一部行政訴訟法，自1990年10月1日施行。為配合該法的施行，1990年12月國務院通過了《中華人民共和國行政復議條例》，對行政復議制度作了比較有系統的規定，促進了行政復議制度的發展和完善。經過近十年的實踐，行政復議工作累積不少成功的經驗。至1998年10月國務院乃將行政復議法（草案）提送第九屆全國人大常委會審議，迨1999年4月29日，第九屆全國人大常委會第9次會議通過了《中華人民共和國行政復議法》（以下簡稱《行政復議法》），於1999年10月1日起施行。為更好地執行《行政復議法》，國務院於2007年5月29日公佈了《行政復議法實施條例》（2007年8月1日起施行）。目前，《行政復議法》及其《行政復議法實施條例》是行政復議工作最主要的法律規範。此外，部分省市也頒布有地方性法規，如《雲南省行政復議條例》；國務院部分部委也制定了其相應職能、職權範圍內部門規章，如《稅務行政復議規則》、《質量技術監督行政復議實施辦法》等。

## 三、行政復議的實施績效

　　自2003年至2007年間，大陸全國共收到行政復議申請428,395件，受理377,768件，審結342,107件，審結率達90.56%。其中國務院本級收到行政復議申請2,766件，受理113件，審結94件。全國省區市和國務院部門收到行政復議申請425,629件，受理377,655件，審結342,013件。在全

國省市區和國務院部門收到的行政復議申請中，近半數行政復議案件因行政處罰引起，占總數的45.17%；其他主要案由包括行政許可（占總數的6.53%）、行政強制措施（占總數的10.33%）、行政徵收（占總數的2.61%）等。

從行政復議案件審理結果看，維持行政機關原具體行政行為（駁回、維持）的占59.35%，直接糾正原具體行政行為（撤銷、變更、確認違法、責令履行）的占16.41%，間接糾正原具體行政行為（調解、和解、撤回申請）的占19.57%。全國行政復議案件的被申請人中，基層行政機關（縣、鄉政府和市、縣政府部門）占85.77%。經過復議後，77.15%的案件的申請人不再向法院起訴。在申請人經復議後向法院起訴的67,528件行政訴訟案件中，法院判決維持（維持、駁回）的達60.14%[4]。

## 第二節　行政復議與行政訴訟之關聯

大陸的行政復議制度是與行政訴訟相結合的行政救濟制度。行政訴訟是由人民法院對引起爭議的具體行政行為進行審查，是司法權對行政權的監督程式；行政復議，則是由上級行政機關對引起爭議的行政行為進行審查，是行政機關內部對行政權的監督程式，它彌補了行政訴訟制度的某些局限性[5]，選擇復議制度有方便、快捷、減少花費的特有優勢[6]。至於人民不服行政處分或其他行政措施，是否均可提起行政訴訟？提起行政訴訟之前，是否要先踐行復議程式？是否可以選擇？選擇了先申請復議，是否還可以提起行政訴訟？其相關法規的規定很複雜，大略言之，有下列五種類型：

---

[4] 引自大陸國務院法制辦行政復議司司長呂錫偉於2008年5月23日「第10屆海峽兩岸行政法學術研討會」發表之論文〈行政復議制度的實施與展望〉第5、6頁。

[5] 例如依大陸行政訴訟法第5條規定，人民法院審理行政案件，僅對具體行政行為是否合法進行審查。而依行政復議法第28條，行政復議機關可以對具體行政行為的適當性（或稱合理性）進行審查。

[6] 依大陸行政訴訟法第74條規定，人民法院審理行政案件，應當收取訴訟費用。而申請行政復議則免費。

# 一、選擇型

《行政訴訟法》第37條第1款[7]規定：「對屬於人民法院受案範圍的行政案件，公民、法人或者其他組織可以先向上一級行政機關或者法律、法規規定的行政機關申請復議，對復議不服的，再向人民法院提起訴訟；也可以直接向人民法院提起訴訟。當事人既可以申請復議，也可以直接提起訴訟，對復議決定不服，仍可以提起行政訴訟。」這是最基本的常態。且依《行政復議法》第16條規定，一旦選擇了申請行政復議，行政復議機關已經依法受理的，在法定作成行政復議期限內，即不得向人民法院提起行政訴訟。反之，選擇提起行政訴訟，人民法院已經依法受理的，即不得申請行政復議。

# 二、復議前置型

《行政訴訟法》第37條第2款規定：「法律、法規規定應當先向行政機關申請復議，對復議不服再向人民法院提起訴訟的，依照法律、法規的規定。」因此，必須有法律、法規的特別規定，才能要求當事人提起行政訴訟之前，先踐行對具體行政行為的申請復議程式。法律、法規規定行政訴訟採用「復議先行」的，除見諸《行政復議法》第30條第1款明文規定：「公民、法人或者其他組織認為行政機關的具體行政行為侵犯其已經依法取得的土地、礦藏、水流、森林、山嶺、草原、荒地、灘塗、海域等自然資源的所有權或者使用權的，應當先申請行政復議；對行政復議決定不服的，可以依法向人民法院提起行政訴訟。」外，其餘散見各單行法律、法規。例如：2000年8月25日修正公布的專利法第41條、第46條，2001年10月27日修正公布的商標法第32條、第33條、第43條、第49條，1989年公布的集會遊行示威法第31條。

---

[7]　大陸立法第54條第1款規定：「法律根據內容需要，可以分編、章、節、條、款、項、目」，其中「款、項」之次序與台灣之中央法規標準法第8條規定之「項、款」次序相反。

## 三、並列型

當事人可以選擇復議或訴訟，但選擇了復議，復議決定即是終局裁決，不得起訴。《行政訴訟法》第12條第4項明確規定法院不受理的案件包括「法律規定由行政機關最終裁決的具體行政行為」，《行政復議法》第5條亦明定公民、法人或者其他組織對行政復議決定不服的，固可以依照行政訴訟法的規定向人民法院提起行政訴訟，但是「法律規定行政復議決定為最終裁決的除外」。這一標準強調「法律規定」，即不能由行政機關通過行政法規、規章設定，只能由權力機關通過的法律設定[8]。例如《公民出境入境管理法》第14條規定：「對違反本法規定，非法出境、入境，偽造、塗改、冒用、轉讓出境、入境證件的，公安機關可以處以警告或者十日以下的拘留處罰；情節嚴重，構成犯罪的，依法追究刑事責任。」第15條規定：「受公安機關拘留處罰的公民對處罰不服的，在接到通知之日起十五日內，可以向上一級公安機關提出申訴，由上一級公安機關作出最後的裁決，也可以直接向當地人民法院提起訴訟。」；《外國人入境出境管理法》第29條規定：「對違反本法規定、非法入境、出境的，在中國境內非法居留或者停留的，未持有效旅行證件前往不對外國人開放的地區旅行的，偽造、塗改、冒用、轉讓入境、出境證件的，縣級以上公安機關可以處以警告、罰款或者十日以下拘留處罰；情節嚴重，構成犯罪的，依法追究刑事責任。受公安機關罰款或者拘留處罰的外國人，對處罰不服的，在接到通知之日起十五日內，可以向上一級公安機關提出申訴，由上一級公安機關作出最後的裁決，也可以直接向當地人民法院提起訴訟。」之規定[9]。由於上開兩部法律均公布於1985年11月22日，是在《行

---

[8]　《最高人民法院關於執行〈中華人民共和國行政訴訟法〉若干問題的解釋》第5條：行政訴訟法第十二條第（四）項規定的「法律規定由行政機關最終裁決的具體行政行為」中的「法律」，是指全國人民代表大會及其常務委員會制定、通過的規範性文件。

[9]　有學者主張這一規定應當理解為「是行政系統的最終裁決，而不是行政案件的最終裁決。」即在這方面產生的爭議，上一級機關復議後，實行一次復議原則，不能再向上一級機關申請復議，而是向人民法院起訴。其理由是：《行政訴訟法》規定的「法律規定」，應理解為法律規定明確排除訴訟，該法律並未明確規定不能提起訴訟，恰恰相反，這幾個法律規定都是將提起訴訟同申請復議併列，顯然還是允許提起訴訟。參見蔡文斌，行政訴訟先行程式制度的分析，神州圖書出版有限公司，2001年6月，第130頁（引述大陸學者羅豪才、張尚鷟及張樹義的見解）。惟學者應松年、葉陵陵則持不同見解（見蔡文斌前揭書第130頁之註23，及應松年主編，行政訴訟法學，中國政法大學出版社，2007年1月修訂版，第76

政復議條例》公布之前，其所謂申訴即後來的復議；如果選擇向上一級公安機關提出申訴，上一級公安機關作出的決定即是最後的裁決，不能提起行政訴訟。其次，依行政復議法第14條規定，如果對國務院部門或者省、自治區、直轄市人民政府的具體行政行為不服，而選擇先申請復議的，應向作出該具體行政行為的國務院部門或者省、自治區、直轄市人民政府申請行政復議；對該行政復議決定不服的，則可以向人民法院提起行政訴訟，也可以向國務院申請裁決（類似再訴願）；如果選擇向國務院申請裁決，則國務院的裁決即為最終決定。至於大陸現行的一些行政法規、規章也設定一些無法律效力的「終局裁決權」，如《商品檢驗條例》第25條、《工商統一稅條例實施細則》第33條、《出口食品衛生管理辦法》第19條、《國務院關於審計工作的暫行規定》第9條、《經濟特區外資銀行、中外合資銀行管理條例》第16條等。對於這些規定應理解為，這些案件在行政機關的處理已告終結，但公民、法人或者其他組織仍有權向人民法院提起行政訴訟[10]。

## 四、復議終局型

當事人只能申請行政復議，而不能提起行政訴訟。這種情況比較少，主要是依據《行政復議法》第30條第1款規定，公民、法人或者其他組織認為行政機關的具體行政行為侵犯其已經依法取得的土地、礦藏、水流、森林、山嶺、草原、荒地、灘塗、海域等自然資源的所有權或者使用權的，原則上，固應當先申請行政復議；對行政復議決定不服的，可以依法向人民法院提起行政訴訟。但同上法條第2款規定：「根據國務院或者省、自治區、直轄市人民政府對行政區劃的勘定、調整或者徵用土地的決定，省、自治區、直轄市人民政府確認土地、礦藏、水流、森林、山嶺、草原、荒地、灘塗、海域等自然資源的所有權或者使用權的行政復議決定

---

頁）。個人認為，依大陸《行政訴訟法》第12條第4項及《行政復議法》第5條規定，如果個別法律規定行政復議決定為最終裁決者，選擇復議後，即不能提起行政訴訟，故應以後者的見解為是。

[10] 李國光主編，《商標、專利行政訴訟解析、判例、參考》，中國民主法制出版社，2000年9月1版，第59至60頁。

為最終裁決。」易言之,省級人民政府根據國務院或省級人民政府對行政區劃的勘定、調整或徵用土地的決定,所作確認自然資源的所有權或使用權歸屬的復議決定為最終裁決。因此,行政機關的具體行政行為如涉及自然資源的所有權或使用權歸屬的爭議,且此項爭議之前提又涉及國務院或者省、自治區、直轄市人民政府對行政區劃的勘定、調整或者徵用土地的決定者,當事人只能申請行政復議,由省級人民政府作最終的裁決。

## 五、只能訴訟型

　　《行政復議法》第8條第2款規定:「不服行政機關對民事糾紛作出的調解或者其他處理,依法申請仲裁或者向人民法院提起訴訟。」其中民事調解非行政行為,不能作為行政復議的標的,如調解不成立,或調解成立後仍有爭議,自應依法申請仲裁或者向人民法院提起訴訟,固無疑義。至於其他處理,如係行政裁決,其屬性亦為具體行政行為,但司法實踐的做法,以往多將其救濟途徑導向民事訴訟,亦即糾紛一方當事人對行政機關就民事糾紛所作的行政裁決不服,不能申請行政復議,只能向人民法院提起訴訟,且應以糾紛另一方當事人為被告提起民事訴訟,而不能以作出行政裁決的行政機關為被告提起行政訴訟[11]。例如水土保持法(全國人民代表大會常務委員會制訂,1991年6月29日公布實施)第39條規定:「造成水土流失危害的,有責任排除危害,並對直接受到損害的單位和個人賠償損失。賠償責任和賠償金額的糾紛,可以根據當事人的請求,由水行政主管部門處理;當事人對處理決定不服的,可以向人民法院起訴。當事人也可以直接向人民法院起訴。」民間糾紛處理辦法(司法部制訂,1990年4月19日發布實施)第17條規定:「經過調解後,仍達不成協議的糾紛,基層人民政府可以作出處理決定。」第21條規定:「基層人民政府作出的處理決定,當事人必須執行。如有異議的,可以在處理決定作出後,就原糾紛向人民法院起訴。超過十五天不起訴又不執行的,基層人民

---

[11] 張樹義主編,〈糾紛的行政解決機制研究—以行政裁決為中心〉,中國政法大學出版社,2006年1月1版,第116、119、120頁。

政府根據當事人一方的申請，可以在其職權範圍內，採取必要的措施予以執行。」其所謂「向人民法院起訴」，在司法實踐中均被解釋為提起民事訴訟。惟近年來，最高人民法院的司法解釋已有所改變，傾向認為當事人如不服行政機關就民事糾紛所作的行政裁決，應提起行政訴訟以求救濟。例如最高人民法院（1993）法民字第9號《關於適用〈城市房屋拆遷管理條例〉第十四條有關問題的復函》，原認對於城市房屋拆遷管理條例（國務院制訂，1991年3月22日發布，1991年6月1日實施）第14條規定之有關補償、安置的行政裁決，應提起民事訴訟以求救濟，但最高人民法院於1996年7月24日以法復（1996）12號發布之《關於受理房屋拆遷、補償、安置等案件問題的批復》則明示：「公民、法人或者其他組織對人民政府或者城市房屋主管行政機關依職權作出的有關房屋拆遷、補償、安置等問題的裁決不服，依法向人民法院提起訴訟的，人民法院應當作為行政案件受理」、「本批復發布之日起，最高人民法院（1993）法民字第9號《關於適用〈城市房屋拆遷管理條例〉第十四條有關問題的復函》同時廢止。」迨該條例於2001年6年13日修正發布，2001年11月1日實施後，更於2005年8月1日以法釋[2005]9號發布《關於當事人達不成拆遷補償安置協議就補償安置爭議提起民事訴訟人民法院應否受理問題的批復》，明示：「拆遷人與被拆遷人或者拆遷人、被拆遷人與房屋承租人達不成拆遷補償安置協議，就補償安置爭議向人民法院提起民事訴訟的，人民法院不予受理，並告知當事人可以按照《城市房屋拆遷管理條例》第十六條的規定向有關部門申請裁決。」[12]即對城市房屋拆遷補償安置爭議的解決，採取強制行政裁決前置主義。

---

[12] 按2001年修正發布之城市房屋拆遷管理條例第16條規定：「拆遷人與被拆遷人或者拆遷人、被拆遷人與房屋承租人達不成拆遷補償安置協議的，經當事人申請，由房屋拆遷管理部門裁決。房屋拆遷管理部門是被拆遷人的，由同級人民政府裁決。裁決應當自收到申請之日起30日內作出。當事人對裁決不服的，可以自裁決書送達之日起3個月內向人民法院起訴。拆遷人依照本條例規定已對被拆遷人給予貨幣補償或者提供拆遷安置用房、週轉用房的，訴訟期間不停止拆遷的執行。」與原來第14條規定相似。

## 第三節　大陸行政復議與臺灣訴願制度之比較

　　大陸地區的行政復議制度雖相當於台灣地區的訴願制度，但仍有其不同於「訴願」的特色。舉其舉舉大者如下：

### 一、行政復議機關可作「規定審查」

　　《行政復議法》第7條規定：「公民、法人或者其他組織認為行政機關的具體行政行為所依據的下列規定不合法，在對具體行政行為申請行政復議時，可以一併向行政復議機關提出對該規定的審查申請：（一）國務院部門的規定；（二）縣級以上地方各級人民政府及其工作部門的規定；（三）鄉、鎮人民政府的規定。前款所列規定不含國務院部、委員會規章和地方人民政府規章。規章的審查依照法律、行政法規辦理。」依照大陸《立法法》（2000年3月15日公布）所建構的「法律、行政法規、地方性法規、自治條例、單行條例、國務院部門規章和地方政府規章」層級體系[13]，以上所謂「規定」，其地位在該法規層級體系之下，大約相當於台灣行政程序法所規範的行政規則。然台灣的訴願審議機關卻礙於行政程序法第161條之規定「有效下達之行政規則，具有拘束訂定機關、其下級機關及屬官之效力」，無法於審議個案時，間接審查行政規則，遑論對其為直接審查。

### 二、行政復議機關可以決定行政賠償

　　《行政復議法》第29條規定：「申請人在申請行政復議時可以一併提出行政賠償請求，行政復議機關對符合國家賠償法的有關規定應當給予

---

[13] 依大陸立法法第42條、第56條、第63條、第66條、第71條、第73條規定：全國人民代表大會和全國人民代表大會常務委員會行使國家立法權；國務院根據憲法和法律，制定行政法規；省、自治區、直轄市的人民代表大會及其常務委員會根據本行政區域的具體情況和實際需要，在不同憲法、法律、行政法規相抵觸的前提下，可以制定地方性法規；較大的市的人民代表大會及其常務委員會根據本市的具體情況和實際需要，在不同憲法、法律、行政法規和本省、自治區的地方性法規相抵觸的前提下，可以制定地方性法規；民族自治地方的人民代表大會有權依照當地民族的政治、經濟和文化的特點，制定自治條例和單行條例；國務院各部、委員會、中國人民銀行、審計署和具有行政管理職能的直屬機構，可以根據法律和國務院的行政法規、決定、命令，在本部門的許可權範圍內，制定規章；省、自治區、直轄市和較大的市的人民政府，可以根據法律、行政法規和本省、自治區、直轄市的地方性法規，制定規章。

賠償的，在決定撤銷、變更具體行政行為或者確認具體行政行為違法時，應當同時決定被申請人依法給予賠償。申請人在申請行政復議時沒有提出行政賠償請求的，行政復議機關在依法決定撤銷或者變更罰款，撤銷違法集資、沒收財物、徵收財物、攤派費用以及對財產的查封、扣押、凍結等具體行政行為時，應當同時責令被申請人返還財產，解除對財產的查封、扣押、凍結措施，或者賠償相應的價款。」此處所謂行政賠償，依大陸《行政訴訟法》第67條及《國家賠償法》第3條、第4條規定，係指行政機關及其工作人員行使行政職權時違法侵犯公民、法人或者其他組織的合法權益（人身權、財產權），造成損害所負的賠償責任，大約相當於台灣的國家賠償，但其範圍較小[14]。行政復議機關可以在決定撤銷、變更具體行政行為或者確認具體行政行為違法時，一併依申請決定行政賠償數額，甚至依職權責令賠償相應的價款。此為台灣訴願法所無之制度設計。

## 三、行政復議程序可以進行和解與調解

　　《行政復議法實施條例》第40條規定：「公民、法人或者其他組織對行政機關行使法律、法規規定的自由裁量權作出的具體行政行為不服申請行政復議，申請人與被申請人在行政復議決定作出前自願達成和解的，應當向行政復議機構提交書面和解協議；和解內容不損害社會公共利益和他人合法權益的，行政復議機構應當准許。」第50條規定：「有下列情形之一的，行政復議機關可以按照自願、合法的原則進行調解：（一）公民、法人或者其他組織對行政機關行使法律、法規規定的自由裁量權作出的具體行政行為不服申請行政復議的；（二）當事人之間的行政賠償或者行政補償糾紛。當事人經調解達成協定的，行政復議機關應當製作行政復議調解書。調解書應當載明行政復議請求、事實、理由和調解結果，並加蓋行政復議機關印章。行政復議調解書經雙方當事人簽字，即具有法律效

---

[14] 大陸《國家賠償法》尚規範有「刑事賠償」，即：行使偵查、檢察、審判職權的機關以及看守所、監獄管理機關及其工作人員在行使職權時違法侵犯人身權或財產權者，受害人取得賠償的權利；以及「非刑事的司法賠償」，即：人民法院在民事訴訟、行政訴訟過程中，違法採取對妨害訴訟的強制措施、保全措施或者對判決、裁定及其他生效法律文書執行錯誤，造成損害的，受害人適用刑事賠償程序的規定請求賠償。與台灣的國家賠償制度（包括冤獄賠償）不盡相同。

力。調解未達成協定或者調解書生效前一方反悔的，行政復議機關應當及時作出行政復議決定。」此亦為台灣訴願法所無之制度設計。

## 第一節　序說

　　大陸地區現行有關行政訴訟類型的規定，主要係存在於1989年4月4日公布（1990年10月1日施行）的《行政訴訟法》、1994年5月12日公布（1995年1月1日施行）的《國家賠償法》，及於1997年4月29日公布（同日施行）的《最高人民法院關於審理行政賠償案件若干問題的規定》、於2000年3月8日公布（同年3月10日施行）的《最高人民法院關於執行〈中華人民共和國行政訴訟法〉若干問題的解釋》（以下簡稱《行政訴訟法若干問題的解釋》）。觀其《行政訴訟法》，除分別於第2條規定：「公民、法人或者其他組織認為行政機關和行政機關工作人員的具體行政行為侵犯其合法權益，有權依照本法向人民法院提起訴訟」，及於第67條明確規定了行政侵權賠償訴訟類型外，僅於第54條規定對於人民不服具體行政行為而起訴之案件應為如何判決之種類，並未明文承認訴訟類型或規範訴訟類型的要件；《國家賠償法》第9條至第13條則詳細規定了行政侵權賠償訴訟程式。可見其實定法對於訴訟類型，原則上係採取概括主義，並以例示性的判決種類間接承認撤銷、變更、履行等訴訟類型，而容許司法解釋及實務發展其他判決種類，故《行政訴訟法若干問題的解釋》乃增加母法所無之確認具體行政行為違法、無效等判決種類。惟因被其法定列舉式受案範圍的限制，以致其訴訟類型難以擴展。

## 第二節　行政訴訟的受案範圍

### 一、列舉積極範圍

　　《行政訴訟法》第2條雖規定：「公民、法人或者其他組織認為行政

機關和行政機關工作人員的具體行政行為侵犯其合法權益，有權依照本法向人民法院提起訴訟」，但既係「依照本法」，所謂「具體行政行為侵犯其合法權益」，即受「本法」之限制，並非泛指一切具體行政行為及各種合法權益。《行政訴訟法》第11條第1款進一步規定，人民法院受理公民、法人和其他組織對下列具體行政行為不服提起的訴訟：(一)對拘留、罰款、吊銷許可證和執照、責令停產停業、沒收財物等行政處罰不服的；(二)對限制人身自由或者對財產的查封、扣押、凍結等行政強制措施不服的；(三)認為行政機關侵犯法律規定的經營自主權的；(四)認為符合法定條件申請行政機關頒發許可證和執照，行政機關拒絕頒發或者不予答覆的；(五)申請行政機關履行保護人身權、財產權的法定職責，行政機關拒絕履行或者不予答覆的；(六)認為行政機關沒有依法發給撫恤金的；(七)認為行政機關違法要求履行義務的；(八)認為行政機關侵犯其他人身權、財產權的。同條第2款規定，除上開款項外，人民法院也受理法律、法規規定可以提起訴訟的其他行政案件。所謂「其他行政案件」，例如《行政訴訟法》第67條、《國家賠償法》第3條、第4條規定了行政賠償的範圍（即可以提起行政訴訟請求賠償的情形）；其次，《行政訴訟法》第67條規定的行政賠償範圍只限於具體行政行為，惟《國家賠償法》第3條、第4條則列舉了具體行政行為及事實行為（非具體行政行為的行為[1]）的種類，再加上補餘[2]的概括性條款，將具體行政行為及事實行為造成的人身

---

[1] 1995年1月1施行之《國家賠償法》第3條：「行政機關及其工作人員在行使行政職權時有下列侵犯人身權情形之一的，受害人有取得賠償的權利：(一)違法拘留或者違法採取限制公民人身自由的行政強制措施的；(二)非法拘禁或者以其他方法非法剝奪公民人身自由的；(三)以毆打等暴力行為或者唆使他人以毆打等暴力行為造成公民身體傷害或者死亡的；(四)違法使用武器、警械造成公民身體傷害或者死亡的；(五)造成公民身體傷害或者死亡的其他違法行為。」
第4條：「機關及其工作人員在行使行政職權時有下列侵犯財產權情形之一的，受害人有取得賠償的權利：(一)違法實施罰款、吊銷許可證和執照、責令停產停業、沒收財物等行政處罰的；(二)違法對財產採取查封、扣押、凍結等行政強制措施的；(三)違反國家規定徵收財物、攤派費用的；(四)造成財產損害的其他違法行為。」
2010年4月29日修正公布（實施日期2010-12-1）的《國家賠償法》將第3條第3項修改為：「(三)以毆打、虐待等行為或者唆使、放縱他人以毆打、虐待等行為造成公民身體傷害或者死亡的」。將第4條第3項修改為：「(三)違法徵收、徵用財產的」。
以上第3條(三)、(四)、(五)項和第4條(四)項規定的行為類型即係「非具體行政行為的行為」（參照《最高人民法院關於審理行政賠償案件若干問題的規定》第3條）。

[2] 大陸習慣稱之為兜底的概括性條款，「兜」有圍捕之意，「兜底」即意指補足遺漏或將剩餘部分一網打盡。例如在德國，《行政法院法》明文規定的訴訟類型只有撤銷之訴、課予義務之訴、確認之訴和規範審查。對於停止作為之訴、一般給付之訴，《行政法院法》都沒有明文規定，然而，實務上仍予

權及財產權損害賠償案件，均納入行政訴訟的受案範圍，均屬行政訴訟法第11條第2款「其他案件」的體現。

## 二、列舉消極範圍

另依《行政訴訟法》第12條規定，人民法院不受理公民、法人或者其他組織對下列事項提起的訴訟：(一)國防、外交等國家行為；(二)行政法規、規章或者行政機關制定、發布的具有普遍約束力的決定、命令；(三)行政機關對行政機關工作人員的獎懲、任免等決定；(四)法律規定由行政機關最終裁決的具體行政行為。則為行政訴訟裁判權的消極範圍。

## 三、具體行政行為之範圍

何謂具體行政行為？最高人民法院雖曾於1991年6月11日發布〈關於貫徹執行《中華人民共和國行政訴訟法》若干問題的意見（試行）〉，於第1條明定：「『具體行政行為』是指國家行政機關和行政機關工作人員、法律法規授權的組織、行政機關委託的組織或者個人在行政管理活動中行使行政職權，針對特定的公民、法人或者其他組織，就特定的具體事項，作出的有關該公民、法人或者其他組織權利義務的單方行為。」相當於台灣訴願法第3條第1項及行政程序法第92條第1項對於「行政處分」的定義，但嗣後於2000年3月8日公布的《行政訴訟法若干問題的解釋》（自2000年3月10日起施行，並同時廢止先前試行的〈關於貫徹執行《中華人民共和國行政訴訟法》若干問題的意見〉）則迴避給「具體行政行為」下定義，僅在界定受案範圍時，籠統地稱：「（第1條第1款）公民、法人或者其他組織對具有國家行政職權的機關和組織及其工作人員的行政行為不服，依法提起訴訟的，屬於人民法院行政訴訟的受案範圍。」使用「行政行為」一詞，而避免母法所用「具體行政行為」一詞，並於第1條

---

以承認。尤其是一般給付之訴，在實務上逐漸成為「訴訟上的多用途武器」（Prozessuale Mehrzweck Waffe），而發展為一種「Auffangklage」，照字面意義係指承接所有遺漏的訴訟案件之「圍捕式訴訟（補餘訴訟）」，大陸學者即將之翻譯成「兜底性訴訟」。參劉東亮，〈行政訴訟類型問題研究〉，上海師範大學學報（哲學社會科學版）第34卷第5期，2005年9月，第29頁。

第2款用排除法將幾種特殊情況排除[3]，意味著「被排除的行為」以外之其他的行政行為均可對之提起行政訴訟，不限於「就特定的具體事項，作出的有關該公民、法人或者其他組織權利義務的單方行為」，即是透過明確界定排除事項（不可訴行政行為的範圍），以盡量擴大行政訴訟的受案範圍[4]，並使行政訴訟所能保護的合法權益不再侷限於人身權、財產權和經營自主權[5]。較諸《行政訴訟法》第11條、第12條，以列舉又排除的方式界定受案範圍，上開司法解釋顯然有意逐步放寬可訴的行政行為範圍。再揆諸《行政訴訟法》第11條第1款規定可訴的具體行政行為類型，其中「申請行政機關頒發許可證和執照，行政機關不予答覆」及「申請行政機關履行保護人身權、財產權的法定職責，行政機關不予答覆」，只是不作為，顯然不存在「行政處分」；而所謂「行政機關沒有依法發給撫恤金」可能是對當事人的申請不予答覆，此時亦顯然不存在「行政處分」；且由於行政機關履行保護人身權、財產權的法定職責的方式，不限於作成「行政處分」，也可以是事實行為，行政機關拒絕履行的答覆，未必對外發生何種法律效果，不一定構成「行政處分」；所謂「對限制人身自由或者對財產的查封、扣押、凍結等行政強制措施」，如涉及以物理上強制力為手段的執行行為，屬於事實行為；另外，法院在審判實務上亦有擴張「具體行政行為」概念範疇至具有觀念表示性質的準行政行為（例如交通事故鑑定[6]）的傾向，足見大陸行政訴訟法所稱「具體行政行為」並非等同於台

---

[3]　《行政訴訟法若干問題的解釋》第1條第2款：公民、法人或者其他組織對下列行為不服提起訴訟的，不屬於人民法院行政訴訟的受案範圍：(一)行政訴訟法第十二條規定的行為；(二)公安、國家安全等機關依照刑事訴訟法的明確授權實施的行為；(三)調解行為以及法律規定的仲裁行為；(四)不具有強制力的行政指導行為；(五)駁回當事人對行政行為提起申訴的重復處理行為；(六)對公民、法人或者其他組織權利義務不產生實際影響的行為。

[4]　胡建淼主編，《行政法與行政訴訟法》，清華大學出版社，2008年1月1版，第397頁；沈福俊、鄒榮主編，〈行政法與行政訴訟法學〉，北京大學出版社，2007年1月1版，第389頁。

[5]　《行政訴訟法若干問題的解釋》第1條第2款第6項所謂「對公民、法人或者其他組織權利義務不產生實際影響的行為」，不屬於人民法院行政訴訟的受案範圍。反面解釋即係「對公民、法人或者其他組織權利義務產生實際影響的行為」，屬於人民法院行政訴訟的受案範圍。

[6]　2001年4月18日7時35分左右，張小朋駕駛豫D－18048號公交大客車到達河南省平頂山市礦開崗南鑫源大酒店門口的公交站點，將該車停靠道沿1米左右，上下乘客後，起走前行，張小朋從後視鏡向後看，其車左側有一輛夏利計程車（由第三人楊二磊駕駛）超張小朋的車，在夏利車前邊有一輛自行車是一個男的騎的自行車，該計程車碰到李懷忠所騎的自行車後，致李倒地，張小朋所輪車輛未避讓公交車左側李懷忠及夏利車，且駕駛車輛操作不當，致使公交車左側後輪從李懷忠上軋了過去，加重了李的傷情，李被送醫院搶救後無效死亡，事故當天7點45分，平頂山市公交交通警察支隊衛東交警大隊接到張小朋報案後，五分鐘後到達現場，經現場勘查，詢問當事人，綜合有關材料，經集體研究對事故責任認定，

灣通稱「行政處分」的概念，而係包括「行政處分」（單方行為）及事實行為。至於是否包括行政合同（雙方行為），學說與實務見解對此均有爭議[7]。至多只能說狹義的「具體行政行為」等於「行政處分」，但只要是有具體表示內容的行政行為，無論是會對外發生法律效果之意思表示（例如行政處分）或欠缺法效性之觀念通知，都是撤銷訴訟的標的；其他單純的怠於作為（行政不作為）或不具表示要素的事實行為，如果係在受案範圍的，則可以成為確認違法訴訟的標的。

---

於2001年4月25日作出第2001013（重大）號道路交通事故責任認定書認定：楊二磊駕駛機動車違反《中華人民共和國道路交通管理條例》第54條之規定，對此事故應負全部責任。張小朋、李懷忠不負事故責任。對此認定，楊二磊不服，於2001年5月10日口頭向平頂山市公安交警支隊申請重新認定。2001年5月29日，平頂山市公安交警支隊依據《河南省道路交通條例實施辦法》第34條和《道路交通管理條例》第54條「機動車駛入或駛出非機動車道，須避讓非機動車」，作出第21035號道路交通事故責任重新認定決定書。主要依據以下事實：(1)張小朋駕駛豫D－18048號公交大客車停車位置離道沿有1米左右，駛離站牌時未避讓自行車，違反了《河南省道路交通條例實施辦法》第34條和《道路交通管理條例》第54條「機動車駛入出非機動車道，須注意避讓非機動車……」之規定。(2)楊二磊駕駛豫DT－0700號夏利計程車未避讓從豫D－18048號公交大客車左側借道駛的非機動車違反了《道路交通管理條例》第54條「……非機動車因受阻不能正常駛行時，准許在受阻的路段內駛入機動車道，後面駛來的機動車須減速讓行」之規定。(3)李懷忠無違章行為。依據《事故處理辦法》第17條、第19條，支隊認定：張小朋、楊二磊負此責任的同等責任，李懷忠無責任。對此認定，張小朋不服，向河南省平頂山市衛東區人民法院提起訴訟。該法院經審理認為：根據最高人民法院《關於執行〈中華人民共和國行政訴訟法〉若干問題的解釋》第1條的規定，公民、法人和其他組織對具有國家行政職權的機關和組織及其工作人員的行政行為不服，依法提起訴訟的，原則上都屬於人民法院行政訴訟的受理範圍，只有《中華人民共和國行政訴訟法》第12條規定的行為，才不屬於行政訴訟的受案範圍。道路交通事故責任認定是公安機關根據《道路交通事故處理辦法》第5條賦予的行政管理職權做出的行為，影響了相對人的權利和義務，屬於其維護交通秩序、實施行政管理工作的一部分，其做出道路交通事故責任認定決定的行為應屬於可訴的行政行為。因此，被告以道路交通事故責任認定不可訴為由，請求人民法院駁回原告訴訟請求，不予支援。被告於2001年5月29日作出第21035號道路交通事故責任重新認定決定書，認定原告張小朋駕駛豫D－18048號大客車停車位置離站牌有1米左右，經本院現場測量站牌距離道沿1.05米，顯而易見，被告在重新認定決定書中用文字中記載的這一事實得不出與被訴具體行政行為認定的事實相同的結論。在庭審過程中，被告將其辯稱為因校對錯誤，將「道沿」誤定為「站牌」，更進一步說明文字敘述不清，屬於認定事實不清。因此，被告作出的該具體行政行為是部分缺乏事實基礎，屬主要證據不足，原告要求撤銷被告作出重新認定決定書的訴訟請求應予支援。依據《中華人民共和國行政訴訟法》第54條第(二)項第1目之規定，判決：撤銷被告平頂山市公安交通警察支隊於2001年5月29日作出第21035號道路交通事故責任重新認定書的具體行政行為，本案訴訟費100元，由被告負擔。判決送達後，原、被告均服判，未提出上訴。見金俊銀編輯〈審判案例：張小朋不服平頂山市公安交警支隊道路交通事故責任認定決定案〉，香港中華法律網http://www.isinolaw.com，2008/7/22瀏覽。

[7] 張國勳，中共行政訴訟制度之研究－兼論兩岸行政訴訟法之比較與檢討，碩士論文，國立中興大學法律學研究所，1994年6月，第283頁。其次，浙江大學教授章劍生於2010年5月8日以電子郵件向本人表達下列見解：「具體行政行為不包括行政合同。行政合同在大陸行政訴訟法上是不可訴的，如有爭議，可以通過民事訴訟解決。但是在實務上，卻有法院以行政訴訟案件受理，最高法院也沒有公開否定」。蘇州大學的楊海坤教授亦於2010年5月8日以電子郵件回覆本人：「行政合同概念尚不清晰，尤其在實踐中往往分辨不清。理論上、立法上可以作為行政訴訟案件處理」。

## 第三節　行政訴訟類型與法院判決之關係

### 一、概說

　　由於依《行政訴訟法》第54條，行政訴訟的判決分為維持判決、撤銷判決、判令重作、命履行判決、變更判決。《行政訴訟法若干問題的解釋》第56條、第57條、第58條及第61條又分別增加了確認判決、駁回訴訟請求判決、情況判決及行政附帶民事訴訟（判決）。有些大陸地區學者乃根據《行政訴訟法》第11條的受案範圍即當事人的訴訟請求審理對象，並結合同法第54條及《行政訴訟法若干問題的解釋》規定的判決方式，將行政訴訟種類劃分為確認之訴、撤銷之訴、變更之訴、行政賠償之訴和履行之訴等五類[8]。也有學者按照原告的訴訟目的，將行政訴訟種類劃分為行政行為之訴和行政賠償之訴[9]，行政行為之訴包括撤銷之訴、重作之訴、限期履行之訴和變更之訴；其中撤銷之訴、變更之訴屬於形成之訴，重作之訴、限期履行之訴屬於給付之訴。還有學者按照訴訟標的的內容和性質來劃分行政訴訟種類，分為確認之訴、給付之訴、形成之訴；以原告所期望的司法保護的內容分為宣告之訴，撤銷之訴、變更之訴、判令履行之訴、行政賠償之訴[10]。台灣地區學者蔡志方則根據大陸行政訴訟法第11條和第54條的規定，將其行政訴訟種類歸納為撤銷訴訟、課予義務訴訟及一般給付訴訟[11]。

### 二、以「具體行政行為」為中心的判決方式

　　由於大陸行政訴訟法除行政賠償外，並未列舉訴訟種類，亦未規定原告於起訴時須表明「訴訟標的」及「應為之聲明」[12]，只強調提起訴訟應有「具體的訴訟請求」和「事實根據」（大陸行政訴訟法第41條第3項

---

[8] 應松年主編，〈行政訴訟法學〉，中國政法大學出版社2007年1月修訂版，第190～192頁。

[9] 皮純協、胡錦光，〈行政訴訟法教程〉，中國人民大學出版社1993年版，第125～127頁。

[10] 江必新，〈行政訴訟法──疑難問題探討〉，北京師範學院出版社1991年版，第86～92頁。

[11] 蔡志方，〈中共行政訴訟法之評析〉，載〈行政救濟與行政法學（一）〉，台灣三民書局1993年版，第467頁。

[12] 台灣行政訴訟法第57條第4款規定當事人書狀應記載「應為之聲明」；第105條第1項規定起訴，應以訴狀表明當事人、起訴之聲明、訴訟標的及其原因事實。

參照）；且依據《行政訴訟法》第11條規定的受案範圍，當事人的訴訟請求審理的對象，原則上即為「具體行政行為」，故原告於起訴狀只須說明其不服那一個具體行政行為（作為或不作為），無庸明確聲明其係要求撤銷該具體行政行為，或係請求確認該具體行政行為係違法或無效，或係請求將該具體行政行為加以變更（只限於行政處罰，詳後述），或係請求被告應為那一個具體行政行為，亦即無庸指明其訴訟種類，而由法院經過審理，根據不同情況，分別作出以下判決：(一)具體行政行為證據確鑿，適用法律、法規正確，符合法定程式[13]的，判決維持。(二)具體行政行為有下列情形之一的，判決撤銷或者部分撤銷，並可以判決被告重新作出具體行政行為：1.主要證據不足的；2.適用法律、法規錯誤的；3.違反法定程式的；4.超越職權的；5.濫用職權的。(三)被告不履行或者拖延履行法定職責的，判決其在一定期限內履行。(四)行政處罰顯失公正的，可以判決變更。以上判決方式為大陸行政訴訟法第54條所明定。另外，依據《行政訴訟法若干問題的解釋》第56條規定，有下列情形之一的，人民法院應當判決駁回原告的訴訟請求：(一)起訴被告不作為理由不能成立的；(二)被訴具體行政行為合法但存在合理性問題的；(三)被訴具體行政行為合法，但因法律、政策變化需要變更或者廢止的；(四)其他應當判決駁回訴訟請求的情形[14]。同解釋第57條第1款規定，人民法院認為被訴具體行政行為合法，但不適宜判決維持或者駁回訴訟請求的，可以作出確認其合法或者有效的判決。同解釋第57條第2款規定，有下列情形之一的，人民法院應當作出確認被訴具體行政行為違法或者無效的判決：(一)被告不履行法定職責，但判決責令其履行法定職責已無實際意義的；(二)被訴具體行政行為違法，但不具有可撤銷內容的；(三)被訴具體行政行為依法不成立或者無效的。同解釋第58條增設了「情況判決」，即被訴具體行政行為違法，

---

13　按大陸地區的法律用語，「程式」一詞相當於台灣地區使用的「程序」。

14　例如《行政訴訟法若干問題的解釋》第50條規定：「被告在一審期間改變被訴具體行政行為的，應當書面告知人民法院。原告或者第三人對改變後的行為不服提起訴訟的，人民法院應當就改變後的具體行政行為進行審理。被告改變原具體行政行為，原告不撤訴，人民法院經審查認為原具體行政行為違法的，應當作出確認其違法的判決；認為原具體行政行為合法的，應當判決駁回原告的訴訟請求。原告起訴被告不作為，在訴訟中被告作出具體行政行為，原告不撤訴的，參照上述規定處理。」

但撤銷該具體行政行為將會給國家利益或者公共利益造成重大損失的，人民法院應當作出確認被訴具體行政行為違法的判決，並責令被訴行政機關採取相應的補救措施；造成損害的，依法判決承擔賠償責任（無庸經原告聲明請求賠償，應依職權為判決）。同解釋第59條則補充規定，如果判決撤銷違法的被訴具體行政行為，將會給國家利益、公共利益或者他人合法權益造成損失的，人民法院在判決撤銷的同時，可以分別採取以下方式處理：(一)判決被告重新作出具體行政行為；(二)責令被訴行政機關採取相應的補救措施；(三)向被告和有關機關提出司法建議；(四)發現違法犯罪行為的，建議有權機關依法處理。同解釋第61條更明訂了「行政附帶民事訴訟」，即被告對平等主體之間民事爭議所作的裁決違法，民事爭議當事人要求人民法院一併解決相關民事爭議的，人民法院可以一併審理。

## 三、「生效判決」的執行及「行政非訴」執行

上開駁回訴訟請求之判決，只是意味著原告主張的理由不成立，而被告的行政行為可能是合法的，但由於涉及合理性問題，法院不便審查，行政機關仍可自行撤銷、變更或廢止；還可能是因情勢變遷，或行政行為作出時依據的法律已經發生變化，需要由行政機關自行變更或者廢止。而維持判決則是法院對行政行為合法性的認定，並維持其效力，一經確定，該具體行政行為即併同判決發生既判力，行政主體便不能加以撤銷、變更或廢止，限制了行政主體適應形勢變化進行行政管理的靈活性，堵住了行政機關糾正錯誤行為的途徑[15]。且由於法院判決的對象（訴訟標的）是具體行政行為，所以支持該具體行政行為合法性之判決一旦發生法律效力[16]（相當於「確定」的概念），無論係維持、駁回訴訟請求、確認其合法或

---

[15]　甘文，〈行政訴訟法司法解釋之評論－理由、觀點與問題〉，中國法制出版社2000年版，第156-160頁；應松年、袁曙宏主編，〈走向法治政府—依法行政理論研究與實證調查〉，法律出版社2001年版，第358頁。

[16]　大陸人民法院組織法第12條規定：「人民法院審判案件，實行兩審終審制。地方各級人民法院第一審案件的判決和裁定，當事人可以按照法律規定的程式向上一級人民法院上訴，人民檢察院可以按照法律規定的程式向上一級人民法院抗訴。地方各級人民法院第一審案件的判決和裁定，如果在上訴期限內當事人不上訴、人民檢察院不抗訴，就是發生法律效力的判決和裁定。中級人民法院、高級人民法院和最高人民法院審判的第二審案件的判決和裁定，最高人民法院審判的第一審案件的判決和裁定，都是終審的判決和裁定，也就是發生法律效力的判決和裁定。」

有效之判決，均使該具體行政行為成為判決之內容，如具有可執行內容時（通常為命令相對人為一定的給付），即可以判決作為執行對象，此徵諸大陸行政訴訟法第65條、第66條將行政執行分成「生效判決」的執行及「行政非訴」執行，而依《行政訴訟法若干問題的解釋》第83條規定，前者係指「對發生法律效力的行政判決書、行政裁定書、行政賠償判決書和行政賠償調解書，負有義務的一方當事人拒絕履行的，對方當事人可以依法申請人民法院強制執行」，即對於經過行政訴訟判決支持之具體行政行為，係以判決為申請執行對象；依《行政訴訟法》第66條，後者係指「公民、法人或者其他組織對具體行政行為在法定期間不提起訴訟又不履行的，行政機關可以申請人民法院強制執行，或者依法強制執行」，即對於未經過行政訴訟判決支持之具體行政行為，係以該具體行政行為當作申請執行之對象，可得理解與分辨。

## 四、訴訟種類與判決方式分離

　　從以上規定，再參照《行政訴訟法》第41條規定的起訴要件：(一)原告是認為具體行政行為侵犯其合法權益的公民、法人或者其他組織；(二)有明確的被告；(三)有具體的訴訟請求和事實根據；(四)屬於人民法院受案範圍和受訴人民法院管轄。可以知道，大陸人民法院審理行政訴訟，首重起訴之案件是否在其受案範圍，如不在受案範圍，即不具有可訴性，法院應裁定不予受理（《行政訴訟法》第42條參照），縱使原告起訴聲明列舉了一大串訴訟種類，如不在受案範圍，法院只須裁定不予受理，無庸就其聲明中列舉的各種訴訟是否符合該種類訴訟的起訴程式要件，一一加以審查論駁；且審理的標的，原則上為具體的行政行為，只有在法律有特別規定時，才及於非具體的行政行為，並依職權決定何種判決方式。故原告不會因為起訴時選擇訴訟類型錯誤（例如應提起撤銷訴訟，卻提起確認行政處分無效，或確認公法上法律關係成立或不成立之訴訟；應提起確認行政處分違法訴訟，卻提起撤銷訴訟[17]；應提起課予義務訴訟，卻提起一

---

[17] 台灣行政訴訟法第6條參照。

般給付訴訟）、選擇訴訟類型無實益（例如對於依法申請之案件遭駁回，應提起課予義務訴訟，卻僅提起撤銷訴訟）或溢出法律容許的訴訟類型範圍，而遭到敗訴判決，蓋其起訴如何聲明，除行政給付訴訟（含行政賠償訴訟）及「行政附帶民事訴訟」外，已不重要，法官是在受案範圍內，直接針對原告不服的具體行政行為的合法性加以審查[18]，依職權決定應採取何種判決方式，而不是針對原告起訴聲明的訴訟類型一一審查其起訴程式要件及權利保護要件後，分別作成裁定或勝負判決。易言之，除行政給付、賠償訴訟及「行政附帶民事訴訟」外，原告起訴時無須指明其訴訟種類，法官自無庸闡明其起訴的訴訟種類；縱使原告指明了訴訟種類，法官也不受其拘束，可自行選擇適當的判決方式[19]，即使選擇的判決種類強度低於原告的請求，也不必駁回原告其餘之訴，例如原告起訴時已聲明請求撤銷某一具體的行政行為，法院審理後卻認為依法僅能判決確認該具體的行政行為違法，此時，法院除宣告被訴具體行政行為違法外，不必判決駁回原告其餘之訴或判決駁回原告的撤銷訴訟請求；又如原告起訴時先位聲明確認某一具體行政行為無效，備位聲明撤銷該具體行政行為，法院審理後認為應判決撤銷該具體行政行為者，除逕為撤銷判決外，不必判決駁回原告其餘之訴或判決駁回原告的確認無效請求。但如果法院選擇的判決種類，原告對其保障強度不滿意，例如法院判決僅宣告被訴具體行政行為違法，而未將該具體行政行為撤銷者，原告當然可以提起上訴[20]。

---

[18]　大陸行政訴訟法第5條規定：「人民法院審理行政案件，對具體行政行為是否合法進行審查。」

[19]　本人曾以電子郵件兩度向浙江大學教授章劍生徵詢下列見解是否正確：「大陸行政訴訟法尚未直接明文規範訴訟類型，僅以判決方式的變化來間接承認訴訟類型之存在，即人民起訴只要指明其係不服那一個具體行政行為（作為或不作為），無庸明確主張其訴訟類型，而係由法院經過審理，根據不同情況，依職權裁量選擇作出適合的判決類型，且不受原告主張訴訟類型的拘束。」經其於2010年5月8日再度回覆：「你的理解是正確的。大陸行政訴訟法迄今還沒有如德、臺灣一樣有訴訟類型化的規定，而只有判決種類。原告的訴訟請求與判決種類並無對應關係，它在發動了行政訴訟程式之後，就完成了它的使命。它不能拘束法院的審查範圍，也不能拘束法院採用何種判決種類。在判決種類的選擇上，法官有較大的裁量權。」並且蘇州大學的楊海坤教授亦於2010年5月8日以電子郵件回覆本人：「這樣表達沒有問題」。

[20]　浙江大學教授章劍生於2008年6月27日以電子郵件向本人表達下列見解：「在選擇行政訴訟判決種類上，大陸法院有相當大的裁量權，且目前尚無強制性規則約束之。在法院僅宣告具體行政行為判決違法而未滿足原告撤銷之請求的情況下，原告可以針對該一審判決提出上訴，這在現行法上沒有法律障礙。在上述情況下，法院不判決駁回原告撤銷訴訟請求，但是，如果原告附帶提出了行政賠償請求，且證據不足時，法院會判決駁回該請求。這種情況在大陸的出現，可能與沒有訴訟類型化有關。」
雲南高級人民法院法官趙光喜於2010年5月12日以電子郵件回覆本人：「林兄論文所談第一個問題的觀點基本成立，但是大陸行政訴訟並未『刻意』要通過『判決方式』來間接承認訴訟類型。而且，在1989

## 第四節 可能存在的行政訴訟類型

雖然大陸行政訴訟法，除行政賠償訴訟外，未明確規定訴的種類，但法理上，仍可依訴的請求內容為標準進行的劃分。訴和請求並不是同一概念，訴是請求的形式，請求是訴的內容，兩者是形式與內容的關係，由於訴的請求內容不同，才有了不同的訴訟種類的劃分。且正因為大陸行政訴訟法未明確規定訴的種類，參照其《行政訴訟法》第2條規定「公民、法人或者其他組織認為行政機關和行政機關工作人員的具體行政行為侵犯其合法權益，有權依照本法向人民法院提起訴訟」之意旨，反而提供實務上訴訟種類的發展空間。惟當事人不服具體行政行為提起行政訴訟，雖不生選擇訴訟種類錯誤、無實益或溢出法律容許的訴訟類型範圍的問題，卻仍被狹窄的法院受案範圍及有限的判決方式所制約，而受案範圍又係以「具體行政行為」為核心。故大陸的行政訴訟類型除行政賠償之訴外，其餘基本上係屬對應「不服具體行政行為」的類型。茲將其實踐上可能存在的行政訴訟類型分述如下：

## 一、確認之訴

### 1. 法理分類

行政確認訴訟是原告欲通過法院作出的「確認判決」，確認其與被告具有爭議狀態的具體行政行為是否無效、違法，行政法律關係是否存在。

---

年制定《行政訴訟法》時，大陸行政訴訟理論學界、司法實踐中遠未涉及到訴訟類型這一塊理論問題。關於訴訟類型只是近幾年修改《行政訴訟法》的各位大學者才提出：要仿效德國、日本、臺灣省在法律中直接規定訴訟類型。於是，訴訟類型的研究才得以發展。但德國法官卻認為，我們大陸行政訴訟未設定確認訴訟，反而更便於人民訴訟。還有一點，我們認為訴訟類型與判決方式並非一一對應關係，如確認違法判決可以適用於大部分訴訟類型（假如我們在此將人民起訴提出的訴訟請求歸納為不同的『訴訟類型』，與臺灣的訴訟類型不應是同一個概念）。應該講，大陸行政訴訟在司法實踐中就從來有過『訴訟類型』（當然學界有這方面的討論）。人民起訴無須主張訴訟類型，但應提出明確的訴訟請求（撤銷、變更、判決行政機關履行職責等），法院要根據被訴的『具體行政行為』的合法性與否作出相應的判決方式。林兄所談第二個問題中的觀點是成立的。這個問題實際上涉及到『訴』『判』對應的問題。在大陸行政訴訟中，長期以來已經形成了『訴』和『判』相分離。也就是說，法院作出的判決首先並不一定要考慮原告的訴訟請求是否成立，是否應予以支持，還是應駁回原告的訴訟請求，而是首先考慮被訴具體行政行為的『合法性』，如合法，則可以判決維持被訴具體行政行為，反之，可撤銷被訴具體行政行為；如不可撤銷或撤銷已失去意義，也可確認違法，但不必對原告提出的訴訟請求作出直接回應。當然，大陸行政訴訟中這種判決未『回應』當事人提出訴訟請求的問題，已引起學界和司法界的注意，而且，我們的實踐中，已經逐漸回歸到『訴判對應』的軌道上來。」

其中，確認行政法律關係存在的，為積極的確認訴訟；確認其不存在的，為消極的確認訴訟。通常主張具體行政行為合法、有效者，不會將之作為確認訴訟的對象，主張具體行政行為無效、違法者也只限於具體行政行為的相對人或利害關係人。因為作成具體行政行為的行政機關擁有行政職權可以自行處理該具體行政行為是否無效、違法的問題，對於不利於己的具體行政行為，其相對人或利害關係人不可能爭執該具體行政行為合法、有效，對於有利於己的具體行政行為，其相對人或利害關係人儘可坐享該具體行政行為的效果，無須自行發動訴訟程式爭執其合法、有效。故在法理上，根據行政確認訴訟的對象，可以將其分為確認具體行政行為無效或違法之訴和確認行政法律關係是否存在之訴。

### 2.實定法之限制

惟因大陸行政訴訟法規定之受案範圍僅限於「不服具體行政行為」之情形，故行政法律關係是否可以作為確認訴訟的對象，恐有疑義[21]；法律未明文規範，司法解釋亦僅容許確認具體行政行為無效或違法之訴。依《行政訴訟法若干問題的解釋》第50條第3款前段規定，在行政訴訟中，「被告改變具體行政行為，原告不撤訴，人民法院經審查認為原具體行政行為違法的，應當作出確認其違法的判決」，可知原具體行政行為因事後的改變（撤銷或變更）而不存在者，應對之提起確認違法之訴，而非撤銷訴訟。另外依同解釋第57條第2款規定，對下列情形：1.被告不履行法定職責，但判決責令其履行法定職責已無實際意義的；2.被訴具體行政行為違法，但不具有可撤銷內容的（例如行政不作為、不具表示要素的事實行為及前述同解釋第50條第3款前段原具體行政行為已被改變之情形），人民法院應當作出確認被訴具體行政行為違法的判決；對於當事人而言，此種情形，即可提起確認被訴具體行政行為違法之訴，包括確認積極行政作

---

[21] 浙江大學章劍生教授於2010年5月11日以電子郵件回覆本人：「如你所說，大陸行政訴訟的客體是行政行為，而非行政法律關係，即使確認判決也是如此」。吳華前揭書，第304頁，則認為：「大陸地區目前幾乎所有的行政糾紛都是通過法院審查具體行政行為的合法性，從而以維持判決、撤銷判決、變更判決、履行判決、確認判決或駁回訴訟請求判決等形式予以解決，但不可否認的是，隨著行政合同、事實行為等納入行政訴訟，大陸行政訴訟將面臨著對行政法律關係是否存在的審理。因此，作為對行政訴訟審理對象複雜性的應對，行政法律關係理應成為行政確認訴訟的審理對象。」

為違法和消極行政不作為違法訴訟，後者又包括確認怠於作為違法及拒絕作為違法訴訟。同解釋第57條第2款第3項規定，被訴具體行政行為依法不能成立或者無效的，人民法院應當作出確認被訴具體行政行為無效的判決；對於當事人而言，此種情形，即可提起確認被訴具體行政行為無效（或不生效力）的訴訟。至於同解釋第57條第1款規定：「人民法院認為被訴具體行政行為合法，但不適宜維持或者駁回訴訟請求的，可以作出確認其合法或者有效的判決」，則顯示，行政訴訟中確認之訴與確認判決之間並無必然的關係。原告未提起確認之訴，人民法院根據案件中的具體情況仍然可以進行確認之判決。

### 3. 非具體行政行為違法確認訴訟

另外，由於1995年1月1日起施行的大陸《國家賠償法》第9條第1款規定：「賠償義務機關對依法確認有本法第三條、第四條規定的情形之一的，應當給予賠償」[22]，故解釋上當事人可以對《國家賠償法》第3條第(三)、(四)、(五)項和第4條第(四)項規定的非具體行政行為的行為提起確認違法訴訟。至於非具體行政行為的內容，詳見本章註1所載規定。

### 4. 合併提起其他行政訴訟

通常請求確認判決並不是當事人的最終目的，公民、法人或者其他組織為了維護自己的權益，在請求確認判決時，往往同時請求其他補救手段，例如同時提出撤銷之訴、賠償之訴、履行之訴等等[23]。

## 二、撤銷之訴

### 1. 以具體行政行為違法為要件

撤銷之訴，是指原告對具體行政行為不服，請求人民法院撤銷該具體行政行為的請求。撤銷之訴以該具體行政行為違法為要件。依《行政訴訟法》第54條第2項規定，具體行政行為有下列情形之一：1.主要證據不足的；2.適用法律、法規錯誤的；3.違反法定程式的；4.超越職權的；5.濫

---

[22] 2010年4月29日修正公布（實施日期2010-12-1）的《國家賠償法》，已將第9條第1款修改為：「賠償義務機關有本法第三條、第四條規定情形之一的，應當給予賠償。」

[23] 應松年主編，〈行政訴訟法學〉，中國政法大學出版社2007年1月修訂版，第191頁。

用職權的，均可對之提起撤銷之訴。具體行政行為被撤銷，即意味著該行為自始至終都無效，法院並可以視情形，判決被告重新作出具體行政行為；依《行政訴訟法若干問題的解釋》第60條第1款，如被告不及時重新作出具體行政行為，將會給國家利益、公共利益或者當事人利益造成損失的，法院更可以判決限定重新作出具體行政行為的期限。

### 2. 合併提起給付訴訟

又主張具體行政行為侵害其合法權益者，得於提起撤銷訴訟時合併提起行政賠償訴訟；對於已執行完畢的具體行政行為，而具有可回復之利益者，亦可提起撤銷之訴，合併提起行政給付之訴。且實務上，曾有法官基於判決方式選擇的職權，於撤銷已執行完畢的具體行政行為同時，主動判決被告應為回復原狀的必要處置（例如返還已繳納的罰鍰[24]）。

### 3. 無須判決撤銷復議決定

另外值得一提的是，即使被訴具體行政行為有經過復議決定的維持，大陸人民法院的撤銷判決亦僅對被訴具體行政行為為之，而不理會復議決定。且依《行政訴訟法若干問題的解釋》第53條第1款規定，復議決定維持原具體行政行為的，人民法院判決撤銷原具體行政行為，復議決定自然無效。

---

[24] 例如：廣東省陽江市陽東縣基層人民法院曾於1999年以東行初字第9號判決，對於何友抗向黃文購買「三線閉粗魚」202隻回東莞進行人工繁殖，因未辦理「水生野生動物特許運輸證」和「水生野生動物經營利用許可證」，而於1999年9月12日在運送途中，遭陽東縣公安局交警大隊查獲，交由陽東縣公安局森林分局依《中華人民共和國水生野生動物保護實施條例》第28條及《廣東野生動物保護管理規定》第11條，作成對其二人罰鍰人民幣24萬元之處分，並已繳納完畢乙案，雖然何友抗、黃文起訴時僅請求撤銷該罰鍰處分，及賠償其因部分魚死、誤工、差旅造成的經濟損失106,744.77元，並未請求返還已繳納的罰鍰，但該法院於認定被告陽東縣公安局森林分局裁罰依據的事實不清、程式違法，且超越其職權範圍，而作成撤銷原罰鍰處分的判決時，即一併告知被告應於本判決生效後10日內退還該已繳納的罰鍰（另以原告不能證明魚死與被告的扣押行為有因果關係，判決其行政賠償之訴），被告上訴後，廣東省陽江市中級人民法院以（2000）陽中法行終字第3號判決駁回上訴，維持原判。參見廣東省高級人民法院編〈人民法院裁判文書選－廣東2000年卷（總第一卷）〉，法律出版社，2001年12月第1版，第759-761頁。另外，參照行政復議法第29條規定：「申請人在申請行政復議時可以一併提出行政賠償請求，行政復議機關對符合國家賠償法的有關規定應當給予賠償的，在決定撤銷、變更具體行政行為或者確認具體行政行為違法時，應當同時決定被申請人依法給予賠償。申請人在申請行政復議時沒有提出行政賠償請求的，行政復議機關在依法決定撤銷或者變更罰款，撤銷違法集資、沒收財物、徵收財物、攤派費用以及對財產的查封、扣押、凍結等具體行政行為時，應當同時責令被申請人返還財產，解除對財產的查封、扣押、凍結措施，或者賠償相應的價款。」

## 三、變更之訴

### 1. 立法目的

依《行政訴訟法》第54條第4項規定，變更之訴，是指原告認為行政處罰顯失公正，而要求人民法院變更處罰決定的訴訟。由於《行政訴訟法》第5條明定「人民法院審理行政案件，對具體行政行為是否合法進行審查」，對於行政機關裁量權的行使，亦僅作合法性審查，不對其行使是否適當，做合理性審查，即只有審查其裁量是否超越職權或濫用職權，故原則上具體行政行為涉及裁量權的行使違法時，亦僅係判決撤銷該具體行政行為，並命被告重新作出具體行政行為（同法第54條第2項第4、5目參照）。惟恐行政機關在行政處罰案件中固執己見，故《行政訴訟法》第54條第4項例外容許法院於行政處罰顯失公正（例如違反比例原則等）時，可以判決變更，即將爭議的行政處罰超過公平範圍部分撤銷（如果該行政處罰於性質上可以分割者），或逕以新的行政處罰代替原來顯失公正的行政處罰。

### 2. 變更之訴的範圍

變更之訴的範圍十分狹窄，僅適用於行政處罰顯失公正一種情況，因此對其他具體行政行為不能提出變更之訴。且依《行政訴訟法若干問題的解釋》第55條第1款規定，人民法院審理行政案件，原則上不得加重對原告的處罰，但利害關係人同為原告的除外。又依同解釋第13條第3項規定，公民、法人或者其他組織可以要求主管行政機關依法追究加害人的法律責任，而於不服行政機關的處理結果或不處理時，提起行政訴訟。所以行政機關依法對於加害人所作行政處罰，如果顯失公正，被害人可以單獨起訴請求法院加重其處罰，不限於與被處罰人同為原告時始得請求加重[25]。

---

[25] 例如：1999年11月1日下午，上海市閔行區碧江街道會同區規土局對王某兄嫂家的違法建築進行拆除，遭到王某兄嫂的阻攔。同日下午5時30分許，王某及其兄嫂、任子至閔行區碧江街道紅旗二村居委主任周某家責詢，與周某的兒子朱某發生爭執。爭執中，朱某用菜刀將王某砍成輕微傷。2000年1月3日，上海市公安局閔行分局根據《治安管理處罰條例》第22條第1項的規定，對朱某作成第2109900008號行政處罰決定，處以罰鍰人民幣（下同）200元。王某不服該處罰決定，認為上海市公安局閔行分局對朱某的處罰畸輕，故向上海市公安局申請復議，上海市公安局維持原處罰決定，因此又向上海市閔行區人民

### 3. 行政處罰的種類

又關於行政處罰的種類，《行政訴訟法》第11條第1款第1項規定之「拘留、罰款、吊銷許可證和執照、責令停產停業、沒收法財物」，僅是例示性質。依1996年3月17日公布（1996年10月1日施行）的行政處罰法第8條規定，包括(一)警告；(二)罰款；(三)沒收違法所得、沒收非法財物；(四)責令停產停業；(五)暫扣或者吊銷許可證、暫扣或者吊銷執照；(六)行政拘留；(七)法律、行政法規規定的其他行政處罰。實務上，違章建築之拆除處分亦屬行政處罰，可以作為變更之訴的程式標的[26]。

## 四、行政賠償之訴

行政賠償之訴，是指原告要求人民法院判決行政機關賠償因違法行使職權對其合法權益造成損失的訴訟。行政賠償是行政機關承擔的一種行政法律責任，因此，行政賠償訴訟不能成為行政訴訟的附帶民事訴訟（詳後述），而是一個獨立的訴訟形式。依《行政訴訟法》第67條第2款和《國家賠償法》第9條第2款、第13條規定，受害人提起行政賠償訴訟的方式有兩種：一是單獨提起賠償請求訴訟，二是在提起行政復議或提起行政訴訟時一併請求。在單獨提起行政賠償訴訟前，受害人應先向賠償義務機關請求賠償，賠償義務機關應當自收到申請之日起兩個月內依照《國家賠償法》第四章的規定給予賠償；逾期不予賠償或者賠償請求人對賠償數額有異議的，賠償請求人可以自期間屆滿之日起三個月內向人民法院提起訴訟；又依《最高人民法院關於審理行政賠償案件若干問題的規定》第21條第4項規定，如果加害行為是具體行政行為的，對其單獨提起行政賠償訴

---

法院提起訴訟，請求法院做出變更判決，變更上海市公安局閘行分局對朱某作出治安罰款200元為治安拘留。上海市閘行區人民法院經審理認為，被告作出的治安罰款200元的行政處罰決定，責罰不當、顯失公正，應依法判決變更。依照《治安管理處罰條例》第22條第1項和《行政訴訟法》第54條第4項的規定，判決變更上海市公安局閘行分局所為對第三人朱某處以治安罰款200元的決定為治安拘留7天，案件受理費30元，由上海市公安局閘行分局負擔。參見胡錦光主編，〈行政法案例分析〉，中國人民大學出版社，2006年6月第2版，第382頁。

[26] 例如「鳳凰公司訴武漢市規劃局拆除違法建築案」，鳳凰公司在申請未獲批准的情況下，違法增建的4層建築遮擋了長江大街的典型景觀天主堂尖頂。規劃局據此責令鳳凰公司限期拆除。鳳凰公司訴至法院，法院以規劃局要求拆除的違法建築明顯超出遮擋範圍，額外增加原告的損失，顯失公正為由，作出變更判決。參見周紅耕、王振宇，〈比例原則在司法審查中的應用〉，《人民法院報》，2001年4月22日，3版。

訟，尚須具備該加害行為已被確認為違法的條件[27]。提起行政訴訟時合併提起者，係指提起撤銷訴訟或確認具體行政行為違法訴訟，一併提起行政賠償訴訟。如果行政機關及其工作人員實施的是非具體行政行為之行為，受害人於先向賠償義務機關請求賠償未果，或請求確認其致害行為違法遭拒後，亦可以單獨提起行政賠償訴訟[28]，無庸先符合該加害行為已被確認為違法的條件。至於法律規定由行政機關最終裁決的具體行政行為，則應俟其被作出最終裁決的行政機關確認為違法，受害人始能以賠償義務機關應當賠償而不予賠償或逾期不予賠償或者對賠償數額有異議為由，單獨提起行政賠償訴訟[29]。

## 五、一般行政給付訴訟

　　一般行政給付訴訟係指請求法院命令行政主體作出具體行政行為以外的給付行為。其種類通常有以下幾種：

### 1. 財產上的給付訴訟

　　除前述行政賠償之訴外，公法上財產請求權，如獎勵金、撫恤金、社會保險金、最低生活保障金的給付[30]；公務員的財產上的請求權，如給付工資、退休金等；多繳納的稅款、規費、罰款等不當得利返還請求權[31]

---

[27]　《最高人民法院關於審理行政賠償案件若干問題的規定》第21條第4項所謂「加害行為為具體行政行為的，該行為已被確認為違法」，在實踐意義上涵蓋：賠償義務機關自己確認（包括原機關自行撤銷或變更原行政行為，通常當事人均於先向賠償義務機關申請賠償時一併請求確認違法）、通過行政復議確認（包括撤銷決定、履行決定、確認決定、變更決定都可以是確認加害行為違法性的根據）、通過行政訴訟確認（包括撤銷判決、履行判決、確認判決、變更判決都可以是確認加害行為違法性的根據）。上開規定正與同司法解釋第2條規定「賠償請求人對行政機關確認具體行政行為違法但又決定不予賠償，或者對確定的賠償數額有異議提起行政賠償訴訟的，人民法院應予受理。」相呼應。

[28]　《最高人民法院關於審理行政賠償案件若干問題的規定》第3條：「賠償請求人認為行政機關及其工作人員實施了國家賠償法第三條第(三)、(四)、(五)項和第四條第(四)項規定的非具體行政行為的行為侵犯其人身權、財產權並造成損失，賠償義務機關拒不確認致害行為違法，賠償請求人可直接向人民法院提起行政賠償訴訟。」

[29]　《最高人民法院關於審理行政賠償案件若干問題的規定》第5條：「法律規定由行政機關最終裁決的具體行政行為，被作出最終裁決的行政機關確認違法，賠償請求人以賠償義務機關應當賠償而不予賠償或逾期不予賠償或者對賠償數額有異議提起行政賠償訴訟，人民法院應依法受理。」

[30]　《行政訴訟法》第11條第1款第6項雖明定「行政機關沒有依法發給撫恤金」作為受案範圍之一，惟未明確其應提起之訴訟類型。《行政訴訟法若干問題的解釋》第48條第2款規定：「人民法院審理起訴行政機關沒有依法發給撫恤金、社會保險金、最低生活保障費等案件，可以根據原告的申請，依法書面裁定先予執行」，即間接承認請求發給撫恤金、社會保險金、最低生活保障費等給付訴訟（不是課予義務訴訟，因為有具體的給付內容可以先予執行）。

[31]　《行政訴訟法》第65條第3款第1項規定：「行政機關拒絕履行判決、裁定的，第一審人民法院可以採取

以及損失補償請求權等，均可通過行政給付訴訟實現其權利。財產上的給付訴訟，必須是以該訴訟可直接行使給付請求權，如果還涉及行政機關對該請求權的審查許可，如傷殘等級鑑定，則在行政給付訴訟前，應先通過履行之訴（類似台灣的課予義務訴訟，詳後述），請求行政機關作出傷殘等級鑑定。此時，相對人可以同時提起履行之訴和行政給付訴訟。相對人的結果除去請求權，也可以在行政給付訴訟中主張，即對於因具體行政行為的執行所直接產生的損害，在該行政行為被撤銷時，可以請求排除損害（恢復原狀），或於提起撤銷訴訟時一併請求，例如，請求撤銷違法徵稅、集資、沒收財物、徵收財物、攤派費用等具體行政行為時，可以一併請求返還財產。如果其排除行為本身構成一項事實行為時，亦可提起行政給付訴訟進行主張[32]。

### 2. 非財產上的給付訴訟

除具體行政行為外的其他非財產上的給付，相對人可以提起行政給付訴訟。非財產上的給付訴訟可分為請求積極作為的給付訴訟和請求消極不作為的給付訴訟。前者，例如請求行政機關依《中華人民共和國政府資訊公開條例》（國務院制訂，自2008年5月1日起施行）提供資訊，又如請求撤銷違法及對財產的查封、扣押、凍結等具體行政行為時，同時請求解除對財產的查封、扣押、凍結措施；後者，如質量技術監督部門通過新聞媒體宣傳某產品不符合國家質量標準，該產品製造商提起訴訟，請求行政機關不得再作出宣傳行為，又如具有公平競爭關係的甲建築公司要求規劃部門不要發給不具備建築資質的乙建築公司建築許可[33]。

### 3. 民事給付訴訟替代行政給付訴訟

由於大陸實施司法一元制，各級法院同時受理民事訴訟與行政訴訟，公私法的分際不是很清楚，人民提起之給付訴訟究屬民事訴訟或行政訴訟性質，法院本應依職權決定，本不生審判權有無問題。因此公法上行政給

---

以下措施：(一)對應當歸還的罰款或者應當給付的賠償金，通知銀行從該行政機關的帳戶內劃撥」，即間接承認請求歸還溢繳罰款等給付訴訟。

[32] 吳華，〈行政訴訟類型研究〉，中國人民公安大學出版社，2006年1月第1版，第275頁。

[33] 吳華，〈行政訴訟類型研究〉，中國人民公安大學出版社，2006年1月第1版，第277頁。

付糾紛，當事人可能提起民事訴訟，法院亦以民事案件受理審判，適度彌補了行政訴訟受案範圍之不足[34]。

## 六、行政合同訴訟

### 1. 行政合同種類

行政合同是行政主體為了履行管理職責而與行政相對人所簽訂的權利義務協議。以合同主體為標準，可以分為：(1)同級行政主體之間所簽訂的行政合同，例如相鄰兩縣人民政府為了共同治理貫穿兩縣的河流而簽訂的合同。(2)行政主體與其下級單位簽訂的行政合同，例如上級主管機關與下級主管機關基於公共利益簽訂的糧食訂購合同。(3)行政主體與其內部工作人員簽訂的行政合同。這種合同通常以工作責任制的形式出現。(4)行政主體與外部相對人（公民、法人和其他組織）簽訂的行政合同，例如人事聘用合同、公用徵收徵用及補償合同、國有土地使用合同、國有土地使用權出讓合同、集體土地使用合同、企業承包經營合同、行政租賃合同、糧食訂購合同、公共工程合同等[35]。從雙方關係的性質區別，前三種行政合同屬於內部行政合同，第四種行政合同，則屬於外部行政合同。

### 2. 行政合同糾紛之可訴性

所謂行政合同之訴，係指因行政合同簽訂、變更、履行或解除所產生爭訟，其類型可能是撤銷、確認或給付訴訟。由於《行政訴訟法》第2條、第11條規定的受案範圍僅限於「公民、法人和其他組織不服具體行政行為」，顯係以行政行為對外所生的法律爭議為審理對象，而前三種行政合同因屬於內部行政合同，自非行政訴訟的受案範圍；且非屬平等主體間私法上財產或人身關係爭議，也不是民事訴訟受理範圍（大陸民事訴訟

---

[34] 例如中國法院網2003年9月26日報導王新彥告河南省鄭州市中原鄉三官廟村村民委員會，不給予村民待遇，請求給付2001年、2002年的村民福利金（村集體財產收益分配款）乙案，法院係以民事訴訟受理，並以尊重村民大會表決結果為由，判決原告敗訴。以上案例引自楊小君〈行政訴訟問題研究及制度改革〉，中國人民公安大學出版社，2007年3月1版，13-15頁。

[35] 鄭京水、余辛文，〈行政合同糾紛納入行政訴訟問題探討〉，載〈行政法學研究〉1996年第4期，第24頁；胡建淼主編，《行政法與行政訴訟法》，清華大學出版社，2008年1月1版，第258至261頁；沈福俊、鄒榮主編，〈行政法與行政訴訟法學〉，北京大學出版社，2007年1月1版，第281至284頁。

法第3條參照），大陸學界通說均認為不具任何可訴性[36]。至於第四種行政合同，即外部行政合同糾紛，固然可以提起司法救濟，但是屬於行政訴訟或民事訴訟的受案範圍，則見解較為分歧。學者有認為行政合同雙方地位不平等，對於行政合同之簽訂、變更、履行和解除，行政主體享有行政優越權，參照行政復議法第6條規定行政復議範圍包括「（六）認為行政機關變更或者廢止農業承包合同，侵犯其合法權益的」，關於行政合同所生糾紛，原則上可以循行政復議程序和行政訴訟解決，但有關違約責任的追究、履行和賠償的請求則應適用民事訴訟程序[37]；有認為「具體行政行為」不包括行政合同，行政合同不屬於行政訴訟的受案範圍，如有爭議，可以通過民事訴訟解決[38]；亦有認為全部爭議，均可以循行政訴訟解決，其中違約責任的追究、履行和賠償的請求，應提起行政給付訴訟，主張行政合同違法者，則應提起行政確認訴訟[39]。實務上見解亦出現歧異，有認為解除合同的行為，是代表國家對合同相對人進行監督和管理的行為，是具有可訴性的行政行為，可以判決撤銷之[40]；亦曾有對於依據行政合同請

---

[36] 吳華前揭書第277、278頁。又本人曾以電子郵件向蘇州大學楊海坤教授徵詢上開三種內部行政合同是否具有可訴性？經其於2010年5月8日以電子郵件回覆：「內部行政合同顯然目前不可訴」。浙江大學教授章劍生亦於2010年5月8日以電子郵件回覆本人：「至於內部的行政合同，大陸行政法的表現形式是如『環境保護責任狀』等。更不具有可訴性，因為它與外部行政相對人沒有關係」。

[37] 胡建淼主編，《行政法與行政訴訟法》，清華大學出版社，2008年1月1版，第269至271頁；沈福俊、鄒榮主編，〈行政法與行政訴訟法學〉，北京大學出版社，2007年1月1版，第280、288頁；肖萍、程祥國主編，《行政法與行政訴訟法》，群眾出版社，2006年6月1版，第242、243頁。另外，蘇州大學的楊海坤教授於2010年5月8日以電子郵件回覆本人：「行政合同概念尚不清晰，尤其在實踐中往往分辨不清。理論上、立法上可以作為行政訴訟案件處理」。

[38] 浙江大學教授章劍生於2010年5月8日以電子郵件向本人表達之見解。

[39] 吳華前揭書第278頁。

[40] 山東省東營市東營區基層人民法院就山東華林紙業有限責任公司（以下簡稱華林公司）訴東營市國土資源局開發區分局（簡稱開發區分局）土地行政合同一案，於2004年12月14日作出（2004）東行初字第61號行政判決，認為：「國有土地使用權出讓合同是行政機關為了實現行政職能，提高國有土地的使用效益而訂立的合同，該合同中存在著國家公共利益和國家職權因素。被告開發區分局作出的解除合同、收回土地使用權的行為，是代表國家對原告進行監督和管理的行為，是具有可訴性的行政行為。原告華林公司以開發區分局為被告提起行政訴訟，符合法律規定，應屬於人民法院行政訴訟的受案範圍。被告主張國有土地使用權出讓合同應當屬於民事合同，其理由不能成立……被告以原告未繳納違約金為由，依據國土出讓合同土地使用條件第二條及合同法的規定，作出解除合同、收回土地使用權的行為，屬於適用法律錯誤」，乃依照《中華人民共和國行政訴訟法》第54條第（二）項第2目之規定，判決撤銷被告於2004年9月21日作出的東國土（開）通字〔2004〕19號解除合同通知書。被告不服提起上訴後，山東省東營市中級人民法院（2005）東行終字第7號行政判決書則認為：「國有土地使用權出讓是由行政機關通過行政權來實現的，是土地所有者處置土地的一種方式，合同雙方是管理與被管理的關係，本案中，上訴人與被上訴人簽訂的19號出讓合同確立的是一種行政法律關係，不是民事法律關係，該合同屬於行政合同。本案是由於上訴人作出的19號解除合同而引起的行政爭議，根據《中華人民共和國行政訴訟法》第十一條的規定，行政合同爭議應作為行政案件受理。因此，上訴人開發區分局主張國有土地使用

求給付拆遷補償款事件，究竟應提起民事訴訟或行政訴訟，於同級法院或上下級法院之間，發生見解兩歧的案例[41]。惟實務上，法院似傾向適用民事訴訟程序處理行政合同所生一切爭議[42]，因為大陸在實定法上，尚無所謂「行政合同」，只有1999年3月15日公布、1999年10月1日施行的《合同法》承認各種民事合同，有明確的規範條文可以依循，而行政合同只是學理上之分類，且行政訴訟之受案範圍有限，以致行政合同遁入民事合同領域，適用民事訴訟程序，較為便利[43]。

---

權出讓合同屬於民事合同的理由不能成立，其主張本院不予支持。……上訴人依據國有土地出讓合同土地使用條件第二條及《中華人民共和國合同法》第九十三、九十四、九十六條的規定，於2004年9月21日作出的19號解除合同是正確的，依法應予維持。原審判決適用法律錯誤，依法應予改判。依照《中華人民共和國行政訴訟法》第六十一條第(二)項之規定，判決如下：一、撤銷東營區人民法院作出的（2004）東行初字第61號行政判決；二、維持上訴人開發區分局於2004年9月21日作出的東國土（開）通字〔2004〕19號解除合同通知書。」引自浙江大學教授章劍生2010年5月8日電子郵件所附檔案。

41　瀋陽市于洪區基層人民法院就潘實海訴瀋陽市于洪區城鄉建設管理局行政合同一案，作成（2005）于行初字第64號行政裁定，認為：「原告與被告就綠化拆遷安置一事達成的行政合同，原告要求按照《瀋陽市人民政府關於城市綠化拆遷的公告》及相關規定給付拆遷補償、安置費，缺乏事實和法律依據，不符合《中華人民共和國行政訴訟法》第四十一條第三項的規定。另外，《瀋陽市人民政府關於城市綠化拆遷的公告》不屬於具體行政行為，係抽象行政行為，不屬於行政案件收案範圍。」，依照《中華人民共和國行政訴訟法》第12條第2項、第41條第3項之規定，裁定駁回潘實海的起訴。**原告提起上訴，主張：其被上訴人給予拆遷補償一案，通過民事訴訟已經認定屬於行政法律關係所調整的範圍，原審又認定本案不屬於行政案件受理範圍，屬於對事實認定不清，適用法律不當。請求撤銷原審裁定，判令被上訴人賠償拆遷補償安置費71,310元，並賠償因不能及時得到拆遷補償安置費所產生的損失。瀋陽市中級人民法院[2006]瀋行終字第6號行政裁定認為：**「本院認為，上訴人潘實海起訴要求本案被上訴人按照雙方簽訂的合同給付拆遷補償款，因該合同業經本院〔2004〕瀋民（2）房終字第882號民事裁定認定屬於行政合同，而行政合同案件應作為民事案件處理，故上訴人潘實海的請求事項不屬於行政審判權範圍，按照《最高人民法院關於執行〈中華人民共和國行政訴訟法〉若干問題的解釋》第四十四條第一款第(一)項的規定，應裁定駁回起訴。原審將《瀋陽市人民政府關於城市綠化拆遷的公告》作為審查客體論述不當，但駁回潘實海起訴的裁判結果是正確的」。引自浙江大學教授章劍生2010年5月8日電子郵件所附檔案。

42　例如紀士有與北京市昌平區長陵鎮碓白峪村民委員會合同糾紛案，紀士有在一審中起訴稱：2005年9月17日，碓白峪村委會受北京市昌平區長陵鎮人民政府的委託找到紀士有稱：鎮政府要在紀士有承包的自留山上修路，需要佔用紀士有的山場，且會損壞極少量的樹木，修路的範圍也僅是在原有路基的基礎上不擴大。同日，碓白峪村委會以其自己的名義與紀士有簽訂了《補償協議書》，該協議中約定：碓白峪村委會一次性支付給紀士有樹木損壞和山場佔用補償費3,500元；在修路過程中，無論是否佔用和損壞紀士有的山場和樹木，該補償費均歸紀士有所有。協議簽訂後，即有施工隊伍進入紀士有承包的自留山範圍內開始施工，經過一段時間的施工，紀士有發現：施工隊伍的施工範圍並不像碓白峪村委會所說的「在原有的路基基礎之內」，而是遠遠超出原有路基的範圍，不僅佔用了大面積的山場，而且開挖2萬餘立方米的山體，更為嚴重的是損害了紀士有的大量樹木（5,000餘株）。紀士有乃認為碓白峪村委會受鎮政府的委託，以其自己的名義與紀士有簽訂的《補償協議書》顯失公平。故起訴請求法院依法撤銷紀士有與碓白峪村委會簽訂的《補償協議書》。此案歷經北京市昌平區人民法院（2008）昌民初字第500號民事判決原告之訴駁回及北京市第一中級人民法院（2009）一中民終字第8531號民事判決上訴駁回，實體上均依據合同法，程序上均遵循民事訴訟法。香港中華法律網http://www.isinolaw.com，2010/5/12瀏覽。

43　浙江大學教授章劍生2010年5月10日電子郵件回覆本人：「大陸在實定法上，尚無所謂『行政合同』。本案法院認定為『行政合同』，可能是受學理的影響所致。該法院的做法，並非大陸司法實務上的通說」。其所指該法院的做法，係指前揭註引山東省東營市東營區基層人民法院及山東省東營市中級人民法院承認行政合同，並適用行政訴訟程序處理解除合同的糾紛。

### 3. 行政合同糾紛遁入民事訴訟

　　另外有些人事爭議，則被最高人民法院的司法解釋明確歸入民事勞動爭議，例如2003年8月27日公布的《最高人民法院關於人民法院審理事業單位人事爭議案件若干問題的規定》，即規定事業單位與其工作人員之間因辭職、辭退及履行聘用合同所發生的爭議，適用《中華人民共和國勞動法》的規定處理，當事人對依照國家有關規定設立的人事爭議仲裁機構所作的人事爭議仲裁裁決不服，自收到仲裁裁決之日起十五日內向人民法院提起訴訟的，人民法院應當依法受理；其次，有關農村集體所有土地承包經營合同亦被歸類為民事合同，例如2005年7月29日公布的《最高人民法院關於審理涉及農村土地承包糾紛案件適用法律問題的解釋》，即認為以家庭承包方式承包本集體經濟組織農村土地的農戶，以及以其他方式承包農村土地的單位或者個人，對於承包合同糾紛，應提起民事訴訟。

## 七、履行之訴

### 1. 定義

　　依據《行政訴訟法》第11條第1款第4項、第5項規定，公民、法人和其他組織認為其符合法定條件申請行政機關頒發許可證和執照，行政機關拒絕頒發或者不予答覆的；申請行政機關履行保護人身權、財產權的法定職責，行政機關拒絕履行或者不予答覆的，可以提起履行之訴。又依《行政訴訟法》第54條第3項，被告不履行或者拖延履行法定職責的，判決其在一定期限內履行。足見履行之訴是指公民、法人、或者其他組織認為特定的行政機關對其負有特定的法定職責，要求人民法院判決負有法定義務的行政機關在一定期限內履行法定職責的訴訟。故法院必須先確認特定的行政機關對原告負有特定的法定職責，且有拒絕作為或怠於作為之情形，才能作出命令履行的判決。應當注意的是，根據《行政訴訟法若干問題的解釋》第57條第1款第1項的規定，如果原告要求被告履行法定義務，而根據實際情況，判決責令被告履行法定職責已無實際意義的，人民法院應當作出確認被訴具體行政行為違法的判決，這時，不能採取判決責令履行。至於依《行政訴訟法》第54條第2項規定，人民法院判決被告重新作

出具體行政行為，則不是根據原告提出的訴的請求，而是人民法院本乎職權，於必要時，對被告機關作出的判決，所以，判令重作並不是訴的一種形式。

### 2. 是否應先經申請

提起請求行政機關履行保護人身權、財產權的法定職責之訴，只要法令規定行政機關有此項職責，因其沒有履行該法定職責，使原告的合法權益受到損害，或原告所受第三人違法行為的侵害的結果不能消除，即有起訴之利益，不以法令明文規定「得申請」為必要；又起訴前，原則上固應先經申請，遭行政機關拒絕或者不予答覆，始能提起履行之訴，但如果行政機關「應當依職權主動履行法定職責的」，即無庸先提出申請，可以逕行起訴[44]。而且復議機關怠於或拒絕受理復議之申請，亦屬行政不作為，可以成為被訴的對象[45]。

### 3. 提起履行訴訟的起訴期限

對於行政機關的不作為，提起履行訴訟的起訴期限為：第一，公民、法人或者其他組織申請行政機關履行法定職責，行政機關拒絕履行法定職責的，申請人直接向法院起訴的，應當在知道作出行政行為之日起3個月內提出，法律另有規定的除外（大陸行政訴訟法第39條規定參照）。第二，如果沒有相關的法令規定行政機關履行法定職責的期限，行政機關在接到申請後60日內不履行（不予答覆）的，申請人可以向法院提起訴訟。第三，如果法律、法規、規章和其他規範性文件規定了行政機關履行職責的期限，則在規定的履行期限屆滿仍不履行（不予答覆）的，申請人可以向法院起訴。第四，在緊急情況下請求行政機關履行保護其人身權、財產

---

[44]　《最高人民法院關於行政訴訟證據若干問題的規定》第4條第2款：在起訴被告不作為的案件中，原告應當提供其在行政程式中曾經提出申請的證據材料。但有下列情形的除外：(一)被告應當依職權主動履行法定職責的；……。

[45]　2005年3月，150名無錫農民因國土資源部不受理其行政復議申請，而狀告國土資源部行政不作為。該案已於2005年3月18日在北京市第一中級法院宣判，國土資源部一審敗訴。法院判決國土資源部應受理150名農民針對國土資源部「關於無錫市城市建設農用地轉用和土地徵用的批復」所提出的行政復議申請。王峰，〈農民告贏國土資源部〉，《法制日報》，2005年3月23日，8版。轉引自沈福俊《大陸行政訴訟制度—沿革、現狀與展望》，收錄於中央研究院法律學研究所籌備處出版，2006年兩岸四地法律發展上冊，第375頁。

權的法定職責，行政機關不履行的，申請人可以立即提起行政訴訟（《行政訴訟法若干問題的解釋》第39條[46]參照）。

所謂法定職責，參照《行政訴訟法若干問題的解釋》第39條第1款後段規定，應包括法律、法規、規章和其他規範性文件明定之職責。

### 4. 履行法定職責的方式

由於行政機關履行保護人身權、財產權的法定職責的方式不限於作成具體的行政行為，且司法解釋對於利害關係的定義甚為寬鬆，包括相鄰關係、公平競爭關係及違規行為的被害者等情形[47]，均屬之，不以法律上利害關係為限；又無論《行政訴訟法》或其相關司法解釋，均未限制提起履行之訴，必須是法令明定「得申請」的案件，只要求是「法定職責」，以致實務上提起履行之訴，並經法院立案受理的案例類型，對於適格原告之條件及適合作為請求標的之標準要求，均極為寬鬆；請求被告機關履行法定職責的方法更是五花八門，已超出台灣地區「課予義務訴訟」及「給付訴訟」的範疇，並且混淆了「課予義務訴訟」及「給付訴訟」的界限。例如請求判令鄉政府對原告與所在村民委員會之間的林木、林地權屬爭議作出處理[48]；請求判令被告履行申請法院強制執行拆除違章建築的法定職

---

[46] 《行政訴訟法若干問題的解釋》第39條：公民、法人或者其他組織申請行政機關履行法定職責，行政機關在接到申請之日起60日內不履行的，公民、法人或者其他組織向人民法院提起訴訟，人民法院應當依法受理。法律、法規、規章和其他規範性文件對行政機關履行職責的期限另有規定的，從其規定。公民、法人或者其他組織在緊急情況下請求行政機關履行保護其人身權、財產權的法定職責，行政機關不履行的，起訴期間不受前款規定的限制。

[47] 《行政訴訟法若干問題的解釋》第13條規定：「有下列情形之一的，公民、法人或者其他組織可以依法提起行政訴訟：(一)被訴的具體行政行為涉及其相鄰權或者公平競爭權的；(二)與被訴的行政復議決定有法律上利害關係或者在復議程序中被追加為第三人的；(三)要求主管行政機關依法追究加害人法律責任的；(四)與撤銷或者變更具體行政行為有法律上利害關係的。」

[48] 2001年，安徽省寧國市某鄉村民委員會將本村林場發包給他人經營管理。2002年，該村村民盧某認為該村民委員會將自己承包的約7畝山場一併發包給他人，為此與該村民委員會發生山林權屬糾紛，經多次處理未果。2006年10月，原告盧某向該鄉政府遞交了要求處理林木林地權屬爭議的申請書，該鄉政府收到申請後，對盧某的申請事項一直未予處理。2007年1月盧某認為鄉政府不履行法定職責，於是向寧國法院提起行政訴訟，要求判令該鄉政府對上述糾紛作出處理。法院審理後認為，人與單位之間發生的林木所有權和林地使用權爭議，由當地縣級或者鄉級人民政府依法處理。本案原告與所在村民委員會的糾紛屬於個人與單位之間的林木、林地權屬爭議，被告有處理該爭議的法定職責，而被告在收到原告要求處理的申請後，長期未予作出處理，被告不履行法定職責的事實客觀存在，原告此項訴訟請求理由成立，乃判決被告寧國市某鄉政府在三個月內對原告盧某與該鄉某村委會的林木林地權屬爭議作出具體行政行為。見趙桂紅、胡李霞、小強報導〈鄉政府不作為法院判決限期履行法定職責〉，中國法院網http://www.chinacourt.org，發布時間：2007-03-30，2008/7/21瀏覽。

責[49]；請求公安分局對咬傷原告的狗進行檢疫[50]；請求財政部履行對貨物、工程和服務的政府採購活動所負法定的監管職責[51]；請求判決消防局落實

---

[49] 被告上海市徐匯區規劃土地管理局於1995年9月22日作出徐規土監（95）第045號行政處罰決定：認定第三人任奇林在上海市天鑰橋路125弄57號104室，無建設工程規劃許可證、擅自在公房西側、北側緊貼圍牆，違法建設，建築面積6平方米，混合結構，高度3.08米，依照《上海市城市規劃條例》第53條第1款第1項、第63條第1款第1項的規定，限第三人於1996年1月21日前無條件拆除。第三人知道被告作出的行政處罰決定後，未申請復議，未提起訴訟，也未在規定的期限內拆除違章建築。原告張福康請求被告對此作出處理。被告於1996年1月20日及3月1日兩次書面答復原告，表示將督促第三人在3月底前拆除違章建築。第三人在4月9日拆除了部分違章建築。被告至原告提起訴訟前即1996年5月16日一直未向人民法院申請強制執行。為此，原告向上海市徐匯區人民法院提起行政訴訟，主張被告不申請執行，是不履行法定職責行為，致使第三人侵犯原告住處通風採光的違法行為繼續存在，請求判令被告履行申請執行的法定職責。上海市徐匯區人民法院審理認為：《上海市城市規劃條例》第76條第2款規定：「當事人對行政處罰決定逾期不申請復議，不向法院起訴，又不履行的，由作出行政處理決定的行政機關申請人民法院強制執行。」被告上海市徐匯區規劃土地管理局依法有權利對第三人進行的違法建設作出行政處罰決定。第三人未在規定的期限內拆除其所搭建的違章建築，被告應當在其作出的行政處罰生效後的3個月內申請人民法院強制執行。被告未在申請的期限內即1996年1月22日至同年4月21日前不申請執行，屬沒有履行法定職責。因被告沒有履行申請執行的法定職責，使第三人所搭建的違章建築繼續存在，原告的合法權益受到了違法行為侵害的結果不能消除。原告認為被告沒有履行申請執行的法定職責的行為侵犯其合法權益，有權向人民法院提起行政訴訟。原告對第三人及被告所稱已將違章建築全部拆除持有異議。另被告曾以1996年5月口頭同意第三人可以延期至同年6月底拆除違章建築的表示，則不能否定被告未在1996年4月22日之後不申請執行的事實。爰依《上海市城市規劃條例》第76條第2款及《中華人民共和國行政訴訟法》第66條、第54條第3項之規定，判決責令被告上海市徐匯區規劃土地管理局在本判決生效後的15日內履行申請執行的法定職責。宣判後，當事人在法定期限內未提出上訴。見金俊銀編輯〈審判案例：張福康訴上海市徐匯區規劃土地管理局不申請人民法院強制執行案〉，香港中華法律網http://www.isinolaw.com，2008/7/21瀏覽。

[50] 2005年9月3日晚上6點多，家住北京市豐台區的王女士被隔壁齊某家養的一條黃色大型犬咬傷左小腿。當日，齊某帶王女士到防疫部門注射了狂犬病疫苗，並支付了看病費用。三天后，王女士仍然感覺身體不適，出現嗓子發緊、發憋、低燒、傷口麻刺痛等症狀，於是懷疑自己感染了狂犬病病毒，便到醫院檢查，但醫生說只能通過對狗進行檢疫才能知道她身上是否有狗菌。9月14日，王女士向派出所報案，要求對咬人犬進行檢疫。派出所於當日立案，並對王女士作了詢問筆錄。次日，派出所又對齊某製作詢問筆錄，在確認該犬未經合法登記後，對咬人犬予以沒收，上交豐台公安分局治安支隊養犬辦公室。當日，民警電話告知王女士可以對狗進行檢疫但需交納檢疫費。王女士提出檢疫費應由養犬人齊某交納，拒絕自行交納檢疫費。後民警打電話給齊某，要求其交納檢疫費，齊某也拒絕支付該項費用。9月16日，豐台公安分局治安支隊養犬辦公室將該犬交到北京市公安局犬類留檢所。由於一直沒有對咬人犬進行檢疫，王女士便向法院提起行政訴訟，要求豐台公安分局履行法定職責，依據《北京市養犬管理規定》，對咬傷她的狗進行檢疫。豐台法院在審理後認為，根據《北京市養犬管理規定》第4條，公安機關是養犬管理工作的主管機關，具體負責養犬登記和年檢，查處無証犬、違法攜犬外出等行為。畜牧獸醫行政部門負責犬類的免疫、檢疫和其他相關管理工作。《北京市養犬管理規定》第33條規定，市公安機關設立的犬類留檢所負責收容處理養犬人放棄飼養的犬、被沒收的犬及無証犬。本案公安機關在接到王女士報警後，及時立案調查，在確認齊某所飼養的犬系無証犬後，及時依法予以沒收，並按規定上交北京市公安局犬類留檢所，已經履行前述條款規定的法定職責。對於被沒收的咬人犬是否應該強制進行檢疫，以及檢疫應如何操作，目前尚無明確法律規定。在原告王女士提出檢疫要求時，公安機關根據實踐中的通常做法，通知齊某或王女士交納檢疫費，亦已盡到告知義務。《北京市養犬管理規定》第19條規定，對傷人犬或者疑似患有狂犬病的犬，養犬人應當及時送交公安機關設立的犬類留檢所，由動物檢疫防疫監督機構進行檢疫。此規定是對養犬人設定的義務，而非為公安機關設定的法定職責。原告王女士以此條款為依據，認為公安機關不履行法定職責並要求對咬人犬進行檢疫，法律依據不足。爰判決駁回了原告的訴訟請求。見王悅報導〈養犬人拒交檢疫費公安局被告不作為〉，中國法院網http://www.chinacourt.org，發布時間：2006-11-21，2008/7/21瀏覽。

[51] 2003年10月，大陸國家發改委和衛生部委託兩家採購代理機構通過公開招標採購相關儀器設備。2004年10月，北京現代沃爾參加了投標，但開標結果卻讓人大跌眼鏡，兩次競標中標者是同一家公司，其投標價格是所有供應商中最高的。帶著種種疑問，北京現代沃爾向採購人—招標採購代理機構以及國家發改委、國家衛生部提出了書面質疑，但沒有得到答復。2004年12月21日，北京現代沃爾以書面形式向負責

對第三人的行政處罰決定，責令其停止使用消防檢查不合格的住宅大樓，並判決消防局應責令第三人限期整改消防隱患[52]；請求市規劃局履行法定職責，作出具體行政行為，對第三人的違法建築予以拆除，以保護原告的合法權益[53]；請求判決大學院校為其頒發畢業證書、學位證書，並及時

---

同級政府採購的監督管理部門──財政部提出了投訴。但財政部將其投訴又轉給了國家發改委，於是投訴再次沒了下文。北京現代沃爾以「財政部的不作為」為由提起行政訴訟，將財政部告上了法庭。財政部辯稱：根據《國家重大建設項目招標投標監督暫行辦法》的規定，對國家重大建設項目招標投標活動的投訴，由國家發改委受理並作出處理決定，並不歸財政部。但現代沃爾則抬出《政府採購法》稱，各級財政部門對貨物、工程和服務的政府採購活動負有法定的監管職責，對於投訴事項應在30日之內作出處理決定。財政部不作為顯然違法，因為《政府採購法》的法律效力要比暫行辦法高。北京市第一中級人民法院經過審理後，判決原告勝訴，要求財政部必須對原告之投訴給予答復。見〈北京晨報〉報導：政府採購流標公司告財政部不作為一審勝訴。發布時間：2007-06-08。中國法院網http://www.chinacourt.org轉載，2007/8/7瀏覽。

[52] 馮某是南京市砂珠巷06幢401室房屋產權人，在入住時發現砂珠巷小區04幢、06幢兩幢35層高樓存在消防隱患，故向南京市公安消防局投訴。南京市消防局根據投訴，即對上述兩幢高層住宅進行了消防驗收，同時提出了9條消防驗收的不合格意見，並向南京萬廈（集團）股份有限公司（以下簡稱「萬廈公司」）送達了公消限（2000）第135號責令限期改正通知書，要求其於2000年2月28日前限期整改。2000年3月1日南京市公安消防局進行了復查，作出了上述兩幢高層住宅在規定時間中驗收不合格，仍在使用的寧公消復（2000）第110號復查意見書。嗣於同年3月17日向萬廈公司送達了行政處罰告知書。3月23日，根據《中華人民共和國消防法》（以下簡稱《消防法》）第40條第2款、《江蘇省消防條例》第49條規定，對萬廈公司作出責令停止使用並處以3萬元罰款的處罰決定。對處罰決定亦告知了馮某。馮某認為南京市公安消防局雖然對萬廈公司違反《消防法》的行為進行了行政處罰，但是對萬廈公司建設項目設計圖紙沒有審核或認真審核、對施工沒有監督或認真監督、對兩幢高層住宅消防不合格負有過錯責任；且至今未履行落實對兩幢住宅停止使用的法定職責，侵犯了自己的人身權和財產權。遂向江蘇省南京市白下區人民法院提起訴訟，訴請法院判決南京市公安消防局落實對萬廈公司的行政處罰決定，責令停止使用兩幢住宅樓；判令南京市公安消防局責令萬廈公司限期整改消防隱患；向兩幢住宅樓居民賠禮道歉，賠償自己的精神損失3.15元；判令南京市公安消防局將上述三項訴請在兩幢住宅樓範圍內予以公告。江蘇省南京市白下區人民法院經審理認為：馮基與被訴具體行政行為有法律上的利害關係，具有原告資格。對於馮某訴南京市公安消防局不作為的請求，法院認為不能因萬廈公司（第三人）未履行處罰決定的內容就認為南京市公安消防局不作為，馮某的主張理由不能成立，不予支持。對馮某就賠禮道歉、賠償精神損失的訴請，因無事實與法律根據而不予支持。判決駁回馮某的訴訟請求；訴訟費150元，由馮某自擔。馮某不服一審判決，向江蘇省南京市中級人民法院提起上訴。南京市中級人民法院經審理認為：鑑於上訴人的第一項上訴請求在原審審理中未提出，故不予審理。第三人南京萬廈股份有限公司開發建造的砂珠巷小區04、06幢高層住宅，未經消防驗收即投入使用，違反了消防法律規定。被上訴人在接到舉報後，即進行調查，並作出消防驗收不合格通知和9條整改意見，責令限期整改。後作出了停止使用和處以罰款的行政處罰決定，第三人盡管交納了罰款，但並未按照要求進行整改，消防隱患仍然存在，被上訴人並未完全履行法定職責，上訴人要求被上訴人監督第三人實施整改，保護自己的人身和財產權利安全是上訴人作為該04、06兩幢高層住宅產權人的權利，也是被上訴人作為消防安全機關的法定職責，應當履行。上訴人認為被上訴人沒有完全履行法定職責並要求判令繼續履行的訴訟請求應予支持。原審認定被上訴人已履行了法定職責而駁回上訴人的上訴請求適用法律不當。依照《行政訴訟法》第61條第2項的規定判決如下：(1)撤銷南京市白下區人民法院白行初字（2000）第32號行政判決。(2)責令被上訴人繼續履行法定職責。本案訴訟費150元，由被上訴人南京市公安消防局承擔50元、第三人南京萬廈股份有限公司承擔100元。參見胡錦光主編〈行政法案例分析〉，中國人民大學出版社，2006年6月第2版，第385-387頁。

[53] 1992年至1994年間，王宗孝前鄰韓學仁在未經連雲港市規劃管理局（下稱規劃局）批准的情況下採取分層施工的方法，沿王家兩層小樓前20cm處建房，損害了王家的採光、通風權益。為此，王宗孝曾多次要求規劃局依法處理。1994年8月間，王宗孝再次前往規劃局連雲區規劃管理辦公室，反映韓某非法加蓋二層樓房問題並要求處理。規劃局於同年10月26日作出並向韓學仁送達了《關於韓學仁違法建築的處罰決定》，要求韓拆除第二層，但未向原告王宗孝送達。韓某收到該處罰決定後未自動履行，規劃局也因未在法定期限3個月內申請人民法院強制執行，而使該行政決定對韓學仁違法建築的處罰落空。王宗

有效地為其辦理畢業派遣手續[54]；請求稅捐稽徵機關向納稅義務人追繳稅款，以便向原告頒發相應的舉發獎金[55]等。從上開案例可知，在實踐中透

孝乃於1995年4月22日以規劃局不履行規劃管理職責為由，向連雲港市連雲區基層人民法院提起行政訴訟，請求人民法院判決被告規劃局履行法定職責，作出具體行政行為，對韓學仁違法建築予以拆除，以保護原告的合法權益。被告辯稱其將《關於韓學仁違法建築的處罰決定》送達韓學仁後，原告沒有主動查問，被告認為韓家已經自動履行處罰決定，兩家矛盾已經解決。1995年4月底，被告接到原告的起訴狀後，申請法院強制執行，但法院以超出申請執行的期限為由而不予強制執行。法院審理後認為：被告規劃局係地方人民政府城市規劃行政主管部門，主管本行政區域內的城市規劃管理工作，對本行政區域內的建築行為依法負有管理職責。本案原告認為其前鄰韓某未經批准擅自建築樓房而嚴重影響其採光、通風的合法權益，請求被告依法處理是正確的，被告對原告的請求不僅應當作出明確的答復和處理，而且在違章建築責任人不自覺履行處罰決定的情況下，亦應依職權在法定期限內申請人民法院強制執行，以確保原告的合法權益不受侵害。乃依照《中華人民共和國城市規劃法》第9條第2款、第10條、第32條、第40條及《中華人民共和國行政訴訟法》第2條、第11條第1款第5項之規定，判決責成被告規劃局在本判決生效後30日內對原告王宗孝的請求作出具體行政行為（按即判決被告應再作成令韓學仁拆除違章建築的行政處分）。最高人民法院應用法學研究所編，〈人民法院案例選〉，人民法院出版社，1997年4月第1版，第318、319頁。

[54] 田永係北京科技大學學生，於1996年2月29日參加電磁學補考時，因將寫有公式的紙條帶到考場，並於中途上廁所時掉出，被教師發現，乃認為其考試作弊，而作出退學決定。但該決定並沒有正式通知其本人，學校及相關部門也未按此決定執行。1996年9月學校又為其補辦了丟失的學生證，使其一直正常參加學習和學校組織的一切活動，重修了電磁學課程，經考試合格，並參加了學校組織的英語及計算機等級考試，獲得了相應的證書；又按學校計劃參加了畢業實習設計、論文答辯。然而，1998年6月臨近畢業時，學校通知系裡，以其不具備學籍為理由，拒絕頒發畢業證書、學位證書和辦理畢業派遣手續。田永乃主張根據《中華人民共和國教育法》、《中華人民共和國學位條例》及《中華人民共和國學位條例暫行實施辦法》的規定，被告應當履行頒發畢業證書、學位證書等法定職責，向北京市海澱區基層人民法院起訴請求判令被告北京科技大學：一、為其頒發畢業證書、學位證書；二、及時有效地為其辦理畢業派遣手續；三、賠償經濟損失3,000元；四、在校報上公開向原告賠禮道歉並為其恢復名譽；五、承擔本案訴訟費。法院判決如下：一、被告在本判決生效之日起30日內向原告田永頒發大學本科畢業證書；二、被告在本判決生效之日起60日內組織本校有關院、系及學位評定委員會對原告田永的學士學位資格進行審核；三、被告於本判決生效後30日內履行向當地教育行政部門上報有關原告田永畢業派遣的有關手續的職責；四、駁回原告田永的其他訴訟請求。訴訟費用80元由被告負擔60元，由原告負擔20元。參見北京市高級人民法院編，〈人民法院裁判文書選〉，法律出版社，2001年6月第1版，第815-820頁。

[55] 楊智全、曹玉信、田向榮原均為京農公司職員。1998年8月6日三人以其真實姓名向北京市海澱區國稅局遞交了書面舉報信及材料，舉報其所在公司存在重大偷稅問題。海澱國稅局接到舉報後，於當月10日立案。當月12日至25日對克農公司1995年1月1日至1997年12月31日期間的增值稅（相當於台灣的營業稅）、企業所得稅的申報、繳納情況進行了檢查，認定京農公司存在九項違反稅收法規的行為，於同年9月3日對京農公司作出（海）稅字第000055號稅務處理決定，責令該公司自接到處理決定之日起15日內向海澱國稅局所屬的第一稽查所辦理繳納入庫手續，補繳增值稅2,658,695.43元；並就上述1-9項稅務違法行為的檢查，以調整後的應納稅所得按適用稅率補繳企業所得稅237,168.9元；加收滯納金3,733,588.37元。楊智全等三人在得知舉報查實的情況後，於同年9月10日向海澱國稅局遞交了申請書，要求海澱國稅局按照有關規定給予稅務舉報獎勵15萬元，並繼續履行稽查義務，查證其餘稅務違法行為，並將京農公司偷稅問題移交司法機關處理。海澱國稅局於同年9月13日向克農公司送達了上述處理決定書，京農公司於次日繳納了增值稅2,658,695.43元，企業所得稅和滯納金部分未繳納。同年9月15日，海澱國稅局對楊智全等三人的舉報作出結案報告，認為楊智全等三人舉報京農公司的隱瞞收入不納稅內容部分屬實，經查證需補繳增值稅395,151.22元，並擬處以一倍罰款的行政處罰。因京農公司提出異議，故未作行政處罰。同時，海澱國稅局認為舉報涉及的克農公司做假賬、虛開增值稅專用發票，以物易物，以貨抵技術轉讓費，以及京農公司將發票外籍他人使用的問題不屬實。另，海澱國稅局認為因楊智全屬於京農公司的財務主管，與被舉報的案件有直接關係，不能給予獎勵。故海澱國稅局未對京農公司經入庫的款項給予楊智全等三人以獎勵。為此楊智全等三人向北京市海澱區基層人民法院提起行政訴訟，請求法院判決被告海澱國稅局應繼續履行稽查義務；對查出的偷稅款依法定性，對偷稅人移交司法機關處理；對三原告依法履行獎勵義務，給付三原告應得獎勵。第一審法院作出如下判決：一、被告於判決生效後30日內對京農公司已入庫稅款部分給予三原告相應的舉報獎勵；二、被告於判決生效後15日內向京農公司繼續追繳未繳納部分的稅款及滯納金；三、被告將京農公司的剩餘稅款追繳入庫後30日內向三原

過行政訴訟保護的合法權益，除法律明定的人身權、財產權及經營自主權外，尚及於受教育取得學位及派遣工作的權利、相鄰權、公平競爭權，甚至建築物採光、通風的權益；而且行政訴訟被告資格的限制，也獲得突破，擴及學校，不再限於行政機關。

### 5. 法院在履行判決中，是否能夠確定被告應履行的法定職責的內容

一個重要的問題是，法院在履行判決中，是否能夠確定被告應履行的法定職責的內容？這個問題涉及司法權與行政權的關係，大陸學者有認為，由於撤銷訴訟是事後的審查，因而不會侵犯行政機關的第一次判斷權，而課予義務訴訟則容易侵犯行政機關的第一次判斷的權限，違反權力分立原則，從目前的法律規定來看，法院只能判決履行法定職責的期限，而不能指明行政機關履行法定職責的具體內容[56]。如照此說，原告對於行

告頒發相應的舉報獎金；四、被告於本判決生效後兩個月內對京農公司偷稅行為作出處理。如有犯罪嫌疑，應依法移交司法機關處理；五、駁回三原告的其他訴訟請求。判決後，海澱國稅局不服，以該案不符合行政訴訟法規定的受案範圍；且舉報人要求給付獎勵，屬於民事法律關係中債的關係，亦不屬於行政訴訟受案範圍；原告不是稅務行政管理的相對人，與稅收行政管理沒有直接利害關係，無權要求海澱國稅局履行稽查第三人的違法行為；及判決於30日內對已入庫稅款部分給予獎勵，缺乏法律依據等為由，上訴至北京市第一中級人民法院，請求判決撤銷原判，重新作出公正裁判。北京市第一中級人民法院審理後認為：「加強稅收徵收管理，保障國家稅收收入是稅務行政管理機關的重要職責。該職責的具體落實還應當包括對稅務違法舉報案件的查處及對稅務違法行為查證屬實後依照有關規定給予舉報人獎勵的職責。故被上訴人認為上訴人海澱國稅局拒絕履行獎勵職責侵犯其合法權益，可以依法針對其不作為行為提起行政訴訟。上訴人認為該訴不屬於行政訴訟受案範圍以及原告不適格的上訴理由缺乏法律依據，均不能成立，本院應予駁回。三被上訴人以其真實姓名向上訴人檢舉京農公司存在稅務違法行為，其提供的有關材料成為上訴人調查的證據線索，查實了京農公司的違反稅收法規的行為，並追繳了部分稅款入庫，為國家實際挽回了該部分稅收損失。對此上訴人應當依職權，按照有關規定頒發相應的舉報獎勵。上訴人在舉報人反復申請獎勵的情況下，不履行獎勵職責，實際上造成侵害舉報人合法權益的後果。原審法院判決上訴人限期對已入庫款項部分給予被上訴人相應的舉報獎勵是正確的，本院應予維持。上訴人對其餘已查實的應補繳的稅款及滯納金尚未追繳入庫致使被上訴人不能取得有關獎勵，被上訴人有權要求上訴人履行該追繳職責，上訴人亦應採取有關措施予以追繳。原審法院判決限期繼續追繳並於追繳入庫後限期給予被上訴人相應的舉報獎勵是正確的，本院予以維持。楊智全雖然曾經短期擔任過京農公司財務會計負責人，但依照《中華人民共和國稅收徵收管理法實施細則》第81條第2款的規定，其不在禁止領取舉報獎勵人員之列，原審法院判決給予其獎勵是正確的，上訴人所提為該稅收違法行為直接責任人缺乏事實依據和法律依據，本院不予支持。上訴人對該稅收違法舉報案件已立案查處並已審結，被上訴人對查處結果所提出的異議，並非上訴人履行職責與否的問題，故不屬於本案審理範圍，至於上訴人對京農公司的違法問題經查證屬實後應當如何處理，更屬於行政職責之範疇，應由行政機關行使該職責，法院不應直接代其予以判決。原審法院對京農公司稅務違法行為分別予以定性，並予以判處，超出人民法院行政訴訟司法審查的範圍，本院應予撤銷。據此，依照《中華人民共和國稅收徵收管理法》第7條、第20條，《中華人民共和國稅收徵收管理法實施細則》第51條、第81條第1款、第2款，《中華人民共和國國家賠償法》第2條第1款，《中華人民共和國行政訴訟法》第61條第1項、第3項，判決如下：一、維持北京市海澱區人民法院（1999）海行初字第97號行政判決第一項、第二項、第三項、第五項；二、撤銷北京市海澱區人民法院（1999）海行初字第97號行政判決第四項；一、二審案件受理費各八十元，均由上訴人北京市海澱區國家稅務局負擔。」參見北京市高級人民法院編，〈人民法院裁判文書選〉，法律出版社，2001年6月第1版，第723-727頁。

[56] 吳華，〈行政訴訟類型研究〉，中國人民公安大學出版社，2006年1月第1版，第270-271頁。

政機關的拒絕作為（否准申請），提起撤銷之訴時，即使合併提起履行之訴，法院於認定原告之訴有理由時，亦僅能撤銷該具體否准申請的行政行為，並判命被告於一定期限內履行其抽象的法定職責，此與對於行政機關的拒絕作為（否准申請），單純提起撤銷之訴，法院於認定原告之訴有理由時，撤銷該具體否准申請的行政行為，並判命被告重作的情形，尚無不同。惟此並非通說[57]，因《行政訴訟法》第54條第3項及《行政訴訟法若干問題的解釋》第60條第2款規定的條文文義，都只提到法院可以判決命被告履行法定職責，並應當指定履行期限，而未禁止在判決上指明行政機關履行法定職責的具體內容。實務上作法似相當分歧[58]。

## 八、行政訴訟附帶民事訴訟

　　所謂行政訴訟附帶民事訴訟，是人民法院在審理行政案件的同時，與引起該案件的行政爭議相關的民事糾紛一併審理的訴訟活動和訴訟關係的總稱，簡稱行政附帶民事。大陸行政訴訟法沒有對行政附帶民事訴訟的問題作出明確規定，是由最高人民法院於《行政訴訟法若干問題的解釋》第61條規定：「被告對平等主體之間民事爭議所作的裁決違法，民事爭議當事人要求人民法院一併解決相關民事爭議的，人民法院可以一併審理。」因此附帶民事訴訟的原告是經過行政機關依法裁決的權屬糾紛或民事糾紛的雙方當事人中的任何一方，另一方即為附帶民事訴訟的被告，行政訴訟的被告不能成為附帶民事訴訟的被告；附帶民事訴訟中，原告請求的標的應當是已經過行政裁決的民事權利義務爭議，對未經行政裁決的民事爭議，不得提出附帶或者一併審理的請求。且只有在被訴的行政裁決違法經法院確認的情況下，民事爭議的當事人才可以請求一併審理。易言之，附帶的民事訴訟應當在行政訴訟程序完成後進行，並且以被訴行政行為（行

---

[57] 蘇州大學教授楊海坤即不贊同上開見解，其於2010年5月12日以電子郵件回覆本人：「法院判決行政機關履行法定職責當然包括其法定職責的具體內容，否則判決沒有實際意義。」

[58] 請參閱前揭數個註腳所引判決自明。另外，浙江大學章劍生教授於2010年5月13日以電子郵件回覆本人：「關於這個問題，法律原旨是法院不能明確具體內容，只能確定期限，但在實務上，有的法院從保護當事人權益出發，不僅規定了期限，也明確了具體內容，對此，最高法院也沒有否定後一種做法。這種情況的原因是行政訴訟法落後了，但修法跟不上，於是出現了這種情況。這在大陸不僅僅行政法上的現象。」

政裁決）違法為其啟動的條件；如果被訴行政裁決無論於程序與實體方面均屬合法，既應判決予以維持，即無就同一爭執標的所提附帶民事訴訟重複予以審理之必要。又行政訴訟附帶民事訴訟，可以在提起行政訴訟中同時提起，也可以在行政訴訟開始後、終結前的任何時候提起。現行司法解釋對提起附帶（或者請求一併審理）民事訴訟的時間沒有作明確要求，但對審理順序作了要求，即在被告對平等主體之間的民事爭議所作的裁決違法被確認後，根據民事爭議當事人的請求，與案件需要，決定是否一併審理該民事爭議。如果法院認為沒有必要一併審理的，即由民事爭議的當事人單獨提起民事訴訟予以解決[59]；如果民事部分的案情複雜，可能延誤行政訴訟的審結期限的，也可以先對行政部分進行審理並作出判決，然後，再由同一審判庭繼續審理民事部分。最後必須注意的是，行政附帶民事訴訟，是兩種不同性質而又相互關聯的訴訟被人民法院一併審理，因此，在案件審理過程中，應遵守行政訴訟和民事訴訟各自的程序規定及審判原則，不容混淆[60]。

---

[59] 此為後面註解所引應松年主編，《行政訴訟法學》之見解，其意思似係：「如果法院認為沒有必要一併審理的，即不予立案，由民事爭議的當事人另行單獨提起民事訴訟以解決紛爭」。惟本人認為大陸司法既採一元制，遇此情形，行政庭似宜將附帶民事訴訟部分移請同院民事庭審理，始符簡政便民之旨。

[60] 應松年主編，《行政訴訟法學》，中國政法大學出版社2007年1月修訂版，第207-208頁。

## 第一節　序說

　　中共於1949年10月在大陸建政之後，對於國民政府所遺留的法律制度採取完全斷裂的態度，並進行一種全盤蘇聯化的繼受，自此兩岸的法制發展雖同屬大陸法系的架構，但卻是呈現著二種不同的法律發展模式，在發展初期便形成了二條互不交叉的平行線。

　　台灣承繼了以歐陸為主的西方法律制度，延續國民政府於大陸期間已初步架構完成的法律體系，這套法制主要係以個人主義思想和市場經濟體制為基礎，私法領域隨著台灣經濟社會的穩定成長而蓬勃發展，無論判例、學說或實定法，均日益成熟，終致燦然大備；然公法領域（尤指憲法與行政法領域），卻由於在政治上長期戒嚴與戡亂，而發展停滯，遲至1998年10月28日始修正公布新行政訴訟法，2000年7月1日施行，比大陸於1989年4月4日制定公布、1990年10月1日施行的《行政訴訟法》，晚將近10年，而先前施行的舊行政訴訟法僅有34個條文、至多一個半訴訟類型（撤銷訴訟及附帶損害賠償訴訟），比大陸的《行政訴訟法》計75條、至少四個訴訟類型（撤銷之訴、變更之訴、履行之訴、行政賠償之訴）簡略。

　　大陸則一開始便以無產階級專政的法律思維作為出發，企圖建立起中國式的社會主義法制，在歷經翻轉變遷與法制的中斷後，於70年代末期才隨著經濟上的改革開放，逐步建構以市場經濟為主軸的法律體制。由於兩岸具有都是以中文為媒介的共同文化背景，又同屬大陸法系的架構，尤其台灣在經濟發展過程所積累的法制經驗，正符合中國大陸在超趕進程中所需求，使台灣法制理所當然地成為其借鑑的對象；且由於台灣地區人民

赴大陸旅遊、投資頻繁，及對大陸貿易日增[1]，促使台灣政府與民間必須正視大陸法制的發展，於是上開二條互不交叉的法制發展平行線，開始有了重新融合的可能。惟因中共政府始終堅持一黨專政，重視市場經濟與相關民商法制的發展，憚於民主法治與相關行政訴訟法制的建構，以致除了於其建政初期之30年間，有關行政訴訟制度之發展繳了白卷外，即使於改革開放期間，自1982年10月1日起試行《中華人民共和國民事訴訟法（試行）》，使行政訴訟之審理，適用民事訴訟程序以後，其行政訴訟制度之發展程度與台灣比較，亦難望其項背。雖然大陸於1990年10月1日起施行《行政訴訟法》，似有後來居上的趨勢，但終究受限於其政治格局與社會環境，而難以開展，如果與台灣自2000年7月1日施行新行政訴訟法以來，其行政法學與訴訟實務呈現生氣蓬勃的景象相比，更是瞠乎其後（台灣行政訴訟的發生頻率，以人口數和案件量相比，約為大陸的5倍[2]）；且人民尚未完全走出「民不與官鬥」的陰影，縱使告了官，撤回起訴率仍偏高[3]。但如以原告於一審勝訴率比較，大陸則未必遜於台灣，甚至超過[4]。

　　惟法律制度包括訴訟制度畢竟是適應當時政治社會需求的產物，不同的環境所蘊育出來的制度，自各具特色，並互有長短，而有彼此借鏡之必要。茲謹將兩岸行政訴訟法制中訴訟類型之相關問題比較如後：

---

[1]　依據大陸官方統計資料，自1979年至2003年9月累計投資項目（個）數達59,021件、協議金額達673.8億美元（實際利用金額356.9億美元）；自1988年至2003年11月累計赴大陸旅遊人次達29,716,200人；兩岸貿易金額更是快速增加，依據台灣及香港海關統計資料，自1987年至2003年累計達3,318.2億美元，其中台灣對大陸出口2,747.7億美元、自大陸進口570.5億美元，出超2,177.2億美元。參見王文杰，嬗變中之中國大陸法制，交通大學出版社，民國93年12月，第354頁。

[2]　單以兩岸於2008年度之行政訴訟全年收案量比較，台灣人口約2千3百萬人，三所高等行政法院收案7450件、最高行政法院收案4,790件、智慧財產法院244件，合計12,484件（在台灣由於國家賠償案件歸民事法院審理，故此部分之件數未算入上開行政訴訟案件數）。而大陸人口約13億人，約為台灣的56.5倍，其全國於同年度行政訴訟收案，包括行政賠償案件（指專指行政機關及其工作人員之違法侵權賠償案件），一審108,398件、知識產權行政一審1,074件、二審32,920件、再審1,543件，合計143,935件，約為台灣的11.5倍，可見台灣行政訴訟的發生頻率約為大陸的5倍。

[3]　單以2008年一審結案數為例，台灣全年結案7,767件，其中撤回者707件，撤回率約9.1%；大陸全年結案109,085件，撤訴39,169件，撤回率高達35.9%。詳參附錄兩岸行政事件的統計數據。

[4]　單以2008年一審結案數中，原告勝訴的比例比較。台灣全年結案7,767件，其中原告全勝、勝敗互見、情況判決合計683件，原告勝訴率至多8.79%；大陸全年結案109,085件，其中撤銷、履行、確認違法無效、賠償判決合計12,224件，原告勝訴率達11.2%。詳參附錄兩岸行政事件的統計數據。

## 第二節　兩岸行政訴訟類型及其相關制度之比較

### 一、受案範圍之差異

　　台灣行政訴訟之受案範圍係採概括主義，依行政訴訟法第2條規定，凡公法上之爭議，除法律別有規定，應依其他程式救濟，例如憲法適用爭議、公職人員選舉罷免訴訟、國家賠償訴訟、律師懲戒及違反道路交通管理處罰條例之處罰[5]等事件外，均得依本法提起行政訴訟。故其受案範圍原則上僅排除私法爭議事件，甚為寬廣，且簡單明瞭。而大陸行政訴訟卻是採列舉主義，雖然《行政訴訟法》第2條規定：「公民、法人或者其他組織認為行政機關和行政機關工作人員的具體行政行為侵犯其合法權益，有權依照本法向人民法院提起訴訟。」惟並非對所有具體行政行為或所有合法權益被侵犯的情形，均得提起行政訴訟，而應「依照本法」始得提起。所謂「依照本法」包括應受《行政訴訟法》第11條積極列舉的可以提起行政訴訟與第12條消極列舉的不得提起行政訴訟事項範圍的限制。細繹第11條所列舉的積極受案範圍，除其中第2款委諸個別法律、法規規定可以提起行政訴訟的事項外，其餘款項（計8項）所設定保護的「合法權益」，限於人身權、財產權和經營自主權，且所謂經營自主權，又以法律有明文規定為限。其次行政賠償的範圍，依《行政訴訟法》第67條第1款規定，係指「公民、法人或者其他組織的合法權益受到行政機關或者行政機關工作人員作出的具體行政行為侵犯造成損害的，有權請求賠償」，所謂「合法權益」雖未限定種類，但依1994年5月12日公布、1995年1月1日施行的《國家賠償法》第3條、第4條規定的行政賠償範圍則將同法第2條之「合法權益」[6]限於人身權與財產權[7]。如此限定、列舉又排除的立法

---

5　司法院已完成修法，將行政訴訟改為三級二審，自2012年9月6日在各地方法院設置行政訴訟庭，除將行政訴訟簡易程序事件之第一審及相關保全證據事件、保全程序事件及行政訴訟之強制執行事件，改由地方法院行政訴訟庭受理外，並將現行由普通法院審理之違反道路交通管理處罰條例裁罰救濟事件，改依行政訴訟程序審理。（行政訴訟法已於2011年11月23日修正公布，並定於2012年9月6日施行）

6　大陸《國家賠償法》第2條第1款：國家機關和國家機關工作人員違法行使職權侵犯公民、法人和其他組織的合法權益造成損害的，受害人有依本法取得國家賠償的權利。

7　雖然《國家賠償法》第3條、第4條以列舉及概括之方式，將行政機關應負責賠償的加害行為，擴及到非具體行政行為之行為，但仍依循行政訴訟受案範圍之立法模式，限縮合法權益的保護種類。2010年4月29日修正公布（實施日期2010-12-01）的《國家賠償法》對第3條、第4條僅作局部文字修改，基本架構

例，其受案範圍相對狹窄，再加上有限的判決類型，對人民權益保護自然欠周。儘管前揭司法解釋有意放寬「具體行政行為」的內涵，以概括及排除的規範模式，企圖達到擴大受案範圍及增加保護權益種類的效果，惟恐滋生是否牴觸母法的疑義，反而造成地方各級人民法院就個案是否受理見解的歧異[8]，可謂治絲益棼，不利實務運作，並有害司法公信。

## 二、行政行為主體範圍之差異

　　台灣行政訴訟法對於作成行政行為之主體僅泛稱係「中央或地方機關」（行政訴訟法第4條第1項、第5條參照），而不限定為形式意義的「行政機關」，即著眼於實質意義（或稱功能取向）的行政機關，形式上雖係立法機關、司法機關或監察機關，但其作為如在功能上屬於行政行為，即應認為其具有行政機關之地位，而可以成為行政訴訟之被告[9]。然而大陸行政訴訟法第2條卻將可訴行政行為的主體限於「行政機關和行政機關工作人員」，司法解釋雖然將之定義為「具有國家行政職權的機關和組織及其工作人員」，既包括具有法定行政職權的機關，也包括法律、法規授權的組織，還包括行使行政職權的工作人員[10]。但仍無法承認各級人民法院、檢察院和人民代表大會及其常務委員會於從事功能上行政行為時（例如依大陸行政訴訟法規定受案範圍內所列舉之「沒有依法發給撫恤金」的行為），具有可訴性。尤其是對於實際上行使統治權，且被列入

---

不變。

[8] 例如，在丁某訴某縣衛生防疫站行政確認案中，丁某申辦一家飲食店，向縣衛生局申請衛生許可證時，被指定到縣人民醫院進行全面體檢並先取得了健康證，未發現任何問題。嗣丁某又在縣衛生防疫站作了體檢，檢查結論認為丁某患有B型肝炎。丁某認為縣衛生防疫站檢查有誤，乃要求復檢。縣衛生防疫站認為體檢結果不會有問題，予以拒絕，如要求復檢丁某必須重行繳費，丁某認為無此道理，主張復檢屬於免費。丁某乃以縣衛生防疫站體檢失實為理由，向某縣人民法院提起行政訴訟，要求撤銷縣衛生防疫站的體檢結論並重新免費復檢。人民法院對此案件最後決定予以受理，其受理之理由認為，丁某認為縣防疫站作出之檢查結果有誤，並使其不能開辦飲食店，侵犯其合法權益，而此種體檢結果是一種行政確認即具體行政行為，而此行政確認又不在《行政訴訟法》第11條第1款前7項規定之受案範圍內，但該行政確認可以適用同款第8項規定「認為行政機關侵犯其他人身權、財產權的」，該案屬於行政訴訟的受案範圍，因而決定予以受理。事實上，此案在審理中，人民法院內有二種不同意見，一種認為體檢結論不是具體行政行為，不屬於行政訴訟之受案範圍，不應受理此案。另一種認為體檢結論只是事實結論，不直接涉及丁某之人身權、財產權，不屬行政訴訟受案範圍，應予不受理此案。參見應松年，《行政訴訟法案例教程》，中國政法大學出版社，1999年1月，第68-71頁。轉引自蘇義洲，大陸地區行政訴訟類型之研究，碩士論文，國立中山大學大陸研究所，2000年6月，第90、91頁。

[9] 吳庚，行政法之理論與實用，民國96年9月增訂10版，第318頁。

[10] 沈福俊、鄒榮主編〈行政法與行政訴訟法學〉，北京大學出版社，2007年1月1版，第389頁。

《公務員法》實施範圍的各級共產黨機關所為功能性行政行為[11]，亦無法成為可以訴訟的對象[12]，對於人民權益的保護難免有漏洞[13]。

　　另外，由於大陸的政治體制係採中央集權，中央與地方各級人民政府均是國家行政機關[14]，除了在農村及城市實施基層的村民或居民自治，由具有公民政治權利的村民或居民分別投票選舉產生村民或居民委員會主任、副主任和委員[15]外，並無地方自治團體法人之制度。因此其所謂行政機關係指中央和地方各級人民政府，不包括作為村民自治組織的村民委員會，村民對於村民委員會所作成管理決定（例如拒絕發放土地徵用補償費、生活補助費或分配集體財產收益之處分），究應提起行政訴訟或民事訴訟以解決糾紛，即生疑義。學者見解不同，有認為其屬自治組織，非屬國家行政機關，不能對其提起行政訴訟，除非村委會受到法律、法規的授

---

[11] 中共中央、國務院聯合發布的《〈中華人民共和國公務員法〉實施方案》（2006年4月9日中發【2006】9號通知）明定：下列機關列入2006年1月1日起施行的公務員法實施範圍：（一）中國共產黨各級機關；（二）各級人民代表大會及其常務委員會機關；（三）各級行政機關；（四）中國人民政治協商會議各級委員會機關；（五）各級審判機關；（六）各級檢察機關；（七）各民主黨派和工商聯的各級機關。（人民網http://cpc.people.com.cn，2010年5月6日瀏覽）。

[12] 蘇州大學楊海坤教授於2010年5月4日以電子郵件回覆本人：「黨目前至少在法律理論和實踐上不能成為行政訴訟的被告」。浙江大學章劍生教授於2010年5月6日以電子郵件回覆本人：「在大陸，黨的機構不是行政機關，所以黨的組織作出的活動不是行政行為，不屬於法院調整的範圍」。中國人民大學莫于川教授於2010年5月4日以電子郵件回覆本人：《行政訴訟法若干問題的解釋》第1條第1款規定所謂具有國家行政職權的機關和組織不包含政黨組織。

[13] 在台灣，政黨只是擬訂政策及從事選舉的工具，並非國家權力機關，不可能從事功能性行政行為，自無須對其行為提起行政訴訟。但以大陸實行的黨國體制而言，其執政黨可以和國家行政機關聯合發布命令，黨務機關列入國家公務員法的實施範圍，黨部工作人員享受公務員的待遇，可見黨務機關無論形式與實質都屬國家權力機關，自有可能從事功能性行政行為。

[14] 大陸憲法第2條第2款：人民行使國家權力的機關是全國人民代表大會和地方各級人民代表大會。
大陸憲法第3條：中華人民共和國的國家機構實行民主集中制的原則。全國人民代表大會和地方各級人民代表大會都由民主選舉產生，對人民負責，受人民監督。國家行政機關、審判機關、檢察機關都由人民代表大會產生，對它負責，受它監督。中央和地方的國家機構職權的劃分，遵循在中央的統一領導下，充分發揮地方的主動性、積極性的原則。
大陸憲法第105條第1款：地方各級人民政府是地方各級國家權力機關的執行機關，是地方各級國家行政機關。
中華人民共和國地方各級人民代表大會和地方各級人民政府組織法第54條：地方各級人民政府是地方各級人民代表大會的執行機關，是地方各級國家行政機關。

[15] 大陸憲法第111條明定城市和農村按居民居住地區設立的居民或村民委員會是基層群眾性自治組織。
《中華人民共和國村民委員會組織法》第11條：村民委員會主任、副主任和委員，由村民直接選舉產生。任何組織或者個人不得指定、委派或者撤換村民委員會成員。村民委員會每屆任期三年，屆滿應當及時舉行換屆選舉。村民委員會成員可以連選連任。
《中華人民共和國城市居民委員會組織法》第8條：居民委員會主任、副主任和委員，由本居住地區全體有選舉權的居民或者由每戶派代表選舉產生；根據居民意見，也可以由每個居民小組選舉代表二至三人選舉產生。居民委員會每屆任期三年，其成員可以連選連任。
年滿十八周歲的本居住地區居民，不分民族、種族、性別、職業、家庭出身、宗教信仰、教育程度、財產狀況、居住期限，都有選舉權和被選舉權；但是，依照法律被剝奪政治權利的人除外。

權後行使行政職權，才可以對其行為提起行政訴訟[16]；另有認為如果把行政權力擴大為公權力，那麼村委會在行使公權力時可以成為村民控告對象[17]。司法實踐上亦發生歧異[18]，有認為其事件係非屬平等主體間所發生私權爭執，不適於循民事訴訟解決糾紛，或係村民自治的範疇，不屬於民事案件的受案範圍[19]；有認為村民委員會既屬自治組織，即非管理與被管理的關係，不應循行政訴訟解決糾紛（即應提民事訴訟）[20]。最高人民法院的司法解釋，對於農村土地承包經營發生的糾紛，原則上固認屬民事訴訟的範圍，但對於村集體經濟組織成員未取得土地承包經營權與用於分配的土地補償費數額糾紛，卻認非屬民事事件（並不表示即可提起行政訴訟，仍應先向有關行政主管部門申請裁決後，如不服其裁決，再針對該裁決提

---

[16] 中國人民大學莫于川教授於2010年5月4日以電子郵件回覆本人：「村委會、居委會不屬於行政機關。因此，這兩類機構不成為行政訴訟的被告」。浙江大學章劍生教授於2010年5月6日以電子郵件回覆本人：「村委會是自治組織，也不屬於行政訴訟的範圍，除非村委會受到法律、法規的授權後行使行政職權，如農民建房的審批，如農民不服，可以對此行政行為提起行政訴訟」。

[17] 蘇州大學楊海坤教授於2010年5月4日以電子郵件向本人表達之見解。

[18] 例如中國法院網2002年9月12日報導《十六名出嫁女狀告村委》：山東省昌邑市某村付小玉等16名出嫁女，因該村不發放土地徵用補償費和生活補助費而將村委會告上法庭，法院以行政訴訟受理，依據土地管理法、土地管理法實施條例及婦女權益保障法，判決原告勝訴。但2003年9月26日同網站報導王新彥告河南省鄭州市中原鄉三官廟村村民委員會，不給予村民待遇，請求給付2001年、2002年的村民福利金（村集體財產收益分配款）乙案，法院則以民事訴訟受理，以尊重村民大會表決結果為由，判決原告敗訴。以上案例引自楊小君，〈行政訴訟問題研究及制度改革〉，中國人民公安大學出版社，2007年3月1版，10-15頁。

[19] 例如高和穩訴北京市昌平區沙河鎮滿井東隊村民委員會侵犯集體經濟組織成員合法權益案，原告請求滿井東隊村委會支付高和穩徵地補償金差額1萬元，一審法院以裁定駁回其訴，理由：「村民委員會是村民自我管理、自我教育、自我服務的基層群眾性自治組織，實行民主選舉、民主決策、民主管理、民主監督。高和穩要求滿井東隊村委會給付徵地補償金差額1萬元，是由於雙方計算高和穩農齡的年限不同造成的，而農齡年限及其相應權利的確定，係村民自治的範疇，不屬於民事案件的受案範圍。」原告提起上訴後，北京市第一中級人民法院（2009）一中民終字第5047號裁定駁回上訴，認同原裁定之見解。但，王雙玉訴北京市昌平區沙河鎮王莊村民委員會侵犯集體經濟組織成員權益案，原告請求法院判令王莊村委會作出的《王莊村高教園微佔土地補償費分配方案》無效，北京市昌平區人民法院（2008）昌民初字第8063號民事判決駁回原告之訴、北京市第一中級人民法院（2009）一中民終字第5300號民事判決駁回上訴，均默認其係民事糾紛，而作成實體判決。可見同一法院，就同類爭議，持不同的處理方法（參見香港中華法律網http://www.isinolaw.com，2010/5/12瀏覽）。但章劍生教授於2010年5月19日以電子檔回覆本人的見解，則認為「在高和穩訴北京市昌平區沙河鎮滿井東隊村民委員會侵犯集體經濟組織成員合法權益案中，所涉的是『農齡年限及其相應權利的確定』，而不是補償爭議，所以不屬於民事案件，而在王雙玉訴北京市昌平區沙河鎮王莊村民委員會侵犯集體經濟組織成員權益案中，不是原告的身份爭議，而是財產爭議，所以是民事案件。」

[20] 本人於2010年5月18日以電子郵件向浙江大學章劍生教授詢問：您提到「居民委員會是城市中居民自治組織，居民委員會的行為不可訴；村委會是自治組織，也不屬於行政訴訟的範圍」是否意指村委會或居委會與其自治組織成員之間有關集體經濟的權利義務事項（例如發放土地徵用補償費、生活補助費或分配集體財產收益等事項），只能提起民事訴訟解決，或根本不能提起任何訴訟??經其於2010年5月19日回覆：你的理解是對的，自治組織內部的活動都不屬於行政訴訟的範圍，最高法院的司法解釋一直持這個觀點。不過，一旦行政機關介入之後，這種對民事關係的行政處理，就成為行政訴訟的客體了。但此時行政訴訟的客體不是民事關係，而是行政機關介入的行政行為。

起行政訴訟）[21]。如此分歧，極可能衍生民事庭與行政庭均認為不屬其受案範圍，而均裁定不予受理的窘境（詳後述）。

## 三、司法一元制卻發生審判權消極衝突

在台灣，由於實施司法二元制，公私法事件分別歸屬行政法院與普通法院審理，難免發生審判權消極衝突之弊端。有鑒於此，2000年7月1日施行的新行政訴訟法第178條乃明定「行政法院就其受理訴訟之權限，如與普通法院確定裁判之見解有異時，應以裁定停止訴訟程序，並聲請司法院大法官解釋」，惟當事人仍需起訴兩次，甚至三次，才能獲得法院實體解決紛爭，故司法院大法官會議於2002年3月15日作成釋字第540號解釋，明示：「事件經本院解釋係民事事件，認提起聲請之行政法院無審判權者，該法院除裁定駁回外，並依職權移送有審判權限之普通法院，受移送之法院應依本院解釋對審判權認定之意旨，回復事件之繫屬，依法審判，俾保障人民憲法上之訴訟權」。迨2007年7月4日增訂公布第12條之2、第12條之3[22]（2007年8月15日施行），更詳盡規範其解決機制。反觀大陸地區係採司法一元制，公私法審判權均集中在各級人民法院，民事庭或行政庭之設置應只是法院內部的事務分配問題，不涉及審判權之歸屬問

---

[21] 2005年7月29日公布的《最高人民法院關於審理涉及農村土地承包糾紛案件適用法律問題的解釋》第1條規定：「（第1款）下列涉及農村土地承包民事糾紛，人民法院應當依法受理：(一)承包合同糾紛；(二)承包經營權侵權糾紛；(三)承包經營權流轉糾紛；(四)承包地徵收補償費用分配糾紛；(五)承包經營權繼承糾紛。（第2款）集體經濟組織成員因未實際取得土地承包經營權提起民事訴訟的，人民法院應當告知其向有關行政主管部門申請解決。（第3款）集體經濟組織成員就用於分配的土地補償費數額提起民事訴訟的，人民法院不予受理。」所謂集體經濟組織成員即係指村民。而不能提起民事訴訟，是否即表示可以提起行政訴訟？經本人向章劍生教授請教：您認為「在高和穩訴北京市昌平區沙河鎮滿井東隊村民委員會侵犯集體經濟組織成員合法權益案中，所涉的是『農齡年限及其相應權利的確定』，而不是補償爭議，所以不屬於民事案件」。是否意指此類案件雖不屬於民事案件，但也不能直接提起行政訴訟，因為村委會不是行政機關。村民必須先向有關行政主管部門申請裁決後，如不服其裁決，再針對該裁決提起行政訴訟??經其於2010年5月23日以電子郵件答覆：「是的，必須先走行政裁決之程序，對行政裁決不服的，可以提起行政訴訟。」

[22] 台灣行政訴訟法第12條之2：行政法院認其有受理訴訟權限而為裁判經確定者，其他法院受該裁判之羈束。行政法院認其無受理訴訟權限者，應依職權以裁定將訴訟移送至有受理訴訟權限之管轄法院。數法院有管轄權而原告有指定者，移送至指定之法院。移送之裁定確定時，受移送之法院認其亦無受理訴訟權限者，應以裁定停止訴訟程序，並聲請司法院大法官解釋。受移送之法院經司法院大法官解釋無受理訴訟權限者，應再行移送至有受理訴訟權限之法院。當事人就行政法院有無受理訴訟權限有爭執者，行政法院應先為裁定。行政法院為第二項及前項之裁定前，應先徵詢當事人之意見。
第12條之3：移送訴訟前如有急迫情形，行政法院應依當事人聲請或依職權為必要之處分。移送訴訟之裁定確定時，視為該訴訟自始即繫屬於受移送之法院。前項情形，行政法院書記官應速將裁定正本附入卷宗，送交受移送之法院。

題，如果行政庭認為分配給其處理之案件應屬民事案件，本應自行改依民事程序審理，至多將該案件移給民事庭處理，反之亦然。且大陸行政訴訟法第41條規定的起訴條件，其中第4項只是限定「屬於人民法院受案範圍」，並未要求屬於「受理行政訴訟的範圍」，故解釋上，只有在案件完全不屬於一般人民法院的審判權範圍時（例如案件應屬軍事法院等專門人民法院審理權限），才可以裁定不受理，似不可能像司法二元制國家一般，會發生審判權消極衝突之情形。然而由於《行政訴訟法若干問題的解釋》第44條第1款第1項規定「有下列情形之一的，應當裁定不予受理，已經受理的，裁定駁回起訴：(一)請求事項不屬於行政審判權限範圍的」，及民事訴訟法第108條第4項規定「起訴必須符合下列條件：(四)屬於人民法院受理民事訴訟的範圍和受訴人民法院管轄」、第111條第1款規定「人民法院對符合本法第一百零八條的起訴，必須受理；對下列起訴，分別情形，予以處理：(一)依照行政訴訟法的規定，屬於行政訴訟受案範圍的，告知原告提起行政訴訟」、第112條的規定「人民法院收到起訴狀或者口頭起訴，經審查，認為符合起訴條件的，應當在七日內立案，並通知當事人；認為不符合起訴條件的，應當在七日內裁定不予受理；原告對裁定不服的，可以提起上訴」，使得在實踐上，同一法院的行政庭及民事庭可以針對同一事件，分別認為不屬其受理範圍，而發生審判權的消極衝突的情形，造成人民投訴無門[23]。尤其行政訴訟之受案範圍有模糊空間，訴訟又未類型化，在公私法領域交界地帶的事件，例如行政合同、村集體經濟組織與其內部成員間之關係等，當事人極可能徘徊在民事訴訟或行政訴訟之間，法官也可能舉棋不定、莫衷一是，故極需要在立法上或司法實踐上設定統一的調整機制，以保護人民的訴訟權。

---

[23] 例如先前介紹行政合同之訴時之註腳所引瀋陽市中院審理上訴人潘寶海起訴要求被上訴人按照雙方簽訂的合同給付拆遷補償款乙案，即發現以下的問題：該訴請給予拆遷補償一案已經同法院〔2004〕瀋民(2)房終字第882號民事裁定認定屬於行政合同，屬於行政法律關係所調整的範圍（似已裁定不受理或裁定駁回確定在案），原告乃重新提起行政訴訟，然同法院行政庭卻又認為「行政合同案件應作為民事案件處理，故上訴人潘寶海的請求事項不屬於行政審判權限範圍，按《最高人民法院關於執行〈中華人民共和國行政訴訟法〉若干問題的解釋》第四十四條第一款第(一)項的規定，應裁定駁回起訴」，顯已造成審判權的消極衝突。

## 四、受行政行為可訴性範圍制約之差異

　　由於大陸行政訴訟之立法例主要是以列舉式的受案範圍來界定那些行政行為具有可訴性，那些行政行為不具有可訴性，並將行政行為限定在「具體行政行為」，且以「不服」具體行政行為「侵犯其合法權益」作為起訴的要件。以致其訴訟類型須受不服對象「具體行政行為」的制約，儘管其司法解釋有意擴大「具體行政行為」的概念範圍，亦只能發展出抗告型訴訟，即撤銷、確認違法（或無效）、履行等主觀訴訟，不利於請求給付（包括因行政合同、公法上不當得利、無因管理或違法侵害結果除去等爭議所生的給付請求）、確認法律關係存否與公益請求等訴訟類型的發展。此種困境，與台灣行政訴訟法早先規定的受案範圍採概括主義，卻因囿於訴訟類型只有撤銷訴訟及附帶損害賠償訴訟，且撤銷訴訟的程式標的限於「行政處分」（具體的單方行政行為），致使實際具有可訴性的行政行為相當有限，甚至不得不藉助將行政機關對於依法申請之案件，於法定期限內應作為而不作為，視同行政處分的方式（舊訴願法第2條第2項參照），來擴大受案範圍的情形，有異曲同工之處。惟台灣自2000年7月1日施行新行政訴訟法後，已大幅度走出上開被「行政行為可訴性」網綁的困境，不但受案範圍寬廣，且訴訟類型多元，對於人民權益可以提供較為周全的救濟管道。除對於抽象行政行為尚不可直接提起行政訴訟外，各種具體行政行為都有相應的訴訟類型，也有個別法律容許人民為維護公益，就無關自己權利及法律上利益之事項，對於行政機關之違法行為，得提起行政訴訟，甚至不必先有行政行為，也可能以確認法律關係存否之訴解決公法上之爭議。

## 五、行政訴訟是否類型化與訴判對應關係之差異

　　大陸行政訴訟類型，嚴格說來只有兩種，即行政賠償訴訟與不服具體行政行為的抗告訴訟，後者尚停留在概括形態，並未進一步類型化（尚無法律明文承認訴訟類型或規範訴訟類型的要件），外界至多僅能解讀為

其係以判決方式的變化來間接承認訴訟類型之存在[24]。故人民起訴只要指明其係不服那一個具體行政行為（作為或不作為），無庸明確主張其訴訟類型，而係由法院經過審理，如果認為原告之訴有理由，再根據不同情況，依職權裁量選擇作出適合的判決類型（撤銷、變更、確認違法或無效、限期履行或重作、情況判決等），且不受原告主張訴訟類型的拘束。其優點是人民可以省去選擇訴訟類型的負擔，適合知識水準尚未普遍提昇的社會環境；對於法院而言，也可以省去應付原告錯用、濫用或網羅各種訴訟類型，胡亂起訴，必須闡明或一一審判論斷的麻煩。但缺點是訴和判相分離，法院判決沒有充分回應原告之聲明[25]，人民不能依其爭議事件的特性，去選擇其最適合的訴訟類型，法院則可能選錯判決類型而不能切合當事人的需求，或因不必受原告聲明訴訟類型的拘束，而濫用裁量權，作出迴護行政機關的判決。反觀台灣實施的行政訴訟制度雖從一開始法律就明文規定訴訟類型，惟僅限於撤銷訴訟及附帶損害賠償訴訟，其原因除由於政治尚未完全民主化，行政權獨大，司法權被迫謙抑外，認為依當時經濟、社會及文化發展程度，一個半訴訟類型已足資應付，並可省去選擇的麻煩，亦是考量因素之一。惟一旦經濟、政治及文化發達起來，人民權利意識高漲，行政訴訟事件大量增加後，就必須增加訴訟類型，以回應社會的需求。雖然訴訟類型化並多元化的結果，造成人民選擇訴訟類型的負擔及法院應付濫訴的麻煩，但基於完善保護人民權益的立場，可以藉由課予法院闡明的義務，以減輕人民選擇訴訟類型的負擔。因此，訴訟類型化並多元化，對於人民而言，仍然是利大於弊的選項，也是民主政治發達社會之訴訟法制必然的走向。

---

[24] 雲南高級人民法院法官趙光喜於2010年5月12日以電子郵件回覆本人：「大陸行政訴訟並未『刻意』要通過『判決方式』來間接承認訴訟類型。而且，在1989年制定《行政訴訟法》時，大陸行政訴理論學界、司法實踐中遠未涉及到訴訟類型這一塊理論問題。關於訴訟類型只是近幾年修改《行政訴訟法》的各位大學者才提出……」。

[25] 雲南高級人民法院法官趙光喜於2010年5月12日以電子郵件回覆本人：「在大陸行政訴訟中，長期以來已經形成了『訴』和『判』相分離。也就是說，法院作出的判決首先並不一定要考慮原告的訴訟請求是否成立，是否應予以支持，還是應駁回原告的訴訟請求，而是首先考慮被訴具體行政行為的『合法性』，如合法，則可以判決維持被訴具體行政行為，反之，可撤銷被訴具體行政行為；如不可撤銷或撤銷已失去意義，也可確認違法，但不必對原告提出的訴訟請求作出直接回應。當然，大陸行政訴訟中這種判決未『回應』當事人提出訴訟請求的問題，已引起學界和司法界的注意，而且，我們的實踐中，已經逐漸回歸到『訴判對應』的軌道上來。」

## 六、行政訴訟前置程序之差異

　　大陸行政訴訟類型，除行政賠償訴訟外，其餘以「不服具體行政行為」為核心的抗告訴訟，均存在是否須或應先踐行復議前置程序、復議決定是否為終局裁決的問題，其間之關聯性如前所述，有五種類型：選擇型、復議前置型、並列型、復議終局型、只能訴訟型，過於多元複雜，不容易操作，制度使用者，無論行政機關、法院或人民均有可能弄錯程序，而耽誤到當事人的訴訟權益。尤其是大陸的行政訴訟的受案範圍採列舉的方式，已經很狹窄，又容許個別法律規定某些具體行政行為的爭議可以由行政機關做終局的裁決（《行政訴訟法》第12條第4項），無異剝奪司法機關對於行政機關是否依法行政的監督權，不利於保障人民的合法權益，有違行政訴訟制度的宗旨。反觀台灣之行政訴訟類型多元，除撤銷與課予義務訴訟原則上必須踐行訴願（或相當於訴願）之前置程序，確認行政處分無效訴訟須先向原處分機關請求確認其無效外，其餘訴訟類型均無前置程序的限制。訴願與行政訴訟之關聯性單純，不易弄錯，且無法律賦予行政機關對於公法爭議的終局裁決權，符合法治社會的一般原理原則。

## 七、大陸行政賠償與台灣國家賠償之辨別

　　大陸的行政賠償請求權及其程序原先係明定在1990年10月1日施行的行政訴訟法第9章，惟只有3個條文（第67條至第69條），其賠償範圍係指「公民、法人或者其他組織的合法權益受到行政機關或者行政機關工作人員作出的具體行政行為侵犯造成損害」（第67條第1款），後來於1995年1月1日施行的國家賠償法，則在第一章總則第2條，將國家賠償範圍界定在「國家機關和國家機關工作人員違法行使職權侵犯公民、法人和其他組織的合法權益造成損害的，受害人有依照本法取得國家賠償的權利」，意味著不是只有行政機關須受國家賠償法的規範，進而將國家賠償的範圍區分為三部分，即行政賠償（第二章）、刑事賠償（第三章）、非刑事的司法賠償（第31條），其中行政賠償係指行政機關及其工作人員在行使行政職權時，有本法列舉的侵犯人身權或財產權的情形，受害人有取得賠

償的權利（第3條、第4條）[26]；刑事賠償係指行使偵查、檢察、審判、監獄管理職權的機關及其工作人員在行使職權時，有本法列舉的侵犯人身權或財產權的情形，受害人有取得賠償的權利（第15條、第16條）[27]；非刑事的司法賠償則係指人民法院在民事訴訟、行政訴訟過程中，違法採取對妨害訴訟的強制措施、保全措施或者對判決、裁定及其他生效法律文書執行錯誤，造成損害的，賠償請求人要求賠償的程序，適用本法刑事賠償程序。以上所謂人身權均包括生命、身體及自由權；偵查機關包括公安機關。2010年4月29日修正公布（實施日期2010年12月1日）的《國家賠償法》，基本上維持相同的架構。可見大陸國家賠償制度，主要係以機關別作基準來區分賠償範圍和賠償程序，且對於機關應負責的加害行為均採列舉主義，其中行政賠償適用行政訴訟程序；刑事賠償與非刑事的司法賠償都是適用刑事賠償程序。而台灣的國家賠償制度，主要由1980年7月2日公布（1981年7月1日施行）的國家賠償法與1959年6月11日公布（同年9月1日施行）的冤獄賠償法所建構，其中國家賠償法第2條第2項、第3條第1項分別明定：「公務員於執行職務行使公權力時，因故意或過失不法侵害人民自由或權利者，國家應負損害賠償責任。公務員怠於執行職務，致人民自由或權利遭受損害者亦同。」、「公有公共設施因設置或管理有欠缺，致人民生命、身體或財產受損害者，國家應負損害賠償責任。」對於行為主體與賠償範圍採取概括主義，不以機關別劃分賠償範圍，其應適用之實體法，除依本法規定外，適用民法規定（第5條）；其訴訟程序，除依本法規定外，適用民事訴訟法之規定（第12條）。至於冤獄賠償法，原專係為依刑事訴訟法令受理之案件，具有：一、不起訴處分或無罪之判

---

[26] 大陸國家賠償法第3條、第4條之詳細內容，參見第七章大陸行政訴訟類型、第二節行政訴訟的受案範圍註腳所記載。

[27] 1995年大陸國家賠償法第15條：行使偵查、檢察、審判、監獄管理職權的機關及其工作人員在行使職權時有下列侵犯人身權情形之一的，受害人有取得賠償的權利：(一)對沒有犯罪事實或者沒有事實證明有犯罪重大嫌疑的人錯誤拘留的；(二)對沒有犯罪事實的人錯誤逮捕的；(三)依照審判監督程式再審改判無罪，原判刑罰已經執行的；(四)刑訊逼供或者以毆打等暴力行為或者唆使他人以毆打等暴力行為造成公民身體傷害或者死亡的；(五)違法使用武器、警械造成公民身體傷害或者死亡的。
第16條：行使偵查、檢察、審判、監獄管理職權的機關及其工作人員在行使職權時有下列侵犯財產權情形之一的，受害人有取得賠償的權利；(一)違法對財產採取查封、扣押、凍結、追繳等措施的；(二)依照審判監督程式再審改判無罪，原判罰金、沒收財產已經執行的。

決確定前曾受羈押；二、依再審或非常上訴程序判決無罪確定前曾受羈押或刑之執行；三、不依前項法令之羈押等情形之一者，所設國家賠償制度（1959年冤獄賠償法第1條），適用特別的審理程序。於2007年7月11日修正公布（同年月13日施行）之冤獄賠償法第1條，更將冤獄賠償適用範圍擴大至依軍事審判法、少年事件處理法或檢肅流氓條例受理之案件；迨2011年7月6日進一步將冤獄賠償法修正公布為「刑事補償法」（定於同年9月1日施行），堪稱係國家賠償法之特別法，兩者競合時，應優先適用刑事補償法（原冤獄賠償法）。可見台灣的國家賠償範圍，排除刑事補償後，與大陸的行政賠償性質相似，但範圍更為廣泛，且適用之訴訟程序不一樣。另外，台灣的行政訴訟法第7條規定「提起行政訴訟，得於同一程序中，合併請求損害賠償或其他財產上給付」，依此規定，國家賠償請求可以和與其損害有牽連關係的公法爭議事件合併提起行政訴訟。故台灣的國家賠償請求程序，係採雙軌制，即當事人可以單獨提起民事訴訟，亦可以在提起行政訴訟時一併請求，與大陸的行政賠償請求程序相近。如係單獨提起民事訴訟，其裁判又以行政處分是否無效或違法為據者，應先依行政爭訟程序確定之（行政訴訟法第12條），此涉及第一次權利救濟優先原則的適用問題，亦與大陸現制相似（詳後述）。

## 八、行政賠償訴訟以行政行為先被確認違法為條件之迷思

在大陸，提起行政賠償訴訟的方式有兩種：一是單獨提起賠償請求訴訟，二是在提起行政復議或提起行政訴訟時一併請求，在單獨提起行政賠償訴訟前，受害人應先向賠償義務機關請求賠償。除提起行政復議時一併請求外，與台灣行政訴訟法第7條、國家賠償法第10條、第11條之規定相似。且大陸司法解釋進一步規定如果加害行為是具體行政行為的，對其單獨提起行政賠償訴訟，必須具備該加害行為已被確認為違法的條件，無非係要貫徹行政賠償訴訟為第二次權利救濟程序的原則，促使受害人應先踐行第一次權利救濟，即提起行政爭訟（行政復議或行政訴訟），以確認該加害行為的違法性。惟將權利救濟程序區分為第一次及第二次，乃源自公私法二元論，將行政訴訟與國家賠償事件分別交由行政法院及民事法院

審理所產生之實務原則，目的在避免人民直接提起國家賠償訴訟，使民事法院審查具體行政行為的違法性，而有侵犯行政法院職權之虞。然大陸係採司法一元制，行政訴訟與民事訴訟均歸同一法院審理，且行政賠償亦適用行政訴訟程序，與其他行政訴訟案件都分配由行政庭審理，行政庭既可受理提起行政訴訟合併請求行政賠償之訴，則於受理單獨提起行政賠償訴訟時，即無不能一併審查確認加害的具體行政行為是否違法之理，顯無要求當事人先就該具體行政行為的違法性先取得確認之必要。至於設立第一次權利救濟優先原則之另一目的，固在促使具體行政行為相對人及時提起行政爭訟，以除去該不利的行政行為，避免損害之發生或擴大，但具體行政行為於原則上並不因其相對人提起行政爭訟而停止執行（大陸行政復議法第21條、行政訴訟法第44條），且有些具體行政行為於作成後，損害即時發生，故當事人於法定期間內提起行政爭訟，不一定能避免損害之發生或擴大；縱使當事人怠於提起行政爭訟與其損害之發生具有因果關係，亦只是將來認定損害賠償額時應予減輕的問題，自無堅持第一次權利救濟優先原則，而將未先經確認具體行政行為違法性，即單獨提起之行政賠償訴訟，予以裁定不受理之必要；儘管該「確認」之取得不限於行政爭訟中取得之有利復議決定或法院判決，並包括行政機關自己承認違法之情形，亦增加人民額外的程序負擔。反觀台灣的國家賠償法除於第10條、第11條規定起訴前須先踐行協議程序外，並未要求當事人尚須先就加害的行政處分的違法性取得確認。雖然行政訴訟法第12條規定「民事或刑事訴訟之裁判，以行政處分是否無效或違法為據者，應依行政爭訟程序確定之。前項行政爭訟程序已經開始者，於其程序確定前，民事或刑事法院應停止其審判程序」，但如果當事人於遲誤提起行政爭訟，致侵害其權利的行政處分發生形式存續力（確定力）後，始提起國家賠償訴訟，普通法院得否自行審查該行政處分的違法性，實務見解尚無定論[28]，但就保護人民的基本權

---

[28] 司法院釋字第290號解釋：「人民對於行政處分有所不服，應循訴願及行政訴訟程序請求救濟。惟現行國家賠償法對於涉及前提要件之行政處分是否違法，其判斷應否先經行政訴訟程序，未設明文，致民事判決有就行政處分之違法性作為判斷者，本件既經民事確定終局判決，故仍予受理解釋，併此說明。」最高法院52年台上字第694號判例要旨：「原告以私權侵害為理由，對於行政官署提起除去侵害或損害賠償之訴者，既為私法上之法律關係，縱被告以基於行政處分，不負民事上之責任為抗辯，亦不得謂其

利而言，自應以肯定說為是。

## 九、由民告官、官告官到官告民之演進程度不同

　　台灣地區於2000年6月30日以前施行的行政訴訟制度，因只有對行政處分不服所提撤銷訴訟及附帶損害賠償訴訟，故僅存在民告官、官告官（所稱官，係指行政機關）的訴訟形態，至於行政機關對於人民的訴訟需求（多為給付請求）只能遁入私法領域，循民事訴訟解決。迨新行政訴訟法於2000年7月1日實施後，增設給付訴訟，凡人民與行政機關之間因公法上原因發生財產之給付或行政處分以外之其他非財產上之給付關係，彼此均可提起給付訴訟；對於公法上契約更可以依據情事變更原則，提起形成之訴，以變更或消滅原有效果；甚至發展到機關訴訟，以解決機關之間關於權限存否與行使的爭議，司法權用以制衡行政權的效能不斷擴張。而大陸地區的行政訴訟制度，因只有行政賠償訴訟與不服具體行政行為的抗告訴訟，故訴訟形態仍以民告官為主軸，雖然理論上行政機關依法成為被管理者而遭受其他機關處罰時，可以提起行政訴訟，但實踐上出現的可能性很小[29]，至於行政機關對於人民如果有訴訟需求，恐怕也只能遁入私法

---

事件非民事事件，此際法院應就被告主張之行政處分是否存在，有無效力而為審究，如其處分確係有效存在，雖內容有不當或違法，而在上級官署未依訴願程序撤銷以前，司法機關亦不能否認其效力，反之，若該處分為權限外之行為，應認為無效時，則其因此所生之損害自不能不負賠償責任。」（似均是未排斥由民事法院為行政處分是否違法的審查）。

最高法院72年度台再字第151號裁判要旨：再審被告為主管營建機關，其所為拆除建築物之行政處分，自屬有權處分。至其處分有無違法，應否撤銷，係訴願及行政訴訟問題。在未循法定程序撤銷行政處分之前，尚難指其為權限外行政處分，當然無效，而有本院五十二年台上字第六九四號判例之適用。

最高法院96年度台上字第1595號裁判要旨：人民對於公務員為（或不為）行政處分而執行職務、行使公權力時，認有違法不當者，除得依行政爭訟程序尋求救濟外，當然亦得依國家賠償法請求賠償，且二者併行不悖，應無先後次序之限制，始符法律保障人民權利之本旨。至於行政訴訟法第十二條第一項、第二項規定：「民事或刑事訴訟之裁判，以行政處分是否無效或違法為據者，應依行政爭訟程序確定之。前項行政爭訟程序已經開始者，於其程序確定前，民事或刑事法院應停止其審判程序。」，其立法目的係為防止對於同一基礎事實所衍生之民、刑事訴訟及行政訴訟，由於不同法院對事實認定歧異，致生裁判結果互相牴觸之情形而設，並非因此剝奪人民之民事或刑事訴訟權。故民事之裁判，如以行政處分是否無效或違法為據者，苟行政爭訟程序尚未開始，民事法院審判長即應依民事訴訟法第一百九十九條第二項規定行使闡明權，曉諭當事人就行政處分是否無效或違法，先依行政爭訟程序確定之。若當事人已表明不循行政爭訟程序請求救濟，或捨棄該行政程序救濟之途，而選擇逕行提起民事訴訟請求國家賠償者，民事法院固不能否認該行政處分之效力，然究非不得就公務員該行政處分行使公權力時，有無故意或過失不法侵害人民權利之情事，自行審查認定。

29　沈福俊、鄒榮主編，〈行政法與行政訴訟法學〉，北京大學出版社，2007年1月1版，第418頁。蘇州大學楊海坤教授於2010年5月8日以電子郵件回覆本人：「機關作為被管理人應可作為原告，但實踐中較為少見。」
　　浙江大學章劍生教授於2010年5月8日以電子郵件回覆本人：「在大陸行政法上，行政機關既具有公法人

領域，循民事訴訟解決。另外，依大陸行政訴訟法第66條規定「公民、法人或者其他組織對具體行政行為在法定期間不提起訴訟又不履行的，行政機關可以申請人民法院強制執行，或者依法強制執行」，存在所謂「行政非訴」執行制度，依《行政訴訟法若干問題的解釋》第86條、第93條、第95條規定，行政機關申請「行政非訴」執行其具體行政行為，應當具備一定條件，法院才能立案受理，受理後，再由行政審判庭組成合議庭對具體行政行為的合法性進行審查，並就是否准予強制執行作出裁定；需要採取強制執行措施的，由法院內負責強制執行非訴行政行為的機構執行[30]。以上制度為台灣所無，由於大陸法院在受理「行政非訴」執行時，可以審查執行標的——具體行政行為之合法性，也算是另一種「官告民」的形態。

## 十、原告敗訴判決方式有無多元選擇的差異

大陸行政訴訟制度對於不服具體行政行為所提抗告訴訟之敗訴判決方式，按被訴具體行政行為是否存在合理性問題、是作為或不作為、是否已被改變、法律或政策是否發生變化、有無其他不適宜判決維持或駁回訴訟請求的情形，依序定為：維持被訴具體行政行為、駁回原告訴訟請求、確認被訴具體行政行為合法或有效等，一旦確定（發生法律效力），均使該具體行政行為成為判決之內容，如具有可執行內容時（通常為命令相對人為一定的給付），即可以判決作為執行對象，並依上開判決方式對於被訴具體行政行為支持強度之不同，賦予不等的判決效力。只有維持判決一

---

的地位，也具有私法人的身份。後者它與企業一樣都必須受到行政機關的監管。」

[30]　《行政訴訟法若干問題的解釋》第86條：行政機關根據行政訴訟法第六十六條的規定申請執行其具體行政行為，應當具備以下條件：(一)具體行政行為依法可以由人民法院執行；(二)具體行政行為已經生效並具有可執行內容；(三)申請人是作出該具體行政行為的行政機關或者法律、法規、規章授權的組織；(四)被申請人是該具體行政行為所確定的義務人；(五)被申請人在具體行政行為確定的期限內或者行政機關另行指定的期限內未履行義務；(六)申請人在法定期限內提出申請；(七)被申請執行的行政案件屬於受理申請執行的人民法院管轄。人民法院對符合條件的申請，應當立案受理，並通知申請人；對不符合條件的申請，應當裁定不予受理。

第93條：人民法院受理行政機關申請執行其具體行政行為的案件後，應當在30日內由行政審判庭組成合議庭對具體行政行為的合法性進行審查，並就是否准予強制執行作出裁定；需要採取強制執行措施的，由本院負責強制執行非訴行政行為的機構執行。

第95條：被申請執行的具體行政行為有下列情形之一的，人民法院應當裁定不准予執行：(一)明顯缺乏事實根據的；(二)明顯缺乏法律依據的；(三)其他明顯違法並損害被執行人合法權益的。

經確定，該具體行政行為即併同判決發生既判力，行政主體便不能加以撤銷、變更或廢止；其餘判決方式（駁回原告訴訟請求、確認被訴具體行政行為合法或有效），雖經判決確定，行政機關仍可自行撤銷、變更或廢止。反觀台灣行政訴訟制度，對於不服行政處分所提撤銷訴訟、課予義務訴訟、確認違法或無效訴訟之敗訴判決方式，只有一種，即駁回原告之訴，簡單明瞭。且駁回原告訴訟的判決本身不具執行內容，如需要執行，是執行該行政處分（通常是下命處分），而非法院駁回原告訴訟之判決。至於行政訴訟判決之既判力，僅拘束法院、其他機關及受不利判決之當事人，對於受有利判決的當事人而言，其對為「訴訟標的」的法律關係如能自由處分，即不在既判力拘束範圍；且針對行政處分所提撤銷訴訟或確認訴訟，行政處分只是程序標的，而非訴訟標的，可以產生存續力，不可能發生既判力。故法院縱使為駁回原告訴訟之判決確定，為該行政處分之行政機關或其上級機關，基於保護人民權益或維護公益，非不可自行撤銷或變更違法的行政處分，或廢止合法的行政處分（台灣行政程序法第117條、第122條參照），尚無由法院透過判決方式的選擇，以提醒或拘束行政機關事後是否對其行政處分為撤銷、變更或廢止之必要。大陸行政訴訟制度對於原告敗訴判決方式之設計，似乎太細緻，不容易操作，且有混淆行政處分的存續力及判決的既判力，而干涉行政權之虞。惟對於課予義務訴訟，在遇到原否准當事人申請之處分，依當時法令並無違誤，原告訴請撤銷該否准處分為無理由，然依裁判時法令卻應准許該申請案時，似可採取確認原否准處分合法，另命被告應依裁判時法令重為行政處分的判決方式結案，較為周延，並符合實際的情形。就此而言，大陸行政訴訟制度有關「被訴具體行政行為合法，但不適宜判決維持或者駁回訴訟請求的，可以作出確認其合法或者有效的判決」的規定，尚非無借鏡之餘地。

## 十一、大陸履行之訴與台灣課予義務訴訟的差異

　　大陸「履行之訴」的請求權基礎在於行政機關履行保護人身權、財產權的法定職責，與依法頒發許可證和執照的職責，只要行政機關有此法定職責，而拒絕履行或怠於履行，使原告的合法權益受到損害，或原告所受

第三人違法行為的侵害的結果不能消除，即有起訴之利益，不以法令明文規定「得申請」為必要。甚至於只要法令規定賦予行政機關就某一違規事項加以行政處罰之職權，該違規行為之受害人即可以提起行政訴訟要求主管行政機關依法追究加害人的法律責任（《行政訴訟法若干問題的解釋》第13條第3項參照），已經超越保護規範理論的界限。且請求行政機關履行保護人身權、財產權的法定職責的方式不限於作成具體的行政行為，包括事實行為。又起訴前，原則上固應先經申請，遭行政機關拒絕或者不予答覆，始能提起履行之訴，但如果行政機關「應當依職權主動履行法定職責的」，即無庸先提出申請，可以逕行起訴。反觀台灣的課予義務訴訟限於「依法申請」案件，即法令明定或基於保護規範理論，人民有向行政機關申請作成一定行政處分的權利者，始符合起訴特別要件或者才被認為具有請求權基礎（惟實務見解對於保護規範理論的運用相當保守，鮮少有成立的案例）；且申請作為的標的只限於行政處分（具體的單方行政行為）。就此而言，大陸的履行之訴顯然較為寬鬆與前衛，除涵蓋課予義務訴訟外，尚跨越給付訴訟的部分領域；並在主觀訴訟前提下，儘量擴大適格原告的範圍。然台灣的課予義務訴訟保護「依法申請案件」當事人的權利和法律上利益，不限於人身權、財產權；且只要事證明確，並屬於羈束處分或行政機關的裁量權已萎縮至零者，行政法院即得判命行政機關作成特定內容的行政處分（台灣行政訴訟法第200條參照）。而大陸的履行之訴在這方面的規定則較為保守或規範不清楚。

## 十二、大陸變更判決與台灣對於撤銷訴訟的判決方式之差異

《行政訴訟法》第54條第4項容許法院於行政處罰顯失公正（例如違反比例原則等）時，可以判決變更，即將爭議的行政處罰超過公平範圍部分撤銷（如果該行政處罰於性質上可以分割者），或逕以新的行政處罰代替原來顯失公正的行政處罰。且依其司法解釋，法院於變更判決時，原則上固不得加重對原告的處罰，但利害關係人同為原告的除外。反觀台灣的行政法院得作變更判決的範圍，礙於行政訴訟法第197條規定「撤銷訴訟，其訴訟標的之行政處分涉及金錢或其他代替物之給付或確認者，行政

法院得以確定不同金額之給付或以不同之確認代替之」，僅於行政處分標的內容屬於金錢或其他代替物之給付或確認，或行政處分標的所依據的基礎事實或法律關係屬於金錢或其他代替物數額之確認，行政法院始得在原告起訴的範圍內，針對該行政處分或其基礎事實（或法律關係），在不侵犯行政機關裁量權及禁止不利益變更的前提下，自行判決予以變更（確認不同的金額或數額代替原處分認定之金額或數額）。雖然行政處分如涉及「非金錢或其他代替物」之給付或確認，行政法院是否可以作成變更判決？個人認為本法第195條既概括規定容許撤銷訴訟之判決，可以是變更原處分或決定，即不因本法第197條之例示規定而受限制，如果原行政處分違法情形是涉及比例或數字計算，且屬於羈束處分或行政機關的裁量權已限縮到零者（例如純係事實認定或數字計算錯誤），即應許行政法院在原告聲明之範圍內自行判決加以變更，不必撤銷原處分而發回原處分機關重為處分。但基本上，台灣的變更判決，無論屬於何種情形，均與一部撤銷判決無異，不能代替行政機關行使裁量權，而為實質的變更判決。從人民之立場而言，大陸行政訴訟法對於行政處罰的變更判決，可以賦予人民充分完善之權利救濟，並符合訴訟經濟之要求，值得借鑒。雖然，論者有謂此種變更判決侵犯行政機關的裁量權，違反權力分立之憲法原則，且有使法院喪失行政救濟的立場，淪為裁罰機關之虞。但個人認為，行政機關於行使第一次處分權時，既已同時行使裁量權而有逾越權限或濫用權力情事，基於合法性審查的立場，行政法院自應加以糾正，如立法上進而容許法院自為變更判決，乃事後救濟的結果，並未侵犯行政機關的第一次處分權及裁量權（因為其已行使過），且只要禁止行政救濟為不利益之變更，即無淪為裁罰機關之虞（裁罰者仍為行政機關，法院縱使於事後救濟時予以減輕，實質上是減輕處罰，並非處罰）[31]。

---

[31] 吳庚即認為台灣行政訴訟法第197條規定非僅基於訴訟經濟之理由，實屬對行政審判制度結構性之一項改革，準此，對於科處罰鍰數額已超過法定最高額度的行政處分，行政法院應在判決主文中撤銷訴願決定及原處分，並自行決定應科處罰鍰金額，始屬正辦。參見氏著，行政爭訟法論，民國94年10月第3版2刷，第197、198頁。且在立法例上，奧國的遲延抗告訴訟，容許於例外情形諸如行政機關已違反其作為義務，行政法院得自為判決，且包括對於裁量問題之判斷在內。（參見吳庚著前揭書，第198頁註161）。

## 十三、行政訴訟附帶民事訴訟為大陸行政訴訟制度所特有

　　大陸《行政訴訟法若干問題的解釋》第61條規定：「被告對平等主體之間民事爭議所作的裁決違法，民事爭議當事人要求人民法院一併解決相關民事爭議的，人民法院可以一併審理。」此為實施司法一元制，將民事訴訟與行政訴訟案件統歸同一法院審判者，才可能採行的制度。由於法律規定容許行政機關介入民事爭議之處理，如果處理的結果是作成行政處分，當事人自得對之提起撤銷訴訟，然而私法爭議依舊存在，當事人亦無妨提起民事訴訟，為避免訴訟糾纏、裁判歧異的弊端，宜設機制加以統合，大陸的作法符合訴訟經濟原則，並可避免裁判歧異，對於人民權利的保護自較實施公私法二元制者為周延。台灣法制上也有法律規定容許行政機關介入民事爭議之處理，並作成行政裁決者，例如鄉（鎮、市、區）公所依耕地三七五減租條例第19條所為耕地准否收回自耕之核定與鄉（鎮、市、區）公所耕地租佃委員會依同法條所為調處、地政機關依土地法第59條第2項規定所為調處等，均屬行政處分，當事人如有不服，均可循行政訟爭程序請求救濟[32]，另一方面也可以提起民事訴訟[33]，以致當事人對於同一爭議同時或先後提起民事訴訟與行政訴訟，糾纏不清。雖然礙於公私法二元制，台灣無法實施行政附帶民事訴訟，但似可參考大陸司法實務的作法，將不服行政機關處理民事爭議所作之行政裁決者，導向民事訴訟的救濟途逕（禁止提起行政訟爭），以徹底解決紛爭。蓋私權爭議最終仍應以民事程序確定其紛爭，行政裁決或行政訴訟判決對於私法上的權利義務關係均不發生既判力，另外踐行行政訟爭程序，乃治絲益棼，且浪費程序，徒增訟累。又台灣自1951年6月7日公布施行的耕地三七五減租條例，於第26條規定「出租人與承租人間因耕地租佃發生爭議時，應由當地鄉（鎮、市、區）公所耕地租佃委員會調解；調解不成立者，應由直轄市或縣（市）政府耕地租佃委員會調處；不服調處者，由直轄市或縣（市）政府耕地租佃委員會移送該管司法機關，司法機關應即迅予處理，並免收

---

[32] 司法院釋字第128號解釋參照。
[33] 最高法院52年台上字第1123號、61年台上字第1605號判例參照。

裁判費用。前項爭議案件非經調解、調處，不得起訴；經調解、調處成立者，由直轄市或縣（市）政府耕地租佃委員會給予書面證明。」即是將不服行政機關處理民事爭議所作之行政裁決（調處）者，導向民事訴訟救濟途經，避免無益的行政爭訟的立法先例，乃本土早期就有的良法美意，亦足資參考借鑒。

## 十四、大陸行政機關對於私權爭執所為行政裁決普遍具有執行力，亦為其行政爭訟制度之特色

　　大陸《行政訴訟法》第66條規定：「公民、法人或者其他組織對具體行政行為在法定期間不提起訴訟又不履行的，行政機關可以申請人民法院強制執行，或者依法強制執行。」《行政訴訟法若干問題的解釋》第90條進而規定：「行政機關根據法律的授權對平等主體之間民事爭議作出裁決後，當事人在法定期限內不起訴又不履行，作出裁決的行政機關在申請執行的期限內未申請人民法院強制執行的，生效具體行政行為確定的權利人或者其繼承人、權利承受人在90日內可以申請人民法院強制執行。享有權利的公民、法人或者其他組織申請人民法院強制執行具體行政行為，參照行政機關申請人民法院強制執行具體行政行為的規定。」賦予行政機關對私權爭執所為裁決（具體行政行為），於法定救濟期間經過後（形式確定）具有執行力，作出裁決的行政機關與該裁決所確定的權利人或者其繼承人、權利承受人均得申請法院強制執行，屬於前述「非訴執行」的範圍。如果該行政裁決經過行政訴訟判決予以支持而確定，依《行政訴訟法》第65條規定：「（第1款）當事人必須履行人民法院發生法律效力的判決、裁定。（第2款）公民、法人或者其他組織拒絕履行判決、裁定的，行政機關可以向第一審人民法院申請強制執行，或者依法強制執行。……」及《行政訴訟法若干問題的解釋》第83條規定：「對發生法律效力的行政判決書、行政裁定書、行政賠償判決書和行政賠償調解書，負有義務的一方當事人拒絕履行的，對方當事人可以依法申請人民法院強

制執行。」亦具有執行力,行政機關可以申請法院強制執行[34](將執行所得交付予行政裁決所確定的權利人或者其繼承人、權利承受人),屬於前述「生效判決」執行的範圍。此制度設計乃賦予合法與程序上已確定的行政裁決執行力,以貫徹行政機關處理私權爭執的效力,而前述行政訴訟附帶民事訴訟,則係針對違法行政裁決不被維持時,由法院一併審理解決民事爭議的機制,兩者互相配合,可以發揮訴訟經濟,使私權糾紛一次解決的作用。反觀台灣雖亦有行政機關對私權爭執加以裁決之制度(如前所述),但法律並未普遍賦予此等行政裁決執行力;其行政執行制度,僅係針對公法上金錢給付義務、行為或不行為義務之強制執行(行政執行法第2條),並不適用於行政裁決所確認的私權關係。目前僅有個別法律,視情形規定此類行政裁決之執行力或既判力,例如:現行耕地三七五減租條例第27條規定,耕地租佃爭議案件,經調解或調處成立者,當事人之一方不履行其義務時,他造當事人得逕向該管司法機關聲請強制執行,並免收執行費用;2009年7月1日修正公布之勞資爭議處理法第49條規定,同法第48條第2項(於行政裁決書正本送達三十日內,未就作為裁決決定之同一事件,以他方當事人為被告,向法院提起民事訴訟或經撤回其訴者,視為雙方當事人依該裁決書達成合意)之行政裁決經法院核定後,與民事確定判決有同一效力。均只容許行政裁決(調處)後未經提起民事訴訟者,可以有執行力或既判力。如果法制上對於此類行政裁決必須提起行政爭訟加以救濟者,例如行政機關依三七五減租條例第19條所為耕地准否收回自耕之核定與調處、依土地法第59條第2項規定所為調處等,無論是否經過行政訴訟而確定,此類行政裁決均無法獲致執行力。顯然在立法政策上,對於處理私權的行政裁決的效力強度,尚有所顧慮與保留,連帶也減損行政訴訟定紛止爭的效能。

---

[34] 大陸《行政訴訟法》與《行政訴訟法若干問題的解釋》雖未明文規定行政裁決經過行政訴訟判決予以支持而確定後,該裁決所確定的權利人或者其繼承人、權利承受人是否亦得申請法院強制執行,但依《行政訴訟法若干問題的解釋》第90條規定,未經法院判決予以支持的行政裁決,僅因當事人在法定期限內未起訴而確定者,該裁決所確定的權利人或者其繼承人、權利承受人可以申請法院強制執行,則舉輕以明重,解釋上,經法院判決予以支持而確定的行政裁決,應更可以申請法院強制執行。

## 十五、不服行政機關對於私權爭執所為行政裁決，究應提起民事訴訟或行政訴訟，兩岸法制均搖擺不定

　　大陸《行政復議法》第8條第2款規定：「不服行政機關對民事糾紛作出的調解或者其他處理，依法申請仲裁或者向人民法院提起訴訟。」所謂「其他處理」，如係行政裁決，其司法實踐的做法，以往多將其救濟途徑導向民事訴訟，亦即糾紛一方當事人對行政機關就民事糾紛所作的行政裁決不服，不能申請行政復議，只能向人民法院提起訴訟，且應以糾紛另一方當事人為被告提起民事訴訟，而不能以作出行政裁決的行政機關為被告提起行政訴訟。惟近年來，最高人民法院的司法解釋已有所改變，傾向認為當事人如不服行政機關就民事糾紛所作的行政裁決，應提起行政訴訟以求救濟（詳見本文於第六章第二節行政復議與行政訴訟之關聯：「五、只能訴訟型」之論述），甚至容許附帶提起民事訴訟以便一併解決紛爭。反觀台灣的司法實踐，一方面認為行政機關依三七五減租條例第19條所為耕地准否收回自耕之核定與調處、依土地法第59條第2項規定所為調處等，均屬行政處分，當事人如有不服，均可循行政訟爭程序請求救濟；一方面又認為人民因耕地租佃關係所發生之爭執，屬於私權之爭執，依耕地三七五減租條例第26條第1項之規定，應另循租佃爭議程序，申請調解、調處，不服調處者，移送該管司法機關裁判，自不得依行政爭訟方法以求救濟[35]。其次，依2009年7月1日修正公布之勞資爭議處理法第48條第1項規定，當事人不服因工會法第35條第2項規定所生民事爭議事件作成之行政裁決（其裁決組織與程序規定於同法第39條至第47條），得於裁決決定書正本送達三十日內，就作為裁決決定之同一事件，以他方當事人為被告，向法院提起民事訴訟；然而同法第51條卻規定：「（第1項）基於工會法第35條第1項及團體協約法第6條第1項規定所為之裁決申請，其程序準用第39條、第40條、第41條第1項、第43條至第47條規定。（第2項）前項處分並得令當事人為一定之行為或不行為。（第3項）不服第一項不受理決定者，得於決定書送達之次日起三十日內繕具訴願書，經由中央

---

[35]　改制前行政法院50年判字第70號判例意旨參照。

主管機關向行政院提起訴願。（第4項）對於第一項及第二項之處分不服者，得於決定書送達之次日起二個月內提起行政訴訟。」對於均屬勞資爭議，適用相同組織與程序所作成的行政裁決，僅因爭議緣起的法律或條款不同[36]，即分別適用不同的訴訟程序，實在令人難以理解。突顯兩岸立法者或司法者，對於「當事人不服行政機關就私權爭執所為行政裁決，究應提起民事訴訟或行政訴訟？」取捨的左右為難，以致搖擺不定的窘態。愚意以為，私權爭議最終仍應以民事程序確定其紛爭，行政裁決或行政訴訟判決對於私法上的權利義務關係均不發生既判力，在立法政策上，不服此等行政裁決，宜導向民事訴訟救濟途經，以求根本解決紛爭，並節省訟累。

## 十六、大陸司法解釋容許法院於作成確認違法或撤銷判決時，依職權判命被告為補救措施或承擔賠償責任之商榷

　　大陸《行政訴訟法若干問題的解釋》第58條：「被訴具體行政行為違法，但撤銷該具體行政行為將會給國家利益或者公共利益造成重大損失的，人民法院應當作出確認被訴具體行政行為違法的判決，並責令被訴行政機關採取相應的補救措施；造成損害的，依法判決承擔賠償責任」（情況判決），同解釋第59條則規定：「根據行政訴訟法第五十四條第(二)項規定判決撤銷違法的被訴具體行政行為，將會給國家利益、公共利益或者他人合法權益造成損失的，人民法院在判決撤銷的同時，可以分別採取以下方式處理：(一)判決被告重新作出具體行政行為；(二)責令被訴行政機關採取相應的補救措施；(三)向被告和有關機關提出司法建議；(四)發現違法犯罪行為的，建議有權機關依法處理」，即容許法院於作成確認違法或撤銷判決時，依職權判命被告機關為補救措施或承擔賠償責任，無庸經當事人之聲明。固然彰顯大陸行政訴訟之判決方式係採職權主義（判與訴

---

36 2010年6月23日修正前工會法第35條：「（第1項）僱主或代理人，不得因工人擔任工會職務，拒絕僱用或解僱及為其他不利之待遇。（第2項）工會理監事因辦理會務，得請公假，其請假時間，常務理事得以半日或全日辦理會務，其他理監事每人每月不得超過五十小時，其有特殊情形者，得由勞資雙方協商或於締結協約中訂定之。」2008年1月9日修正公布團體協約法第6條第1項：「勞資雙方應本誠實信用原則，進行團體協約之協商；對於他方所提團體協約之協商，無正當理由者，不得拒絕。」

不對應），不受當事人聲明範圍及選擇訴訟種類之拘束，兼顧公益與私益之平衡，並澤及第三人合法權益之特色，與台灣行政法院為情況判決時，須有原告之聲明，始能將其因違法處分或決定所受之損害，於判決內命被告機關賠償者不同（行政訴訟法第198條、第199條參照），但未經被害人聲明請求或有利害關係之第三人參加訴訟，逕依職權作成判決，勢將產生其判決是否符合當事人需要，是否有既判力，是否可據以申請強制執行的疑義，其可行性尚待觀察。

## 十七、大陸司法解釋勇於擴增判決種類（增加訴訟類型），值得借鏡

　　大陸行政訴訟法依其判決方式，對於抗告訴訟，原只承認撤銷、變更及履行等三種訴訟類型，另加行政賠償之訴。幸賴最高人民法院勇於根據《人民法院組織法》第33條之授權，作成司法解釋擴大受案範圍，增加判決種類（包括情況判決），創設對起訴發給撫恤金、社會保險金、最低生活保障費等案件，於判決前先予執行的制度，相對增加確認具體行政行為違法或無效訴訟、行政附帶民事訴訟及少許給付訴訟類型（例如社會保險金、最低生活保障費等給付訴訟），有助於行政訴訟制度之健全發展，發揮司法審判監督行政機關依法行政之效能，值得借鏡。

## 第三節　台灣行政訴訟類型之進階修法芻議

## 一、宜將無名訴訟法定化，以杜爭議

　　台灣行政訴訟法雖已明定各種訴訟類型，並預留解釋的空間以供司法實務續造新的訴訟類型，與先進國家相比無分軒輊，但實務界卻自我抑制，對於法律列舉類型外之訴訟（無名訴訟），採取保留的態度，自有礙於行政訴訟類型之發展。釜底抽薪之計，仍應藉由修法將前述無名訴訟明文化，以杜爭議[37]。

---

[37] 日本行政訴訟類型之發展，亦曾經發生類似之困境。例如「差止訴訟」（即預防不作為訴訟），雖然獲得學界廣泛承認，但由於實務界長期傾向制定法準據主義，對於實定法未明示的訴訟類型採取抑制的態

## 二、正視課予義務判決執行之困難

其次，台灣行政機關法治觀念未臻健全，於實務上，行政機關不遵從行政法院判決之情形，時有所聞[38]。尤其課予義務訴訟之判決，行政法院並不自己作成原告所請求之行政處分，而僅以判決課予行政機關作成行政處分之義務，故原告並不因課予義務判決之作成而當然取得所請求之行政處分，如行政機關不遵從行政法院判決，即發生「強制執行」之問題。然而，台灣行政訴訟法有關課予義務訴訟之規定雖係仿自德國立法例，惟卻未如德國直接針對「課予義務判決」設有執行規定[39]，僅於行政訴訟法第305條第1項規定：「行政訴訟之裁判命債務人為一定之給付，經裁判確定後，債務人不為給付者，債權人得以之為執行名義，聲請高等行政法院強制執行。」其中所稱「給付判決」者，是否包括「課予義務判決」在內，頗滋疑義。若從文義觀之，似不包括之，蓋其使用「債權人」及「債務人」之概念，而此二措辭通常用於指稱「財產或非財產給付之請求權人及相對人」，至於人民請求行政機關作成行政處分，通常不稱之為「債權人」。其次，本條第2項之立法理由謂：「為促使債務人自動履行，避免因執行增加執行費用，爰仿西德行政法院法（1986年12月8日修正公布）第170條第2項，規定高等行政法院應先定相當期間通知債務人履行，如逾期仍不履行，始為強制執行。」而觀諸德國行政法院法第170條之內容，則屬一般給付訴訟強制執行之規定。故從文義解釋及歷史解釋之角度言，本條所稱「給付判決」應僅指行政訴訟法第8條之「一般給付判決」。縱依立法目的，對於所謂「給付判決」之意涵，作廣義解釋，使

---

度，以致在司法實踐上幾稀。直到2004年修正行政事件訴訟法，明文規定「差止訴訟」，才解決此項爭議。參見宇賀克也，行政法概說II（行政救濟法），有斐閣，2006年3月20日初版，第311頁。

[38] 例如「中部科學工業園區第三期發展區（后里基地──七星農場部分）開發計畫」環境影響說明書送審案，經行政院環境保護署於民國（下同）95年6月30日召開環保署環境影響評估審查委員會第142次會議，決議本案有條件通過環境影響評估審查，並於95年7月31日以環署綜字第0950060540號公告。惟因附近居民詹益樺等人不服，循序提起行政訴訟，經臺北高等行政法院於97年1月31日以96年度訴字第1117號判決「訴願決定及原處分均撤銷」，復經最高行政法院於99年1月21日以99年度判字第30號判決駁回上訴確定。然被告機關行政院環境保護署卻於報紙刊登廣告，指摘上開法院判決無效用、無意義、破壞現行環評體制云云。參見99年2月10日聯合報A10版。

[39] 德國行政法院法第172條對於課予義務判決之執行，係採反覆告戒、科處怠金之方式。其在性質上屬於一種間接執行方法。

之包括「課予義務判決」在內，以維人民權利，並使行政強制執行體系趨於完備。亦只能於依行政訴訟法第305條第2項、第306條第2項規定，先定相當期間通知義務機關履行；逾期不為者，始準用強制執行法為執行（不可能為行政執行[40]）。而行政處分之作成，在性質上屬於一種「不可替代之行為義務」。依強制執行法第128條第1項規定，對於不可替代行為義務之強制執行，係以「怠金」或「拘提、管收」之方法為之；並參酌強制執行法第122條之1第2項規定之意旨，執行法院僅得準用上開規定，對於義務機關施以「怠金」之間接強制方法，使其自行履行義務，不宜採取「拘提、管收」之方法強制之[41]；且作成行政處分，固亦屬作成一定之意思表示，但基於權力分立原則，及避免課予義務判決變質為形成判決，不宜準用強制執行法第130條第1項，視為自判決確定時，行政機關已為行政處分。故執行方法極為有限，如遇行政機關抵死不從，恐無法實現判決內容。

## 三、容許對於課予義務訴訟直接作成給付判決

因此，如果請求作成行政處分的內容是有關給付金錢或其他代替物之核定，雖屬依法申請之案件，須先踐行申請、訴願程序，才能提起課予義務訴訟，但法院審判結果，如認為原告之訴為有理由，且事證明確，被告機關應作成的行政處分又屬羈束處分，或裁量權已萎縮至零，即不妨直接作成給付判決，命被告機關為一定之給付[42]，使原告取得金錢或其他代

---

[40] 行政執行法第4條第1項：行政執行，由原處分機關或該管行政機關為之。但公法上金錢給付義務逾期不履行者，移送法務部行政執行署所屬行政執行處執行之。

[41] 李建良，行政訴訟法第305、306條之注釋，收錄於：翁岳生主編，行政訴訟法逐條釋義，2006年7月初版4刷，第769、770、774頁。

[42] 吳庚即認為：行政訴訟法第8條所以明定一般給付訴訟者，旨在加強行政法院之功能，使其與民事法院無殊，尤其公法上之金錢給付，已屆清償期者，人民自得直接向行政法院訴請被告機關給付。在實務上，行政法院本於一貫之司法消極主義，及減少案源之考量，認為「如依實體法之規定，尚須先由行政機關核定或確定其給付請求權者，則於提起一般給付訴訟之前，應先提起課予義務訴訟，請求作成核定之行政處分。準此，得直接提起一般給付訴訟者，應限於請求金額已獲准許可或已保證確定之金錢支付或返還」（最高行政法院92年度判字第1429號判決），若成為定則，本法第8條之訴訟適用範圍將大受限縮。又認為：公務人員依規定請領福利互助金，遭該管機關拒絕，此拒絕之意思表示性質上為行政處分，得訴願及行政訴訟，原告應訴請撤銷原處分（拒絕給付之公文書）且一併請求給付若干基數或一定數額的福利互助金。（參見氏著，行政爭訟法論，民國94年10月第3版2刷，第134、135、137頁）
另外，德國社會法院法第54條第4項對羈束給付與裁量給付加以區分規定，如係羈束處分之拒絕，應合併提起撤銷訴訟與一般給付訴訟；如係裁量給付之拒絕，則應提起課予義務訴訟。參見彭鳳至，德國行

替物請求權之執行名義，便於實現起訴之目的[43]；如果請求作成行政處分的內容是有關給付非代替物之核定，亦找不到理由，不作相同之處理。否則，依目前行政訴訟法第200條第3款之規定，只能判決命被告機關作成原告所申請內容的行政處分，縱使判決確定，被告機關拒不履行，依上開說明，亦難以強制執行的方法實現判決內容；且縱使被告機關依判決意旨作成同意給付的行政處分，亦未必會立即為現實的給付，原告仍欠缺執行名義可以實現起訴之目的[44]，而必須另外提起一般給付之訴[45]。以上建議，在現行訴訟類型範圍內有解釋的空間，似可藉由實務見解加以突破，應不需修法即可解決。

## 四、行政機關怠於履行課予義務判決時，宜由法院代替作成行政處分

至於請求作成行政處分的內容，雖是有關給付金錢或其他物（包括代替或非代替物）之核定，但其事證尚未臻明確，或涉及行政裁量權者，似可參考奧地利遲延抗告訴訟（Saeumnisbeschwerde）之作法，於法院判決命被告機關在一定期間內依照判決理由所表達之法律見解作成行政處分，而遲延不履行時，即得由原告聲請法院自為判決，代替行政機關作成行政處分[46]；如果請求作成行政處分的內容非關給付金錢或其他物之核定

---

政訴訟制度及訴訟實務之研究，司法院，民國88年6月初版，第53頁。

[43] 依金錢請求權之執行名義，得實施查封、拍賣動產或不動產，扣押其他財產權，發收取、移轉或支付轉給命令等執行方法；如係金錢以外代替物請求權之執行名義，依司法院30年院字第2109號解釋，此項代替物為債務人，或對債務人負有交付義務之第三人占有者，固應依強制執行法第123條、第126條之規定執行，無適用第127條之餘地，若債務人及對債務人負有交付義務之第三人並不占有，則無從依第123條、第126條之規定執行，此際債務人依執行名義，本應採買此項代替物而交付之，債務人不為此項行為者，依同法第127條之規定，執行法院得以債務人之費用，命第三人代為採買交付，此項費用，由執行法院斟酌該代替物現時價格及其他情事定其數額，命債務人預行支付，命支付費用之裁定，即為同法第4條第2款後段之裁判，債務人不支付時，得以之為執行名義，對於債務人之一切財產為執行。

[44] 僅憑同意給付的行政處分，除不能聲請民事強制執行外，亦無法申請行政執行。因為依行政執行法第11條規定，義務人依法令或本於法令之行政處分或法院之裁定，負有公法上金錢給付義務者，係由主管機關移送，由行政執行處就義務人之財產執行之。人民無權將受益處分移送給行政執行處執行。

[45] 依德國實務案例，原告所請求的單純給付，如果須以行政處分預為決定者－譬如申請教育獎學金－原告應提起課予義務訴訟；假如行政機關表示，雖已同意給與獎學金，但不付款時，原告可能必須嗣後提起一般給付訴訟；在足以認定有權利保護必要的情形，即可提起課予義務訴訟，同時提起一般給付訴訟。又經濟輔助為以私法上得借貸、保證或擔保形式提供者，如果須先經行政處分作成是否提供之決定時，應提起課予義務訴訟；如果不須先經行政處分決定者，應提起民事上得給付訴訟；如果經行政處分核定之輔助尚未及時給付時，則仍應提起一般給付訴訟。參見彭鳳至前揭書，第52至53頁。

[46] 奧地利聯邦憲法第132條規定：「為行政程序之當事人，有權利主張裁決義務者，得對包含獨立行政庭

者，亦可於法院判決命被告機關在一定期間內作成特定內容的行政處分或依照判決理由所表達之法律見解作成行政處分，而遲延不履行時，由原告聲請法院自為判決，代替行政機關作成行政處分。以上建議，涉及權力分立的憲法原則，自應經由立法或修法予以解決，尚難透過司法實踐達成。

## 五、將來交通裁罰事件改由地方法院行政訴訟庭審理，在禁止不利益變更前提下，宜再修法賦予判決變更原裁罰之權力

依據2011年11月23日修正公布的行政訴訟法（施行日期已定為2012年9月6日，以下稱最新修正行政訴訟法），司法院已著手進行將行政訴訟改為三級二審，預定於2012年9月6日開始在各地方法院設置行政訴訟庭，除將行政訴訟簡易程序事件之第一審及相關保全證據事件、保全程序事件及行政訴訟之強制執行事件，改由地方法院行政訴訟庭受理外，並將現行由普通法院審理之違反道路交通管理處罰條例裁罰救濟事件，改依行政訴訟程序審理。其中交通裁罰事件起訴，係以原處分機關為被告，逕向管轄之地方法院行政訴訟庭為之，而免去訴願前置程序；被告收受起訴狀繕本後，應即於法定期間重新審查原裁決是否合法妥當，並分別情形為一定之處置，其於第一審終局裁判生效前已完全依原告之請求處置者，視為原告撤回起訴[47]；依前項視為撤回起訴者，法院應依職權退還裁判費

---

之行政官署之違反裁決義務，提起訴訟。在行政罰事件，不許對違反裁決義務提起訴訟；此不適用於私人追訴及財務罰事件。」；奧地利行政法院法第27條：「依聯邦憲法第132條對違反裁決義務所為之抗告訴訟，於當事人之聲請案件已按行政手續之審級移轉裁決之義務於最高級官署，或用盡行政手續審級移轉裁決義務於獨立行政委員會者，於6個月內未為裁決時，得提起之。6個月之期間自聲請裁決之事件到達收文單位之日起算。」、同法第42條：「四、聯邦憲法第132條之案件，行政法院之判決得先以判斷法律問題為限，並定期間命被告官署依照判決所表達之法律見解為基礎做成受延遲之裁決，上述期間最長不得逾8個星期。對於延遲抗告訴訟行政法院得以判決對事件自為判斷，被告官署未於上述期間內遵行行政法院之命令時亦同。行政法院自為判斷時亦得處理行政官署自由裁量之事項。」、同法第63條：「二、行政法院如自為判決時，應於判決書中指定執行判決之法院或官署。執行程序視執行機關為法院或官署而適用其有關之規定，如以法院為執行機關時，行政法院之判決得作為執行名義。」；司法院，中譯德奧法日行政法院法，民國85年6月，第78、87、97頁；吳東都，行政訴訟與行政執行之課題，2003年10月1版，第260-262頁。

[47] 最新修正行政訴訟法第237條之4規定：「地方法院行政訴訟庭收受前條起訴狀後，應將起訴狀繕本送達被告。被告收受起訴狀繕本後，應於二十日內重新審查原裁決是否合法妥當，並分別為如下之處置：一、原告提起撤銷之訴，被告認原裁決違法或不當者，應自行撤銷或變更原裁決。但不得為更不利益之處分。二、原告提起確認之訴，被告認原裁決無效或違法者，應為確認。三、原告合併提起給付之訴，被告認原告請求有理由者，應為返還。四、被告重新審查後，不依原告之請求處置者，應附具答辯狀，並將重新審查之紀錄及其他必要之關係文件，一併提出於管轄之地方法院行政訴訟庭。被告依前項第一款至第三款規定為處置者，應即陳報管轄之地方法院行政訴訟庭；被告於第一審終局裁判生效前已完全

等法制變革[48]，固極具創意。惟交通裁罰救濟事件現由普通法院交通法庭審理，係準用刑事訴訟法之規定（道路交通管理處罰條例第87條、第89條），故法院可以為合法性及適當性的全面審查，並依職權為變更原裁罰處分之裁定[49]，包括變更處罰法條，原則上雖不得諭知較重於原裁決之處罰，但因原裁決適用法條不當而撤銷之者，不在此限（準用刑事訴訟法第370條）。將來改由地方法院行政訴訟庭審理，適用行政訴訟法後，法院僅能作合法性審查，即使發現原裁決適用法條不當、裁量逾越權限或濫用權力情事，也只有撤銷原裁決，命原處分機關重為裁決，反而造成人民訟累，且減損原先堪稱完善的權利救濟程序，實應於禁止不利益變更前提下，再修法賦予行政法院判決變更原裁罰之權力，始符合訴訟經濟原則及權利救濟之本旨。

## 六、最新修正行政訴訟法規定交通裁罰機關「已完全依原告之請求處置者，視為原告撤回起訴」，宜再明確化，並明定原裁決已變更卻不完全符合原告請求時之處理方法

另外，最新修正行政訴訟法第237條之4第3項規定，被告機關「於第一審終局裁判生效前已完全依原告之請求處置者，以其陳報管轄之地方法院行政訴訟庭時，視為原告撤回起訴」，旨在鼓勵行政機關於訴訟期間，依出庭應訴所得心證，隨時自我審查改正原處分，以省訟累，兼息民怨（得民心），用意甚佳。然而被告認原裁決違法或不當者，而變更原裁決，如未完全符合原告之請求者，固不視為原告撤回起訴，但對於變更後之新裁決，將來在司法實踐上，應如何處理？個人認為，除由原告另行起訴，或准其依行政訴訟法第111條第3項第3款以情事變更為由變更訴之聲

---

[48] 依原告之請求處置者，以其陳報管轄之地方法院行政訴訟庭時，視為原告撤回起訴。」
最新修正行政訴訟法第237條之5規定：「交通裁決事件，按下列規定徵收裁判費：一、起訴，按件徵收新臺幣三百元。二、上訴，按件徵收新臺幣七百五十元。三、抗告，徵收新臺幣三百元。四、再審之訴，按起訴法院之審級，依第一款、第二款徵收裁判費；對於確定之裁定聲請再審者，徵收新臺幣三百元。五、本法第98條之5各款聲請，徵收新臺幣三百元。依前條第三項規定，視為撤回起訴者，法院應依職權退還已繳之裁判費。」

[49] 司法院大法官會議釋字第511號解釋亦肯認：「行為人對主管機關之裁罰不服，法院就其聲明異議案件，如認原裁決有違法或不當之情事，縱行為人有未依指定到案日期或委託他人到案者，仍得為變更處罰之裁判，乃屬當然。」

明外，解釋上行政法院應行使闡明權，曉諭原告變更其訴為新裁決撤銷之訴；本人更主張宜修法明定遇有此種情形時，將原訴訟標的視為變更成新裁決撤銷之訴而續行審理，以省勞費，並保護人民的權益[50]。再者，原告提起確認原裁決無效之訴，被告重新審查後，僅撤銷原裁決，或原告提起確認原裁決違法之訴，被告重新審查後，卻撤銷原裁決，其效果與「已依原告之請求處置者」相同，解釋論上亦應視為原告撤回起訴，惟遇此情形，適用上仍可能發生不同見解（尤其指原告提起確認原裁決無效之訴，被告重新審查後，僅撤銷原裁決之情形），宜再修法加以明文化，即明定為「已完全依原告之請求處置或為其他效果相同之處置者」，視為原告撤回起訴。

## 第四節　大陸行政訴訟制度之修法期待

　　大陸《行政訴訟法》實行於1990年，將行政機關的具體行政行為納入司法審查軌道，被普遍認為大力推進了政府依法行政的意識。但20年來，除最高人民法院曾陸續發布一些司法解釋外，《行政訴訟法》尚未進行全方位的修訂。雖然《行政訴訟法》的修改曾納入第十屆全國人民代表大會（任期從2003年3月至2008年3月）立法規劃，但實際上並未完成。惟其間仍有中國政法大學、中國人民大學、浙江大學、武漢大學、鄭州大學、上海交通大學六家高校科研單位提出六個版本的修改建議稿。經過整合後，最新的《中華人民共和國行政訴訟法》修改建議稿於2005年11月4日，首次在中國政法大學法學院舉辦的「中日行政訴訟法修改研討會」亮相，可知學術界建議修改的方向如下[51]：

---

[50] 原告另行起訴須再繳裁判費；如其不知另行起訴或變更訴之聲明，俟法院以原裁罰已不存在，而判決或裁定駁回其原來的起訴時，可能已逾越對於新裁罰處分的起訴期間。

[51] 馬懷德主編，司法改革與行政訴訟制度的完善－《行政訴訟法》修改建議稿及理由說明書，中國政法大學出版社，2004年7月1版，第508至545頁；並參閱http://npc.people.com.cn，人民網，轉載2005年11月09日法制日報；http://www.law-lib.com，法律圖書館，轉載2005年5月26日法制日報。均於2010年4月30日瀏覽。

## 一、法官獨立成為審判獨立原則的新內涵

該修改建議稿第3條第2款規定：「法官依法獨立審理、裁判行政案件，不受任何干涉。」這一規定第一次對三大訴訟法共有的審判獨立原則的內涵做出了突破，不僅延續現行法有關案件審理中法院獨立的規定，而且首次對案件審理法官的獨立地位進行了規定。

## 二、明確法院對行政行為的最終裁決權

修改稿在現行法上增加一條新的規定：「人民法院對行政爭議行使最終裁決權。」（修改稿第6條）這一條實質上明確了法院對行政行為的司法審查權，也就意味著，除該法明確的排除項外，幾乎所有行政行為的最終審查裁決的權利，都交給了法院，使行政機關在行為時幾乎不再有不受司法審查的空白區域。

## 三、擴大行政訴訟受案範圍，抽象行政行為之訴成為可能

現行制度的主要內容是：涉及公民、法人和其他組織的人身權和財產權的具體行政行為，受司法管轄，而在「大修稿」中：1.不再受人身權、財產權範圍的限制，侵犯公民、法人和其他組織合法權益的行政行為都受司法審查；2.不再受具體行政行為的限制，抽象行政行為（行政規章及其他規範性文件），也就是所謂的「紅頭文件」要受司法審查；3.通過擴大行政公務的範圍而擴大司法對行政糾紛的管轄權，其中主要是：自治公務一村民委員會、居民委員會的職務行為，具有公務性質的行業組織的職務行為一足球協會、律師協會、公證協會等，由公務法人產生的行為一高校的某些職務行為。

## 四、首次設定公益訴訟類型

對大陸現行三大訴訟法而言，修改稿中對「公益訴訟」內容的規定無疑是一大創舉。無論是訴訟主體的確定，還是訴訟程序的展開，在現行訴訟法上無疑都找不到任何痕跡，而且從該規定的內容上看，它對現行訴訟

法理論和實踐都是一種大膽的突破，其賦予檢察機關起訴權，如果規定檢察機關不起訴情況下，公民、法人或其他組織可以自行提起訴訟。

## 五、確立民事訴訟的缺位填補原則

修改稿第15條規定：「公民、法人或者其他組織對本法規定的屬於法院受理範圍內的爭議提起訴訟，人民法院認為不屬於行政案件的，應當作為民事案件受理。」實質上確立了行政訴訟歸屬缺位時民事訴訟的填補原則，有利於行政相對人權益之完善保護。

其他修改建議稿的重點尚有[52]：

## 一、增訂不履行判決處藐視法庭罪

為解決行政判決執行難，建議稿加強了督促履行的手段，規定行政機關拒不履行判決、裁定時，人民法院可以對該行政機關按日處以100元至500元的罰款。罰款最高金額為8,000元（原規定係按日處以50元至100元的罰款）。並增訂「藐視法庭罪」，規定行政機關拒不履行判決、裁定，情節嚴重的，對該行政機關的負責人和直接責任人員以藐視法庭罪論處；此規定也適用於公民、法人或其他組織。

## 二、以縣政府為被告，不由縣法院管轄

修改稿規定，以縣級以上人民政府為被告的行政案件，由中級人民法院管轄。以國務院各部門或者省、自治區、直轄市人民政府為被告的行政案件由高級人民法院管轄；行政案件由被告或者原告所在地人民法院管轄，如果原被告在同一個法院轄區的，原告可以申請其所在地人民法院的上級人民法院指定最鄰近區域的法院管轄。由於行政訴訟被告的特殊性（法院的財政掌握在當地政府手中），使得地方政府的法外干預嚴重影響行政審判的獨立和公正。建議稿通過提高審級、指定管轄等方式，試圖解

---

[52] 馬懷德主編前揭書，第508至545頁；並參閱http://www.law-lib.com，法律圖書館，轉載2005年5月26日法制日報、2005年8月22日新京報。均於2010年4月30日瀏覽。

決縣基層法院遭受外來干預等問題。

## 三、不服復議可告復議機關

　　建議稿規定：「經復議的案件，復議機關是被告」。現行法律規定，經過復議的案件，復議機關維持原具體行政行為的，以原行政機關為被告，改變的，以復議機關為被告。據統計，經過復議的案件，絕大多數都是復議維持，這其中復議機關害怕當被告，以維持來敷衍塞責是主要原因。因此修改的目的是要強化復議機關的責任心，督促復議機關認真履職。

## 四、公務員不服處分可訴訟

　　現行《行政訴訟法》規定，法院不受理行政機關對行政機關工作人員的獎懲、任免等決定。建議稿沒有保留這一內容。這意味著如果公務員不服從單位處分，或者因公務員錄用發生糾紛，以及教師對職稱評定不服的，將可以向法院提起行政訴訟。

## 五、增訂行政案件可以調解

　　修改稿規定，人民法院「可以對行政案件進行調解」，「調解應當制作調解書」。體現了淡化合法性監督、強化解決糾紛功能的新司法理念。

## 六、訴訟期間停止被訴行政行為的執行

　　現行制度是不停止行政行為的執行，惟停止執行可以避免對相對人的不必要的損害，而停止執行對行政的影響並不大。因此，修改稿規定，訴訟期間停止被訴行政行為的執行，但有四種例外情況，人民法院應當裁定不停止被訴行政行為的執行。

## 七、將《行政訴訟法若干問題的解釋》所規定的確認行政行為違法或無效判決、情況判決、行政附帶民事判決予以明文化

## 八、新增簡易程序

　　至於為什麼沒能實現訴訟類型與判決方式的結合？根據行政訴訟法「大修稿」的主持人應松年教授（中國政法大學）的解釋是：「訴訟類型的設計，需要理論和實踐提供條件。大陸行政訴訟短短十餘年的實踐，似尚未為歸納出符合大陸情況的訴訟類型的設計，提供足夠的經驗。此前已有人作過設計訴訟類型的嘗試，但很難說已有成功的希望。還不如在現在行政訴訟法律規定的基礎上作適當修改，仍可以使一些問題得到較好解決。還應當看到，法律只有為民眾所接受才能產生力量，在大陸現有法治水平的情況下，通俗易懂，能為廣大人民群眾理解和接受，才能發揮行政訴訟保護公民權利的作用」[53]。

　　以上修改建議大致有處理到本文先前對大陸行政訴訟制度所提出之許多質疑，可見大陸學者也注意到本身制度的問題，儘管有些問題不是僅靠修改行政訴訟法可以解決，而是牽涉到整個司法體制變革，甚至政治改革的問題。例如行政審判遭受行政機關干預的問題，僅將以縣政府為被告之行政案件，改由中級人民法院管轄（不再由縣基層人民法院管轄），並未徹底解決問題，因為以省、自治區、直轄市人民政府為被告的行政案件仍由高級人民法院管轄，法院因財政受制於同級行政機關，致使審判難以獨立的問題也會繼續存在，故有學者主張設立獨立於地方各級行政、法院、人大系統和黨團組織的行政法院[54]。惟各級法院縱使統一由中央政府設立，仍可能受中央行政機關的財政控制，故尚須建構司法預算獨立制度加以配合。且其他民事及刑事訴訟亦有審判獨立的需求，只不過行政案件的審判比較有受到行政機關干預的疑慮，而民事及刑事案件的審判則比較

---

[53] http://www.law-lib.com，法律圖書館，轉載2005年5月26日法制日報。於2010年4月30日瀏覽。

[54] 馬懷德主編，司法改革與行政訴訟制度的完善，中國政法大學出版社，2004年7月1版，第5頁；中國政法大學馬懷德教授於2006年1月4日在北大天同公法論壇上的主題發言之一，此次論壇的完整文字記錄登載於北大公法網http://www.publiclaw.cn，章劍生教授提供電子檔，2010年5月22日瀏覽。

容易受到民意機關的關心。故大陸現行由各級人民代表大會及其常務委員會選舉及任免同級法院法官人事的制度，亦有檢討之必要。

另外，修改建議稿所提「民事訴訟的缺位填補原則」，其前後文義似有矛盾，因為既然是「公民、法人或者其他組織對本法規定的屬於法院受理範圍內的爭議提起訴訟」，即屬於行政案件，人民法院就應該作為行政案件受理，怎能讓「人民法院認為不屬於行政案件的」，而「應當作為民事案件受理」？且不屬於行政案件的，並不當然屬於民事案件，也有可能是刑事案件，怎能一律「應當作為民事案件受理」？故此修改建議條文的用意如係為避免審判權消極衝突的問題繼續發生，似應直接明定「公民、法人或者其他組織提起行政訴訟，人民法院認為不屬於行政案件，應審查其是否為民事案件，屬於民事案件的，應當作為民事案件受理」，反之，「公民、法人或者其他組織提起民事訴訟，人民法院認為不屬於民事案件，應審查其是否為行政案件，屬於行政案件的，應當作為行政案件受理」，才能發揮釜底抽薪之效果。其他有關訴訟種類與判決方式分離、履行判決是否能夠確定被告應履行的法定職責的內容、行政合同是否可訴及應提起民事或行政訴訟、是否承認行政一般給付之訴及確認法律關係存否之訴等問題，並未於上開修改建議稿中獲得解決，不無遺憾。

# 第九章 結論

## 第一節 回顧現制

行政訴訟制度所以落後於民、刑訴訟發展，主要原因在於掌握國家主要統治權的行政機關習於管人而不願意被管（監督）的心態（基本人性），故台灣的行政訴訟制度雖承襲至國民政府在大陸時期（1932年）制定的行政訴訟法，但當初的立法並未揭櫫行政訴訟的目的，遲至1998年修正公布的新法才明示：「行政訴訟以保障人民權益，確保國家行政權之合法行使，增進司法功能為宗旨」。且舊行政訴訟法於台灣實施至1991年，已由1950年的23件，暴增至一年3,809件，41年間增加達165倍強，舊制顯已難因應實際需要；司法院有鑒於此，雖早於1981年7月即著手行政訴訟制度之研修，延攬學者專家組成行政訴訟制度修正委員會，共同參與，蒐集中外有關行政訴訟之立法例及學說，並分區舉行座談，廣徵各界意見，先後歷時11年，開會256次，於1992年完成修正草案，但遲至1998年始經立法院三讀通過。其間過程之艱辛，可想而知。如今新行政訴訟法實施已超過10年[1]，其間又經歷2007年7月、2010年1月、2011年5月及2011年11月四次修正，並即將實施三級二審新制。藉由法律明文建立的框架及實務判決見解的充實，台灣行政訴訟典型的訴訟種類：形成訴訟（撤銷或變更訴訟）、課予義務訴訟（怠為處分之訴與拒絕申請之訴）、確認訴訟（確認行政處分無效、確認法律關係存否、確認行政處分違法）、一般給付訴訟、合併請求損害賠償或其他財產上給付之訴訟等法理體系之發展，已經相當成熟；至於其他法定類型之訴訟，僅有執行債務

---

[1] 最高行政法院已於2010年6月30日至7月2日舉辦「新制行政訴訟實施十週年國際學術研討會」，邀請德、法、日、美學者與退休法官計6位蒞會發表論文，並接受與會學者專家提問。

人異議之訴及關於環境保護的公益訴訟，亦已累積許多的案例。其餘關於選舉罷免爭議所生訴訟、團體訴訟、公法上契約效果或公法上其他原因發生之財產上給付關係變更之訴、行政訴訟和解無效或撤銷之訴等則尚不多見，尤其團體訴訟由於立法的瑕疵（其設計猶豫於利他或利己之間）致難以操作，形容具文。另外，藉由準用民事訴訟法或類推適用法定訴訟類型相關規定，實務上已經承認預防不作為訴訟、機關訴訟與對己訴訟；至於確認法律關係基礎事實存否之訴（例如確認行政契約無效訴訟等）則尚待實務見解突破，而確認行政不作為違法訴訟則迄今似尚未見有相關案例。雖然不能說已經建構毫無漏洞的權利救濟體系，但大體而言，人民無論係對於行政機關行使之公權力不服，或其他公法上權利義務關係的爭議，都已有救濟途經，不致發生投訴無門的情形。而尚存之漏洞例如行政法院作成變更判決的限制及代替行政機關作成行政處分的禁止，乃基於權力分立與尊重行政權的考量，涉及社會發展需求與立法政策抉擇，固非從事司法實務工作者所能彌補。惟在現有訴訟類型基礎上，經由法之續造，於撤銷（形成）訴訟，擴大作成變更判決的疆界；於課予義務訴訟，遇適當情形，逕行作成給付判決，以制衡行政機關的不合作，減少人民之訟累；並充分運用保護規範理論，擴張「依法申請之案件」範圍，及依訴訟實益，逐步承認法定類型外之訴訟，以建構無漏洞的權利救濟體系，則可作為司法人員責無旁貸的使命。

就人民訴訟的權益包括起訴的便利性與救濟程序的周延性而言，台灣行政訴訟類型制度既難謂盡善盡美，則基於他山之石可以攻錯，取長可以補短，大陸行政訴訟制度具有特色之處，即非全然沒有借鑒的價值。

反觀大陸，其行政訴訟制度從無到有，從空白33年（1949至1982年）到萌芽7年（1982至1989年）、發展21年（1989年迄今），於1989年立法時即揭櫫：「為保證人民法院正確、及時審理行政案件，保護公民、法人和其他組織的合法權益，維護和監督行政機關依法行使行政職權，根據憲法制定本法。」誠屬難能可貴。如今其行政訴訟案件量從1986年設置第一個行政審判庭的一審全年受理632件，到2010年第一審受理的行政訴訟案件129,133件，24年間成長達204倍強，已相當程度發揮疏解人民

與政府衝突的作用，此除歸功於《行政訴訟法》的制訂，其最高人民法院
勇於運用法律賦予的解釋權，藉由司法造法的方式，擴大行政訴訟受案範
圍與判決種類（間接增加訴訟類型）更是居功厥偉。其於法律明定的撤
銷、變更、履行判決及行政賠償訴訟之外，創設了確認判決、情況判決與
行政訴訟附帶民事訴訟，使人民不服具體行政行為所提訴訟經由法院判決
種類的多元化，於實務上呈現確認之訴、撤銷之訴、變更之訴及履行之訴
等類型。其中確認之訴包括確認具體行政行為無效之訴、確認具體行政行
為或非具體行政行為違法之訴；而確認具體行政行為違法之訴，分為確認
積極行政作為違法和消極行政不作為違法訴訟，後者又包括確認怠於作為
違法及拒絕作為違法訴訟。提起變更之訴限於行政處罰顯失公正之情形，
原則上不得加重對原告的處罰，但利害關係人為原告時除外。提起履行之
訴不限於法令明定「得申請」的案件，只要行政機關不履行或拖延履行其
依法頒發許可證和執照，或保護人身權、財產權的職責，使原告的合法權
益受到損害，或原告所受第三人違法行為的侵害的結果不能消除，即有起
訴之利益；且請求行政機關履行保護人身權、財產權的法定職責的方式不
限於作成具體的行政行為，包括事實行為。另基於「訴判分離」的判決方
式，法院只須審究具體行政行為（作為或不作為）的合法性，如不合法，
則根據不同情況，依職權裁量選擇作出適合的判決類型，不受原告主張訴
訟類型的拘束，使人民可以省去選擇訴訟類型的負擔。至於公法上給付訴
訟，除行政賠償之訴外，其法律或司法解釋已間接承認發給撫恤金、社會
保險金、最低生活保障費與歸還溢繳罰鍰等等給付訴訟，其他公法上給付
訴訟，例如行政合同給付訴訟，則可能以民事給付訴訟替代行政給付訴
訟。故就關係行政救濟的完整性的兩個重要因素而言，其中訴訟類型的多
元化方面，大陸地區的行政訴訟法制與台灣相較，已不遑多讓，甚至其變
更之訴與履行之訴分別有超越台灣的撤銷訴訟與課予義務訴訟之處。惟對
於受案範圍（行政訴訟裁判權範圍），大陸地區的行政訴訟法採取列舉主
義，基本上以保護人身權與財產權為原則，與台灣行政訴訟法所採行的概
括主義（除法律別有規定外，均得提起行政訴訟）相比，顯然較為落後。

## 第二節　瞻望改革

　　法律制度包括訴訟制度既係政治社會的產物，即不免受人為與政治的影響，故法律制度之良窳並非完全取決於制度的設計本身，尚且受制於執法者的態度與政治社會的整體環境。儘管大陸最高人民法院晚近的一份調研報告顯示「行政訴訟具有廣泛的社會政治影響，許多案件的審理與黨和國家的大局密切相關，與國家政治經濟社會發展密切相關，與行政機關承擔的經濟調節、市場監管、社會管理和公共服務職能緊密相聯。例如，計劃生育案件事關基本國策、涉及農村改革的案件牽涉到黨的十七屆三中全會政策的落實。此外，土地確權、城市規劃、房屋拆遷、基礎設施建設、公共服務等方面的行政案件，無不與『改革、發展、穩定』的中心任務緊密相關。行政訴訟還涉及到五十餘個行政管理領域，這些領域涉及到人民群眾的衣食住行，涉及到經濟社會的發展，範圍極其廣泛，影響極其深遠。伴隨大陸改革進入攻堅階段、發展處於關鍵時期，各種社會矛盾和社會問題在行政訴訟中集中地反映出來。近年來，因農村土地徵收徵用、農民負擔、城市房屋拆遷、企業改制、勞動和社會保障、資源環保等社會熱點問題引發的群體性行政爭議較為突出。最高人民法院還曾就如何妥善處理群體性行政案件專門下發司法文件，妥善化解行政爭議」[2]。但行政案件卻一直存在著三難[3]（告狀難、審理難及執行難）、四高[4]（撤訴率高、

---

[2]　http://www.leagaldaily.com.cn，法制日報，2009年4月2日，記者採訪報導「行政訴訟法風雨兼程20年」，引述最高人民法院的一份調研報告。2010年5月22日瀏覽。

[3]　2009年11月9日《最高人民法院關於依法保護行政訴訟當事人訴權的意見》即明示：「行政訴訟「告狀難」現象依然存在，已經成為人民群眾反映強烈的突出問題之一……要堅決清除限制行政訴訟受理的各種「土政策」，嚴禁以服務地方中心工作、應對金融危機等為藉口，拒絕受理某類依法應當受理的行政案件……使行政案件受理難、審理難、執行難問題得到根本解決……。」

[4]　廣州中山大學教授劉恒於《中國行政訴訟制度的沿革、現狀與展望》一文即指明：行政案件呈「一低、四高、一難」的現象。所謂一低，即受案數低，與人民法院受理的民事、刑事案件數相比，「當前行政案件的數量不多，在法院受理的案件總數中約占5%。」據統計，1996－2005年全國各級人民法院行政審判庭每年受理的一審行政爭議案件分別只有79,966件、90,557件、98,350件、97,569件、85,760件、10,092件、80,728件、87,019件、92,613件、95,707件。所謂四高，首先是指撤訴率高，有資料顯示，全國各級人民法院1998－2004年審結的一審行政案件中，以撤訴方式結案的案件數所占比例分別是48.6%、45%、37.1%、36.7%、30.7%、31.6%、30.6%。雖然逐年有所下降，但比例仍相當高。另三高是指上訴率高、改判率高和申訴率高。就2002年而言，全國「一審行政案件的上訴率為32.6%；二審案件的改判率為10.21%，行政案件申訴率也比較高，少數省市的申訴率長期居高不下，再審案件的改判率為20.03%。」這三高既說明基層法院受到的壓力、干擾比較大，也說明基層法院在行政訴訟中缺乏司法權威。所謂一難，是執行難。執行難難在被告行政機關拒不履行判決。由此可見，很少的受案數、很高的撤訴率、太難的執行度，還是目前大陸行政訴訟面臨的普遍問題。（參見中央研究院法律學研究所籌備

上訴率高、申訴率[5]高和改判率高）的現象，已經到了必須面對檢討的時刻。學者因而大聲疾呼：「行政訴訟法實施以來，法院受理案件的數量不斷增長，領域日益拓寬，行政訴訟制度在解決行政爭議方面發揮的功能越來越重要，也得到了社會的高度認可。尤其在社會結構不斷變化，利益調整更加頻繁的今天，只有強化行政訴訟制度，重視其解決爭議的作用，才能有效化解各類複雜的矛盾，推動社會的和諧發展。從未來發展看，隨著社會經濟發展變化，政府改革發展措施的加強，特別是人們法治意識的不斷增強，行政爭議只能增加，不會減少。因此，如何完善行政訴訟制度，將各類行政爭議最終納入訴訟管道，切實保證當事人的訴權，是行政訴訟法修改的重要內容。擴大行政訴訟受案範圍，降低行政案件立案的門檻是當務之急。人民法院的大門應當向人民敞開，凡是行政機關行使職權、履行職責過程中與相對人發生的爭議，只要法律沒有明確將其排除在行政訴訟範圍之外，法院就有義務受理並加以解決。只有把訴權提高到公民基本權利的高度，才能徹底解決行政訴訟立案難的問題，才能暢通訴訟解決爭議的管道，也才能防止法律爭議政治化、政策化的趨勢，減少涉法涉訴信訪量」[6]。然而，修法的建議和台灣的經驗相似，一波三折，其修法進度總是落在刑事和民事訴訟法之後，迄今上不了全國人大的議程[7]。但建議大陸的朋友不要灰心，有志者事竟成，只要社會、經濟不斷發展，民主法治的需求必然水漲船高，一旦時機成熟，行政訴訟的改革自然水到渠成。因為台灣於1980年代至1990年代發生許多群眾事件，行政機關慢慢體會到行政訴訟具有將民怨導引到法制救濟軌道、減少體制外抗爭的功能，對

　　處出版，2006年兩岸四地法律發展上冊，2007年8月，第344頁）
5　相當於台灣的再審之訴或聲請再審。
6　http://www.leagaldaily.com.cn，法制日報，2009年4月2日，記者採訪報導「行政訴訟法風雨兼程20年」，引述馬懷德（中國政法大學教授）的談話。2010年5月22日瀏覽。
7　全國人大法工委行政法室主任李援於2005年8月21曾透露「行政訴訟法修改目前仍在徵集意見階段，力爭明年列入人大立法計畫。刑事、民事、行政三大訴訟法的修改都已列入本屆全國人大立法規劃，但刑事和民事訴訟法屬於第一類要上會的法律，行政訴訟法屬於第二類，待研究成熟後就可以上會」。http://www.law-lib.com，法律圖書館，轉載2005年8月22日新京報，於2010年4月30日瀏覽。另依據十一屆全國人大常委員於2008年10月公布的5年立法規畫，包含三大訴訟法的修改。http://politics.people.com.cn，人民網，刊載新華社報導，2012年2月8日瀏覽。惟截至2012年3月14日十一屆全國人大第五次（最後一次）常會閉幕時止，行政訴訟法的修正案仍未排入議程。上開訊息已獲得楊海坤教授於2012年3月14日之電子郵件證實；另外聯合報A11版同日報導人大閉幕會議表決10項議案，關於訴訟方面只有刑事訴訟法修正案。

於政治與社會的安定極有助益[8]，才放手讓行政訴訟制度進行改革，除於主觀訴訟擴增訴訟類型外，並承認公益訴訟（已於各種環境保護法律中明定其具體訴訟程序）。台灣行政訴訟制度的改革與發展經驗可供大陸借鑒。

---

[8] 2009年11月9日《最高人民法院關於依法保護行政訴訟當事人訴權的意見》已注意到：「上級人民法院要通過審理上訴和申訴案件、受理舉報、案件評查、專項檢查、通報排名等各種措施，進一步加強對下級人民法院行政案件立案受理工作的指導和監督，切實防止因當事人告狀無門而引發到處上訪、激化社會矛盾的事件發生。」

## 1. 高等行政法院行政訴訟事件辦理概況—按年與機關別分
## 1. State of Administrative Cases handled by the High Administrative Courts – by Year and Organ

單位:件;日;%,Unit: case; day; %

| 年別及機關別<br>Year & Organ | 受理件數Cases lodged | | | 終結件數 | | |
|---|---|---|---|---|---|---|
| | 合計<br>Total | 舊受<br>Previously<br>lodged | 新收<br>Newly<br>lodged | 合計<br>Total | 第一審<br>First<br>instance | 再審<br>Retrial |
| 民國90年(2001) | 45673 | 18157 | 27516 | 39274 | 38313 | 45 |
| 民國91年(2002) | 16327 | 6399 | 9928 | 9439 | 8934 | 49 |
| 民國92年(2003) | 17542 | 6888 | 10654 | 10513 | 9892 | 106 |
| 民國93年(2004) | 16225 | 7029 | 9196 | 9896 | 9179 | 147 |
| 民國94年(2005) | 15239 | 6329 | 8910 | 9973 | 9205 | 195 |
| 民國95年(2006) | 14582 | 5266 | 9316 | 9824 | 8911 | 348 |
| 民國96年(2007) | 14302 | 4758 | 9544 | 10145 | 8921 | 294 |
| 民國97年(2008) | 11607 | 4157 | 7450 | 8917 | 7767 | 352 |
| 民國98年(2009) | 9471 | 2690 | 6781 | 7160 | 5983 | 400 |
| 民國99年(2010) | 8892 | 2311 | 6581 | 6909 | 5810 | 318 |
| 臺北高等行政法院<br>Taipei High Administrative<br>Court | 6008 | 1670 | 4338 | 4589 | 3920 | 188 |
| 臺中高等行政法院<br>Taichung High Administrative<br>Court | 1139 | 259 | 880 | 901 | 748 | 46 |
| 高雄高等行政法院<br>Kaohsiung High<br>Administrative Court | 1745 | 382 | 1363 | 1419 | 1142 | 84 |

接續前頁

| Cases closed | | | 未結件數 Pending cases | 終結事件平均一件所需日數 Average number of days to close a case | | 平均每法官每月辦結件數 Average cases closed by each justice | 上訴事件維持率 Affirmed appeals rate | 抗告事件維持率 Affirmed rulings rate |
|---|---|---|---|---|---|---|---|---|
| 保全程序 Precautionary proceedings | 強制執行 Compulsory execution | 其他 Other | | 收案至結案 From first lodge in to final closing | 分案至結案 From case dispatch to case closing | | | |
| 55 | 643 | 218 | 6399 | 132.94 | 29.09 | 115.92 | 96.08 | 90.09 |
| 119 | 69 | 268 | 6888 | 271.58 | 83.80 | 25.11 | 93.31 | 94.26 |
| 173 | 37 | 305 | 7029 | 254.00 | 71.40 | 26.08 | 85.76 | 88.21 |
| 239 | 68 | 263 | 6329 | 273.76 | 81.08 | 24.06 | 84.04 | 92.28 |
| 262 | 34 | 277 | 5266 | 272.50 | 86.68 | 24.37 | 90.21 | 93.23 |
| 250 | 55 | 260 | 4758 | 228.28 | 85.50 | 22.98 | 91.40 | 93.84 |
| 240 | 322 | 368 | 4157 | 199.40 | 81.67 | 24.39 | 93.05 | 95.79 |
| 167 | 243 | 388 | 2690 | 179.52 | 76.85 | 22.12 | 96.84 | 91.80 |
| 148 | 178 | 451 | 2311 | 150.37 | 86.15 | 17.91 | 93.02 | 96.31 |
| 107 | 212 | 462 | 1983 | 135.71 | 86.93 | 17.13 | 92.78 | 94.58 |
| 83 | 96 | 302 | 1419 | 144.42 | 96.32 | 19.80 | 92.47 | 95.27 |
| 14 | 21 | 72 | 238 | 116.30 | 71.54 | 11.11 | 89.90 | 90.70 |
| 10 | 95 | 88 | 326 | 119.10 | 65.46 | 15.70 | 95.31 | 94.79 |

## 2. 高等行政法院行政訴訟第一審事件終結情形－按年與訴訟類別分

## 2. State of Administrative Cases of the First Instance Terminated by the High Administrative Courts–by Year and Type

單位：件
Unint: case

| 年別及訴訟類別<br>Year & Type | 合計<br>Total | 勝訴<br>Winning suit | 敗訴<br>Losing suit | 勝敗互見<br>Partly winning suit and partly losing suit | | 情況判決<br>Circum-stancial Judgments |
|---|---|---|---|---|---|---|
| | | | | 部分有理由部分無理由<br>Partially Ground and Partially Groundless | 部分有理由部分不合法<br>Partially Ground and Partially Improform | |
| 民國90年（2001） | 38313 | 504 | 2992 | 150 | - | - |
| 民國91年（2002） | 8934 | 730 | 4261 | 283 | - | - |
| 民國92年（2003） | 9892 | 918 | 5050 | 376 | - | - |
| 民國93年（2004） | 9179 | 648 | 5056 | 386 | - | 2 |
| 民國94年（2005） | 9205 | 543 | 5518 | 323 | - | 3 |
| 民國95年（2006） | 8911 | 651 | 5419 | 250 | 6 | 1 |
| 民國96年（2007） | 8921 | 741 | 5140 | 253 | 1 | - |
| 民國97年（2008） | 7767 | 499 | 4743 | 179 | 2 | 3 |
| 民國98年（2009） | 5983 | 430 | 3688 | 153 | 11 | - |
| 民國99年（2010） | 5810 | 374 | 3499 | 194 | 3 | 1 |
| 撤銷訴訟<br>Revocation Suit | 4076 | 239 | 2579 | 121 | 2 | - |
| 撤銷併為給付訴訟<br>Revocation and Payment Suit | 175 | 7 | 96 | 12 | - | - |
| 課予義務訴訟<br>Mandate Suit | 1055 | 41 | 651 | 45 | 1 | 1 |
| 確認訴訟<br>Confirmation Suit | 150 | 10 | 81 | 6 | - | - |
| 給付訴訟<br>Payment Suit | 295 | 76 | 83 | 10 | - | - |
| 其他 Other | 59 | 1 | 9 | - | - | - |

接續前頁

| 裁定駁回<br>Repealed rulings | 移送管轄<br>Transfer of juris-<br>diction | 和解<br>Conciliation | 撤回<br>Withdrawn | 其他<br>Other |
|---|---|---|---|---|
| 32336 | 87 | 263 | 1674 | 307 |
| 1842 | 105 | 280 | 770 | 663 |
| 1787 | 99 | 330 | 934 | 398 |
| 1228 | 59 | 339 | 828 | 633 |
| 1302 | 65 | 207 | 846 | 398 |
| 1359 | 61 | 210 | 701 | 253 |
| 1355 | 83 | 308 | 798 | 242 |
| 1126 | 103 | 199 | 707 | 206 |
| 805 | 111 | 144 | 496 | 145 |
| 764 | 114 | 114 | 515 | 232 |
| 490 | 48 | 97 | 354 | 146 |
| 26 | 6 | 2 | 15 | 11 |
| 159 | 17 | 6 | 81 | 53 |
| 32 | 5 | - | 15 | 1 |
| 19 | 33 | 9 | 47 | 18 |
| 38 | 5 | - | 3 | 3 |

### 3. 高等行政法院行政訴訟第一審終結事件性質分類－按年別分

### 3. Types of First Instance Administrative Cases Terminated by the High Administrative Court – by Year

單位：件Unint: case

| 年別<br>Year | 合計<br>Total | 稅捐<br>Taxation and government dues | 關務<br>Customs and tariff | 商標<br>Trademark | 專利<br>Patent | 土地<br>Land | 建築<br>Building | 營業<br>Business | 交通<br>Transportation | 礦業<br>Mining | 戶政<br>Household administration | 專門職業<br>Special professions | 水利<br>Irrigation | 入出境<br>Entry into, and exit of, the territory | 環保<br>Environmental conservation | 衛生<br>Sanitation |
|---|---|---|---|---|---|---|---|---|---|---|---|---|---|---|---|---|
| 民國90年<br>2001 | 38313 | 2239 | 144 | 339 | 317 | 508 | 221 | 210 | 85 | 3 | 14 | 10 | 20 | 57 | 385 | 46 |
| 民國91年<br>2002 | 8481 | 3188 | 150 | 472 | 421 | 677 | 483 | 302 | 111 | 5 | 33 | 22 | 31 | 104 | 352 | 88 |
| 民國92年<br>2003 | 9714 | 3685 | 269 | 399 | 324 | 797 | 402 | 466 | 166 | 4 | 33 | 29 | 20 | 139 | 406 | 153 |
| 民國93年<br>2004 | 8695 | 3188 | 267 | 406 | 410 | 604 | 313 | 384 | 135 | 2 | 26 | 44 | 36 | 110 | 279 | 170 |
| 民國94年<br>2005 | 8935 | 3124 | 482 | 293 | 455 | 511 | 270 | 386 | 178 | 6 | 20 | 58 | 52 | 95 | 234 | 180 |
| 民國95年<br>2006 | 8734 | 3058 | 542 | 398 | 358 | 461 | 291 | 319 | 147 | 5 | 24 | 36 | 53 | 123 | 253 | 189 |
| 民國96年<br>2007 | 8722 | 3042 | 307 | 453 | 340 | 504 | 279 | 278 | 140 | 3 | 36 | 40 | 43 | 116 | 195 | 159 |
| 民國97年<br>2008 | 7618 | 2520 | 359 | 329 | 270 | 448 | 245 | 260 | 135 | 4 | 33 | 31 | 17 | 125 | 244 | 126 |
| 民國98年<br>2009 | 5920 | 2106 | 373 | 8 | 7 | 521 | 239 | 232 | 114 | 1 | 18 | 26 | 31 | 107 | 225 | 93 |
| 民國99年<br>2010 | 5598 | 1979 | 195 | 3 | 4 | 484 | 214 | 165 | 126 | 1 | 20 | 58 | 33 | 69 | 195 | 69 |

接續前頁

| 出版 Pub-lish | 教育 Edu-ca-tion | 勞工 La-bor af-fairs | 保險 In-sura-nce | 國家賠償 Na-tional compe-nsation | 廣播電視 Broad-cast and tel-evision | 漁業 Fish-ery | 人民團體 Citizen groups | 考銓 Ex-ami-na-tion and asse-ss-ment | 國防 Na-tio-nal de-fen-se | 林業 Fores-try | 農業 Ag-ricu-lture | 福利 Wel-fare | 著作 Copy-right | 光碟管理 Re-gula-tion of op-tical me-dia | 積體電路電路布局保護 Integrat-ed Cir-cuit lay-out | 植物品種及種苗 Plant Va-riety and Seed | 公平交易 Fair Trade | 其他 Other |
|---|---|---|---|---|---|---|---|---|---|---|---|---|---|---|---|---|---|---|
| 2 | 55 | 202 | 32585 | 29 | 56 | 21 | 42 | 158 | 68 | 48 | 43 | 11 | - | - | - | - | - | 395 |
| 1 | 163 | 153 | 584 | 52 | 58 | 18 | 32 | 272 | 69 | 69 | 48 | 58 | - | - | - | - | - | 465 |
| - | 152 | 258 | 623 | 53 | 38 | 23 | 56 | 328 | 60 | 67 | 36 | 91 | - | - | - | - | - | 637 |
| 1 | 170 | 374 | 493 | 83 | 13 | 14 | 30 | 315 | 71 | 54 | 32 | 85 | - | - | - | - | - | 586 |
| - | 170 | 318 | 522 | 95 | 9 | 21 | 26 | 354 | 64 | 69 | 30 | 131 | - | - | - | - | - | 782 |
| - | 171 | 294 | 478 | 172 | 48 | 24 | 20 | 316 | 65 | 45 | 31 | 90 | - | - | - | - | - | 723 |
| - | 503 | 245 | 424 | 217 | 43 | 39 | 24 | 406 | 70 | 36 | 20 | 103 | - | - | - | - | - | 657 |
| - | 165 | 209 | 573 | 86 | 20 | 25 | 32 | 428 | 76 | 46 | 19 | 82 | - | - | - | - | 103 | 608 |
| - | 103 | 235 | 361 | 21 | 40 | 21 | 20 | 213 | 74 | 50 | 26 | 61 | - | - | - | - | 72 | 522 |
| - | 122 | 206 | 450 | 23 | 27 | 15 | 28 | 249 | 97 | 39 | 40 | 62 | - | 1 | - | - | 50 | 574 |

## 4. 智慧財產法院行政訴訟事件收結件數一按年別分[1]

## 4. Number of Filings and Dispositions of Administrative Cases in the Intellectual Property Court – by Year

單位：件（Unit: case）

| 年別<br>Year | | 合計<br>Total | 第一審<br>First instance | | 再審<br>Retrial | 重新審理<br>Trial de novo | 聲請停止執行<br>Motion to suspend enforcement | 保全程序<br>Securitiztion proceed-ings | 強制執行<br>Compuls-ory Execu-tion | 其他<br>Other |
|---|---|---|---|---|---|---|---|---|---|---|
| | | | 通常訴訟<br>General case | 簡易訴訟<br>Summary case | | | | | | |
| 民國90年<br>2001 | 新收 Newly Lodged | - | - | - | - | - | - | - | - | - |
| | 終結 Closed | - | - | - | - | - | - | - | - | - |
| 民國91年<br>2002 | 新收 Newly Lodged | - | - | - | - | - | - | - | - | - |
| | 終結 Closed | - | - | - | - | - | - | - | - | - |
| 民國92年<br>2003 | 新收 Newly Lodged | - | - | - | - | - | - | - | - | - |
| | 終結 Closed | - | - | - | - | - | - | - | - | - |
| 民國93年<br>2004 | 新收 Newly Lodged | - | - | - | - | - | - | - | - | - |
| | 終結 Closed | - | - | - | - | - | - | - | - | - |
| 民國94年<br>2005 | 新收 Newly Lodged | - | - | - | - | - | - | - | - | - |
| | 終結 Closed | - | - | - | - | - | - | - | - | - |
| 民國95年<br>2006 | 新收 Newly Lodged | - | - | - | - | - | - | - | - | - |
| | 終結 Closed | - | - | - | - | - | - | - | - | - |
| 民國96年<br>2007 | 新收 Newly Lodged | - | - | - | - | - | - | - | - | - |
| | 終結 Closed | - | - | - | - | - | - | - | - | - |
| 民國97年<br>2008 | 新收 Newly Lodged | 244 | 240 | 1 | - | - | - | - | - | 3 |
| | 終結 Closed | 109 | 105 | 1 | - | - | - | - | - | 3 |
| 民國98年<br>2009 | 新收 Newly Lodged | 432 | 412 | 2 | 2 | - | - | - | - | 16 |
| | 終結 Closed | 413 | 401 | 2 | 2 | - | - | - | - | 8 |
| 民國99年<br>2010 | 新收 Newly Lodged | 460 | 440 | 3 | 6 | - | - | - | 1 | 10 |
| | 終結 Closed | 443 | 420 | 2 | 2 | - | - | - | 1 | 18 |

---

[1] 智慧財產法院於2008年7月1日成立，專門審理有關智慧財產之第一審及第二審民事訴訟事件、第二審刑事案件（少年刑事案件除外）、第一審行政訴訟及強制執行事件。

### 5. 智慧財產法院行政訴訟第一審事件終結情形－按年別與訴訟類別分

### 5. State of Administrative Cases of the First Instance Terminated by the Intellectual Property Court – by Year and Type

單位：件（Unit: case）

| 年別及訴訟類別<br>Year & Litigation Type | 合計<br>Total | 勝訴<br>Winning suit | 敗訴<br>Losing suit | 勝敗互見<br>Partly winning suit and partly losing suit | | 情況判決<br>Circumstancial Judgments |
|---|---|---|---|---|---|---|
| | | | | 部分有理由<br>部分無理由<br>Partially Ground and Partially Groundless | 部分有理由<br>部分不合法<br>Partially Ground and Partially Im-proform | |
| 民國90年（2001） | - | - | - | - | - | |
| 民國91年（2002） | - | - | - | - | - | |
| 民國92年（2003） | - | - | - | - | - | |
| 民國93年（2004） | - | - | - | - | - | |
| 民國94年（2005） | - | - | - | - | - | |
| 民國95年（2006） | - | - | - | - | - | |
| 民國96年（2007） | - | - | - | - | - | |
| 民國97年（2008） | 106 | 11 | 71 | 3 | - | |
| 民國98年（2009） | 403 | 41 | 291 | 22 | - | |
| 民國99年（2010） | 422 | 56 | 301 | 26 | - | |
| 撤銷訴訟<br>Revocation Suit | 262 | 26 | 212 | 3 | - | |
| 撤銷併為給付訴訟<br>Revocation and Payment Suit | - | - | - | - | - | |
| 課予義務訴訟<br>Mandate Suit | 159 | 30 | 88 | 23 | - | |
| 確認訴訟<br>Confirmation Suit | 1 | - | 1 | - | - | |
| 給付訴訟<br>Payment Suit | - | - | - | - | - | |
| 其他<br>Other | - | - | - | - | - | |

說明：本表包含第一審之更審事件。

接續前頁

| 裁定駁回<br>Repealed rulings | 移送管轄<br>Transfer of jurisdiction | 和解<br>Settlement | 撤回<br>Withdrawn | 其他<br>Other |
|---|---|---|---|---|
| - | - | - | - | - |
| - | - | - | - | - |
| - | - | - | - | - |
| - | - | - | - | - |
| - | - | - | - | - |
| - | - | - | - | - |
| - | - | - | - | - |
| 10 | - | 2 | 6 | 3 |
| 23 | - | 10 | 15 | 1 |
| 17 | - | 1 | 21 | - |
| 12 | - | - | 9 | - |
| - | - | - | - | - |
| 5 | - | 1 | 12 | - |
| - | - | - | - | - |
| - | - | - | - | - |
| - | - | - | - | - |

### 6. 智慧財產法院行政訴訟第一審事件終結情形—按年別及性質類別分

### 6. State of Administrative Cases of the First Instance Terminated by the Intellectual Property Court– by Year and Substance

單位：件（Unit: case）

| 年別及性質類別<br>Year and Type | 合計<br>Total | 勝訴<br>Winning suit | 敗訴<br>Losing suit | 勝敗互見<br>Partly winning suit and partly losing suit | |
| --- | --- | --- | --- | --- | --- |
| | | | | 部分有理由<br>部分無理由<br>Partially Ground and Partially Groundless | 部分有理由<br>部分不合法<br>Partially Ground and Partially Impro-form |
| 民國90年（2001） | - | - | - | - | - |
| 民國91年（2002） | - | - | - | - | - |
| 民國92年（2003） | - | - | - | - | - |
| 民國93年（2004） | - | - | - | - | - |
| 民國94年（2005） | - | - | - | - | - |
| 民國95年（2006） | - | - | - | - | - |
| 民國96年（2007） | - | - | - | - | - |
| 民國97年（2008） | 106 | 11 | 71 | 3 | - |
| 民國98年（2009） | 403 | 41 | 291 | 22 | - |
| 民國99年（2010） | 422 | 56 | 301 | 26 | - |
| 商標<br>Trademark | 243 | 14 | 188 | 14 | - |
| 專利<br>Patent | 173 | 42 | 109 | 12 | - |
| 著作<br>Copyright | 3 | - | 2 | - | - |
| 光碟管理<br>Regulation of optical media | - | - | - | - | - |
| 積體電路電路布局保護<br>Integrated Circuit layout | - | - | - | - | - |
| 植物品種及種苗<br>Plant Variety and Seed | - | - | - | - | - |
| 公平交易<br>Fair Trade | 1 | - | 1 | - | - |
| 其他<br>Other | 2 | - | 1 | - | - |

接續前頁

| 情況判決<br>Circumstancial<br>Judgments | 裁定駁回<br>Repealed rulings | 移送管轄<br>Transfer of<br>jurisdiction | 和解<br>Settlement | 撤回<br>Withdrawn | 其他<br>Other |
|---|---|---|---|---|---|
| - | - | - | - | - | - |
| - | - | - | - | - | - |
| - | - | - | - | - | - |
| - | - | - | - | - | - |
| - | - | - | - | - | - |
| - | - | - | - | - | - |
| - | - | - | - | - | - |
| - | 10 | - | 2 | 6 | 3 |
| - | 23 | - | 10 | 15 | 1 |
| - | 17 | - | 1 | 21 | - |
| - | 12 | - | 1 | 14 | - |
| - | 5 | - | - | 5 | - |
| - | - | - | - | 1 | - |
| - | - | - | - | - | - |
| - | - | - | - | - | - |
| - | - | - | - | - | - |
| - | - | - | - | - | - |
| - | - | - | - | 1 | - |

說明：本表不含改變訴訟程序事件。

## 7. 最高行政法院行政訴訟事件收結情形—按年別分

## 7. State of Filings and Dispositions of Administrative Cases in the Supreme Administrative Court–by Year

單位：件；日
Unit: case; day

| 年別<br>Year | 受理件數 Cases lodged | | | 終結件數 Cased closed | | | | | 未結件數<br>Pending cases | 終結事件中平均一件所需日數<br>Average number of days to close a case | | 平均每法官每月辦結件數<br>Average number of cases closed by each justice per month |
|---|---|---|---|---|---|---|---|---|---|---|---|---|
| | 合計<br>Total | 舊受<br>Previously lodged | 新收<br>Newly lodged | 計<br>Total | 判決<br>Judgment | 裁定<br>Rulings | 撤回<br>Withdrawn | 其他<br>Other | | 收案至結案<br>From first lodge in to final closing | 分案至結案<br>From case dispatch to case closing | |
| 民國90年<br>2001 | 8 199 | 5 061 | 3 138 | 3 845 | 2 582 | 1 148 | 25 | 90 | 4 354 | 505.15 | 77.04 | 24.92 |
| 民國91年<br>2002 | 8 306 | 4 354 | 3 952 | 4 033 | 2 424 | 1 557 | 30 | 22 | 4 273 | 422.53 | 49.77 | 23.26 |
| 民國92年<br>2003 | 8 689 | 4 273 | 4 416 | 4 036 | 1 910 | 1 912 | 202 | 12 | 4 653 | 407.21 | 62.47 | 24.62 |
| 民國93年<br>2004 | 9 127 | 4 653 | 4 474 | 3 514 | 1 734 | 1 725 | 37 | 18 | 5 613 | 428.06 | 49.56 | 23.24 |
| 民國94年<br>2005 | 10 711 | 5 613 | 5 098 | 5 035 | 2 116 | 2 880 | 25 | 14 | 5 676 | 438.07 | 38.99 | 24.87 |
| 民國95年<br>2006 | 11 438 | 5 676 | 5 762 | 5 237 | 2 205 | 2 962 | 50 | 20 | 6 201 | 377.54 | 30.60 | 23.33 |
| 民國96年<br>2007 | 12 110 | 6 201 | 5 909 | 6 655 | 2 106 | 4 317 | 51 | 181 | 5 455 | 369.08 | 19.45 | 29.57 |
| 民國97年<br>2008 | 10 245 | 5 455 | 4 790 | 6 791 | 1 161 | 5 523 | 53 | 54 | 3 454 | 251.46 | 18.80 | 32.90 |
| 民國98年<br>2009 | 7 976 | 3 454 | 4 522 | 5 147 | 1 530 | 3 550 | 36 | 31 | 2 829 | 296.13 | 19.91 | 23.18 |
| 民國99年<br>2010 | 7 878 | 2 829 | 5 049 | 5 268 | 1 381 | 3 798 | 34 | 55 | 2 610 | 244.54 | 14.44 | 22.61 |

## 8. 最高行政法院行政訴訟終結事件訴訟類別—按年別分

## 8. Types of Administrative Cases Terminated by the Supreme Administrative Court – by Year

單位：件
Unit: case

| 年別 Year | 合計 Total | 第一審 First instance | | | | 上訴 Appeals | 再審 Retrial | 重新審理 Trial de novol | 抗告 Counter suit | 其他 Other |
| | | 計 Subtotal | 不服再訴願決定 Unwilling to accept the decision of administrative re-appeal | 再訴願不為決定 No decision on administrative re-appeal | 其他 Other | | | | | |
|---|---|---|---|---|---|---|---|---|---|---|
| 民國90年（2001） | 3845 | 2605 | 2553 | 24 | 28 | 109 | 828 | - | 177 | 126 |
| 民國91年（2002） | 4033 | 711 | 700 | 8 | 3 | 1240 | 1294 | 1 | 749 | 38 |
| 民國92年（2003） | 4036 | 73 | 71 | 1 | 1 | 2311 | 642 | 1 | 952 | 57 |
| 民國93年（2004） | 3514 | 3 | 3 | - | - | 2275 | 476 | | 719 | 41 |
| 民國94年（2005） | 5035 | - | - | - | - | 3094 | 845 | - | 1 038 | 58 |
| 民國95年（2006） | 5237 | - | - | - | - | 3293 | 1054 | - | 849 | 41 |
| 民國96年（2007） | 6655 | - | - | - | - | 4448 | 1168 | - | 934 | 105 |
| 民國97年（2008） | 6791 | 3 | - | - | 3 | 3837 | 1947 | - | 885 | 119 |
| 民國98年（2009） | 5147 | 3 | - | - | 3 | 3266 | 1143 | - | 535 | 200 |
| 民國99年（2010） | 5268 | 9 | - | - | 9 | 3076 | 1443 | - | 490 | 250 |

2

---

2　以上台灣方面的行政訴訟事件統計資料摘錄自：司法院統計處編印2010年司法統計年報，2011年7月出版，頁7-8～15、8-41～45、4-6～7。其中表6標題「按年別及性質類別分」之英譯文，資料來源係記載「by Year and Type」，筆者將其重新翻譯為「by Year and Substance」，以便與表5之英文標題區隔。

## 一、大陸行政訴訟法施行前後三年案件收結情形統計表[1]

### 1989年大陸人民法院行政一審案件情況統計表

（單位：件）

| 收結情況＼類別 | 收案 | 結案 | 結案中 | | | | |
|---|---|---|---|---|---|---|---|
| | | | 維持 | 撤銷 | 變更 | 撤訴 | 其他 |
| 合計 | 9934 | 9742 | 4135 | 1364 | 587 | 2966 | 690 |
| 治安行政 | 3336 | 3311 | 1956 | 496 | — | 839 | 120 |
| 土地行政 | 3347 | 3299 | 1181 | 438 | 306 | 1132 | 242 |
| 其他行政 | 3251 | 3132 | 1098 | 430 | 281 | 995 | 328 |

### 1989年大陸人民法院行政二審案件情況統計表

（單位：件）

| | 收案 | 結案 | 結案中 | | | | |
|---|---|---|---|---|---|---|---|
| | | | 維持 | 撤銷 | 變更 | 撤訴 | 其他 |
| 行政 | 2908 | 2888 | 1875 | 227 | 229 | 127 | 95 / 撤銷 335 |

### 1989年大陸人民法院審判監督案件情況統計表

| 類別 | 收案 | 結案 | 結案中 | | | |
|---|---|---|---|---|---|---|
| | | | 維持 | 改判 | 撤訴 | 其他 |
| 行政 | 564 | 551 | 325 | 10 | 76 | 140 |

---

[1] 參見中國法學會編輯，〈中國法律年鑒〉（1990年）、（1991年）、（1992年）計三冊，依序為中國法律年鑒社，1990年9月1版、1991年9月1版、1992年9月1版，各冊尾頁附錄前一年度審判機關統計資料。

### 1990年大陸人民法院行政一審案件統計表

（單位：件）

| | 收案 | 結案 | 結案中 | | | | |
|---|---|---|---|---|---|---|---|
| | | | 維持 | 撤銷 | 變更 | 撤訴 | 其他 |
| 合計 | 13006 | 12040 | 4337 | 2012 | 398 | 4346 | 947 |
| 治安行政 | 4519 | 4044 | 1913 | 698 | 6 | 1236 | 191 |
| 土地行政 | 4038 | 3855 | 1258 | 661 | 184 | 1525 | 227 |
| 其他行政 | 4449 | 4141 | 1166 | 653 | 208 | 1585 | 529 |

註：結案數中含上年舊存數

### 1990年大陸人民法院行政二審案件統計表

（單位：件）

| 類別 | 收案 | 結案 | 結案中 | | | | |
|---|---|---|---|---|---|---|---|
| | | | 維持 | 改判 | 發回重審 | 撤訴 | 其他 |
| 行政 | 3431 | 3325 | 2192 | 662 | 258 | 102 | 111 |

### 1990年大陸人民法院審判監督案件統計表

（單位：件）

| 類別 | 收案 | 結案 | 結案中 | | | |
|---|---|---|---|---|---|---|
| | | | 維持 | 改判 | 撤訴 | 其他 |
| 行政 | 602 | 538 | 291 | 82 | 83 | 82 |

## 1991年大陸人民法院行政一審案件統計表

（單位：件）

| 類別 | 收案 | 結案 | 結案中 | | | | |
|---|---|---|---|---|---|---|---|
| | | | 維持 | 撤銷 | 變更 | 撤訴 | 其他 |
| 合計 | 25667 | 25202 | 7969 | 4762 | 592 | 9317 | 2562 |
| 治安行政 | 7720 | 7644 | 2905 | 1464 | 75 | 2532 | 668 |
| 土地行政 | 8162 | 7973 | 2550 | 1756 | 198 | 3044 | 425 |
| 其他行政 | 9785 | 9585 | 2514 | 1542 | 319 | 3741 | 1469 |

註：結案含上年舊存

## 1991年大陸人民法院行政二審案件統計表

（單位：件）

| 類別 | 收案 | 結案 | 結案中 | | | | | |
|---|---|---|---|---|---|---|---|---|
| | | | 維持 | 撤銷 | 變更 | 撤訴 | 其他 | 撤銷 |
| 行政（含復核） | 6930 | 6708 | 4381 | 605 | 643 | 224 | 175 | 780 |

註：結案含上年舊存

## 1991年大陸人民法院審判監督案件統計表

（單位：件）

| 類別 | 收案 | 結案 | 結案中 | | | | |
|---|---|---|---|---|---|---|---|
| | | | 維持 | 改判 | 撤訴 | 其他 | 撤銷 |
| 行政 | 1181 | 1031 | 581 | 46 | 109 | 145 | 150 |

註：結案含上年舊存

## 二、大陸最近八年有關行政訴訟案件收結情形統計表[2]

### 2003年大陸法院審理行政一審案件情況統計表

（單位：件）

| | 收案 | 結案 | 其中 | | | | | | | 結案中 |
| | | | 維持 | 撤銷 | 履行法定職責 | 駁回訴訟請求 | 駁回起訴 | 撤訴 | 其他 | 單獨提起行政賠償 |
|---|---|---|---|---|---|---|---|---|---|---|
| 城建 | 19811 | 19793 | 3717 | 2559 | 602 | 1851 | 2196 | 6313 | 2591 | 393 |
| 資源 | 16750 | 16804 | 3054 | 2467 | 567 | 1721 | 2006 | 4348 | 2641 | 309 |
| 公安 | 10816 | 10950 | 3166 | 1342 | 95 | 729 | 1007 | 3373 | 1238 | 417 |
| 勞動和社會保障 | 4047 | 4060 | 1125 | 628 | 243 | 559 | 289 | 904 | 312 | 41 |
| 鄉政府 | 4976 | 5031 | 476 | 467 | 74 | 971 | 664 | 1749 | 630 | 179 |
| 工商 | 2715 | 2719 | 580 | 276 | 19 | 200 | 300 | 974 | 370 | 28 |
| 交通 | 2570 | 2610 | 428 | 184 | 41 | 151 | 177 | 1261 | 368 | 74 |
| 農業 | 2223 | 2222 | 157 | 141 | 147 | 27 | 276 | 1027 | 447 | 27 |
| 計畫生育 | 1168 | 1181 | 163 | 80 | 7 | 31 | 69 | 326 | 505 | 38 |
| 計術監督 | 1015 | 1010 | 229 | 105 | 9 | 55 | 43 | 383 | 186 | 17 |
| 其他 | 21828 | 21670 | 3261 | 2088 | 488 | 1859 | 2373 | 7153 | 4448 | 499 |
| 合計 | 87919 | 88050 | 16356 | 10337 | 2292 | 8118 | 9400 | 27811 | 13736 | 2022 |

### 2003年大陸法院審理行政二審案件情況統計表

（單位：件）

| 案件類型 | 收案 | 結案 | 其中 | | | | | |
| | | | 維持 | 改判 | 發回重審 | 撤訴 | 調解 | 其他 |
|---|---|---|---|---|---|---|---|---|
| 行政案件 | 25134 | 25045 | 14012 | 2872 | 1585 | 2035 | 59 | 4482 |

### 2003年大陸法院審理行政審判監督案件情況統計表

| | 收案 | 結案 | 其中 | | | | | |
| | | | 維持 | 改判 | 發回重審 | 撤訴 | 調解 | 其他 |
|---|---|---|---|---|---|---|---|---|
| 行政案件 | 1833 | 1801 | 742 | 400 | 100 | 19 | 17 | 523 |

---

[2] 參見中國法學會編輯，〈中國法律年鑒〉（2011）（2010）（2009年）（2008年）（2007年）（2006年）、（2005年）、（2004年）計8冊，依序為中國法律年鑒社，2011年8月1版、2010年7月1版、2009年7月1版、2008年9月1版、2007年8月1版、2006年8月1版、2005年9月1版、2004年9月1版，各冊尾頁附錄前一年度審判機關統計資料。

## 2003年大陸法院行政執行案件情況統計表

（單位：件）

| 案件類型 | 收案 | 結案 |
| --- | --- | --- |
| 行政 | 15675 | 15583 |
| 行政非訴 | 324700 | 325816 |

## 2004年大陸法院審理行政一審案件情況統計表

（單位：件）

| | 收案 | 結案 | 其中 | | | | | | | 結案中 |
| --- | --- | --- | --- | --- | --- | --- | --- | --- | --- | --- |
| | | | 維持 | 撤銷 | 履行法定職責 | 駁回訴訟請求 | 駁回起訴 | 撤訴 | 其他 | 單獨提起行政賠償 |
| 城建 | 18973 | 18970 | 3121 | 2796 | 288 | 2063 | 2331 | 5819 | 2552 | 543 |
| 資源 | 17582 | 17390 | 3057 | 3340 | 633 | 1079 | 2145 | 5245 | 1891 | 221 |
| 公安 | 11199 | 11247 | 3317 | 1326 | 117 | 788 | 1206 | 3167 | 1326 | 416 |
| 勞動和社會保障 | 5559 | 5496 | 1314 | 667 | 491 | 786 | 521 | 1332 | 385 | 58 |
| 鄉政府 | 4821 | 4794 | 466 | 564 | 262 | 331 | 493 | 1555 | 1123 | 560 |
| 交通 | 3424 | 3375 | 485 | 287 | 14 | 157 | 295 | 1009 | 1128 | 95 |
| 工商 | 3389 | 3381 | 658 | 298 | 32 | 238 | 246 | 1542 | 367 | 135 |
| 計畫生育 | 1501 | 1456 | 251 | 137 | 27 | 47 | 106 | 268 | 620 | 23 |
| 衛生 | 1427 | 1400 | 194 | 99 | 224 | 151 | 92 | 313 | 327 | 21 |
| 農業 | 1225 | 1235 | 94 | 92 | 65 | 42 | 112 | 531 | 299 | 23 |
| 稅務 | 1032 | 1041 | 124 | 70 | 5 | 149 | 88 | 338 | 267 | 11 |
| 技術監督 | 837 | 839 | 152 | 96 | 3 | 41 | 46 | 375 | 126 | 29 |
| 其他 | 21644 | 21568 | 3160 | 1864 | 827 | 1489 | 2428 | 6752 | 5048 | 977 |
| 合計 | 92613 | 92192 | 16393 | 11636 | 2988 | 7361 | 10109 | 28246 | 15459 | 3112 |

## 2004年大陸法院審理行政二審案件情況統計表

（單位：件）

| 案件類型 | 收案 | 結案 | 其中 | | | | | |
| --- | --- | --- | --- | --- | --- | --- | --- | --- |
| | | | 維持 | 改判 | 發回重審 | 撤訴 | 調解 | 其他 |
| 行政案件 | 27495 | 27273 | 15581 | 2942 | 1624 | 1810 | 61 | 5255 |

## 2004年大陸法院審理行政再審案件情況統計表

| 案件類型 | 收案 | 結案 | 其中 | | | | | |
| --- | --- | --- | --- | --- | --- | --- | --- | --- |
| | | | 維持 | 改判 | 發回重審 | 撤訴 | 調解 | 其他 |
| 行政案件 | 1850 | 1852 | 671 | 435 | 241 | 12 | 11 | 482 |

## 2004年大陸法院行政執行案件情況統計表

（單位：件）

| 案件類型 | 收案 | 結案 |
| --- | --- | --- |
| 行政 | 19424 | 19318 |
| 行政非訴 | 233396 | 233052 |

## 2005年大陸法院審理行政一審案件情況統計表

（單位：件）

| | 收案 | 結案 | 其中 | | | | | | | | |
|---|---|---|---|---|---|---|---|---|---|---|---|
| | | | 維持 | 撤銷 | 履行法定職責 | 確認違法無效 | 賠償 | 駁回起訴 | 撤訴 | 行政賠償調解 | 其他 |
| 城建 | 19197 | 18864 | 2723 | 2701 | 309 | 638 | 280 | 2109 | 5729 | 16 | 4359 |
| 資源 | 18974 | 18835 | 3197 | 3866 | 686 | 613 | 109 | 2069 | 5163 | 9 | 3123 |
| 公安 | 9514 | 9602 | 2806 | 969 | 65 | 191 | 118 | 884 | 2780 | 23 | 1766 |
| 勞動和社會保障 | 7171 | 7152 | 1831 | 945 | 308 | 39 | 5 | 714 | 1900 | | 1410 |
| 鄉政府 | 3966 | 3953 | 354 | 435 | 81 | 136 | 67 | 584 | 1618 | 7 | 671 |
| 計畫生育 | 3480 | 3342 | 230 | 50 | 114 | 24 | 11 | 86 | 535 | 3 | 2289 |
| 工商 | 2970 | 2979 | 699 | 322 | 27 | 55 | 19 | 304 | 1024 | 4 | 525 |
| 交通 | 2945 | 3011 | 387 | 241 | 16 | 90 | 33 | 258 | 995 | 6 | 985 |
| 農業 | 2022 | 2032 | 65 | 84 | 401 | 14 | 5 | 245 | 975 | | 243 |
| 其他 | 25939 | 25937 | 3477 | 2151 | 504 | 437 | 160 | 3632 | 7820 | 61 | 7695 |
| 合計 | 96178 | 95707 | 15769 | 11764 | 2511 | 2237 | 807 | 10885 | 28539 | 129 | 23066 |

## 2005年大陸法院審理各類知識產權一審案件情況統計表

（單位：件）

| | 收案 | 結案 |
|---|---|---|
| 刑事 | 3567 | 3529 |
| 民事 | 13424 | 13393 |
| 行政 | 575 | 576 |
| 合計 | 17566 | 17498 |

## 2005年大陸法院審理行政二審案件情況統計表

（單位：件）

| | 收案 | 結案 | 其中 | | | | | | |
|---|---|---|---|---|---|---|---|---|---|
| | | | 維持 | 改判 | 發回重審 | 撤訴 | 駁回 | 調解 | 其他 |
| 行政案件 | 29448 | 29176 | 16416 | 3082 | 1628 | 1953 | 4151 | 43 | 1903 |

## 2005年大陸法院審理行政再審案件情況統計表

（單位：件）

| | 收案 | 結案 | 其中 | | | | | |
|---|---|---|---|---|---|---|---|---|
| | | | 維持 | 改判 | 撤訴 | 發回重審 | 調解 | 其他 |
| 行政案件 | 1894 | 1780 | 634 | 502 | 49 | 118 | 14 | 463 |

## 2005年大陸法院行政執行案件情況統計表

（單位：件）

| 指標 | 收案 | 結案 |
|------|------|------|
| 行政 | 17274 | 17691 |
| 行政非訴 | 218130 | 217488 |

## 2006年大陸法院審理行政一審案件情況統計表

（單位：件）

| | 收案 | 結案 | 其中 | | | | | | | | |
| --- | --- | --- | --- | --- | --- | --- | --- | --- | --- | --- | --- |
| | | | 維持 | 撤銷 | 履行法定職責 | 確認違法無效 | 賠償 | 駁回起訴 | 撤訴 | 行政賠償調解 | 其他 |
| 城建 | 20693 | 20334 | 3436 | 2272 | 371 | 882 | 111 | 2202 | 6850 | 44 | 4166 |
| 資源 | 20752 | 20643 | 3103 | 2930 | 312 | 509 | 36 | 2271 | 6413 | 15 | 5054 |
| 公安 | 9313 | 9215 | 2730 | 842 | 66 | 178 | 93 | 743 | 2858 | 35 | 1670 |
| 勞動和社會保障 | 7411 | 7410 | 1982 | 846 | 179 | 59 | 3 | 580 | 2399 | 1 | 1361 |
| 鄉政府 | 2752 | 2806 | 313 | 469 | 99 | 76 | 21 | 410 | 847 | 12 | 559 |
| 交通 | 3460 | 3399 | 351 | 131 | 30 | 43 | 42 | 153 | 1924 | 15 | 710 |
| 工商 | 2985 | 2961 | 555 | 303 | 21 | 64 | 10 | 258 | 1180 | 2 | 568 |
| 計畫生育 | 2151 | 2282 | 456 | 44 | 12 | 17 | 39 | 128 | 507 | 80 | 999 |
| 衛生 | 1285 | 1229 | 240 | 40 | 22 | 8 | 8 | 72 | 545 | | 294 |
| 其他 | 24815 | 24773 | 3613 | 1718 | 345 | 444 | 129 | 4745 | 8278 | 141 | 5360 |
| 合計 | 95617 | 95052 | 16779 | 9595 | 1457 | 2280 | 492 | 11562 | 31801 | 345 | 20741 |

## 2006年大陸法院審理各類知識產權一審案件情況統計表

（單位：件）

| | 收案 | 結案 |
| --- | --- | --- |
| 刑事 | 2249 | 2277 |
| 民事 | 14219 | 14056 |
| 行政 | 1396 | 1436 |
| 合計 | 17864 | 17769 |

## 2006年大陸法院審理國家賠償案件情況統計表

（單位：件）

| | 收案 | 結案 | 在審結案件中 | | | |
| --- | --- | --- | --- | --- | --- | --- |
| | | | 撤回賠償請求 | 決定賠償 | 決定不賠償 | 其他 |
| 刑事賠償案件 | 1263 | 1316 | 130 | 585 | 202 | 399 |
| 非刑事賠償案件 | 1070 | 1007 | 110 | 197 | 288 | 412 |
| 合計 | 2333 | 2323 | 240 | 782 | 490 | 811 |

### 2006年大陸法院審理行政二審案件情況統計表

（單位：件）

| | 收案 | 結案 | 其中 | | | | | | |
|---|---|---|---|---|---|---|---|---|---|
| | | | 維持 | 改判 | 發回重審 | 撤訴 | 駁回 | 調解 | 其他 |
| 行政案件 | 28956 | 29054 | 16376 | 2692 | 1362 | 2199 | 4660 | 52 | 1713 |

### 2006年大陸法院審理行政再審案件情況統計表

（單位：件）

| | 收案 | 結案 | 其中 | | | | | |
|---|---|---|---|---|---|---|---|---|
| | | | 維持 | 改判 | 撤訴 | 發回重審 | 調解 | 其他 |
| 行政案件 | 1950 | 1870 | 806 | 459 | 20 | 149 | 38 | 398 |

### 2006年大陸法院行政執行案件情況統計表

（單位：件）

| 指標 | 收案 | 結案 |
|---|---|---|
| 行政 | 13717 | 14163 |
| 行政非訴 | 230648 | 229826 |

### 2007年大陸法院審理行政一審案件情況統計表

（單位：件）

| | 收案 | 結案 | 其中 | | | | | | | | |
| --- | --- | --- | --- | --- | --- | --- | --- | --- | --- | --- | --- |
| | | | 維持 | 撤銷 | 履行法定職責 | 確認違法無效 | 賠償 | 駁回起訴 | 撤訴 | 行政賠償調解 | 其他 |
| 城建 | 21601 | 21052 | 2912 | 2143 | 282 | 482 | 108 | 2450 | 7956 | 48 | 4671 |
| 資源 | 19875 | 19705 | 3447 | 2563 | 228 | 456 | 40 | 2337 | 7421 | 19 | 3194 |
| 公安 | 9773 | 9750 | 2836 | 645 | 42 | 131 | 82 | 692 | 3585 | 54 | 1683 |
| 勞動和社會保障 | 7839 | 7847 | 2358 | 771 | 125 | 33 | 3 | 474 | 2787 | 15 | 1281 |
| 交通 | 4160 | 4129 | 277 | 107 | 19 | 38 | 46 | 207 | 2856 | 20 | 559 |
| 技術監督 | 3961 | 3953 | 112 | 30 | 7 | 6 | | 47 | 226 | 1 | 3524 |
| 工商 | 2904 | 2902 | 472 | 209 | 39 | 34 | 10 | 286 | 1301 | 5 | 546 |
| 鄉政府 | 2738 | 2711 | 322 | 462 | 78 | 74 | 15 | 246 | 917 | 8 | 589 |
| 環保 | 2604 | 2584 | 212 | 28 | 113 | 6 | | 22 | 738 | 1 | 1464 |
| 其他 | 26055 | 26050 | 3884 | 1642 | 444 | 352 | 101 | 2437 | 9423 | 177 | 7590 |
| 合計 | 101510 | 100683 | 16832 | 8600 | 1377 | 1612 | 405 | 9198 | 37210 | 348 | 25101 |

### 2007年大陸法院審理各類知識產權一審案件情況統計表

（單位：件）

| | 收案 | 結案 |
| --- | --- | --- |
| 刑事 | 2720 | 2684 |
| 民事 | 17877 | 17395 |
| 行政 | 1001 | 947 |
| 合計 | 21598 | 21026 |

### 2007年大陸法院審理國家賠償案件情況統計表

（單位：件）

| | 收案 | 結案 | 在審結案件中 | | | |
| --- | --- | --- | --- | --- | --- | --- |
| | | | 撤回賠償請求 | 決定賠償 | 決定不賠償 | 其他 |
| 刑事賠償案件 | 961 | 959 | 117 | 415 | 126 | 301 |
| 非刑事賠償案件 | 697 | 750 | 81 | 170 | 175 | 324 |
| 合計 | 1658 | 1709 | 198 | 585 | 301 | 625 |

## 2007年大陸法院審理行政二審案件情況統計表

（單位：件）

| | 收案 | 結案 | 其中 | | | | | | |
|---|---|---|---|---|---|---|---|---|---|
| | | | 維持 | 改判 | 發回重審 | 撤訴 | 駁回 | 調解 | 其他 |
| 行政案件 | 29986 | 29964 | 16064 | 2441 | 1438 | 2437 | 6087 | 85 | 1412 |

## 2007年大陸法院審理行政再審案件情況統計表

（單位：件）

| | 收案 | 結案 | 其中 | | | | | |
|---|---|---|---|---|---|---|---|---|
| | | | 維持 | 改判 | 撤訴 | 發回重審 | 調解 | 其他 |
| 行政案件 | 1908 | 2035 | 876 | 386 | 84 | 130 | 257 | 302 |

## 2007年大陸法院行政執行案件情況統計表

（單位：件）

| 指標 | 收案 | 結案 |
|---|---|---|
| 行政 | 15092 | 15214 |
| 行政非訴 | 245578 | 251091 |

## 2008年大陸法院審理行政一審案件情況統計表

（單位：件）

| | 收案 | 結案 | 其中 | | | | | | | | |
|---|---|---|---|---|---|---|---|---|---|---|---|
| | | | 維持 | 撤銷 | 履行法定職責 | 確認違法無效 | 賠償 | 駁回起訴 | 撤訴 | 行政賠償調解 | 其他 |
| 公安 | 10347 | 10455 | 2907 | 564 | 47 | 101 | 75 | 559 | 4332 | 42 | 1828 |
| 資源 | 18902 | 18892 | 3339 | 2545 | 285 | 295 | 21 | 1918 | 6639 | 44 | 3806 |
| 城建 | 28324 | 28672 | 6619 | 2275 | 264 | 1067 | 85 | 2883 | 7886 | 26 | 7567 |
| 工商 | 2953 | 2968 | 362 | 213 | 30 | 41 | 6 | 310 | 1463 | 1 | 542 |
| 技術監督 | 498 | 520 | 92 | 13 | 1 | 4 | 8 | 17 | 284 | 1 | 100 |
| 環保 | 1583 | 1601 | 99 | 78 | 2 | | 2 | 28 | 1065 | | 327 |
| 交通 | 3527 | 3628 | 342 | 110 | 16 | 39 | 8 | 136 | 1903 | 12 | 1062 |
| 勞動和社會保障 | 7911 | 7843 | 2320 | 699 | 148 | 23 | 2 | 506 | 2670 | 3 | 1472 |
| 鄉政府 | 3657 | 3653 | 322 | 393 | 59 | 56 | 13 | 320 | 2131 | 19 | 340 |
| 其他 | 30696 | 30853 | 3834 | 1674 | 489 | 351 | 122 | 2409 | 10796 | 162 | 11016 |
| 合計 | 108398 | 109085 | 20236 | 8564 | 1341 | 1977 | 342 | 9086 | 39169 | 310 | 28060 |

## 2008年大陸法院審理各類知識產權一審案件情況統計表

（單位：件）

| | 收案 | 結案 |
|---|---|---|
| 刑事 | 3355 | 3326 |
| 民事 | 24406 | 23518 |
| 行政 | 1074 | 1032 |
| 合計 | 28835 | 27876 |

## 2008年大陸法院審理國家賠償案件情況統計表

（單位：件）

| | 收案 | 結案 | 在審結案件中 | | | |
|---|---|---|---|---|---|---|
| | | | 撤回賠償請求 | 決定賠償 | 決定不賠償 | 其他 |
| 刑事賠償案件 | 902 | 970 | 103 | 396 | 149 | 322 |
| 非刑事賠償案件 | 633 | 664 | 62 | 147 | 164 | 291 |
| 合計 | 1535 | 1634 | 165 | 543 | 313 | 613 |

## 2008年大陸法院審理行政二審案件情況統計表

（單位：件）

| | 收案 | 結案 | 其中 | | | | | | |
|---|---|---|---|---|---|---|---|---|---|
| | | | 維持 | 改判 | 發回重審 | 撤訴 | 駁回 | 調解 | 其他 |
| 行政案件 | 32920 | 31366 | 18317 | 2135 | 1326 | 2868 | 5033 | 89 | 1598 |

## 2008年大陸法院審理行政再審案件情況統計表

（單位：件）

| | 收案 | 結案 | 其中 | | | | | |
|---|---|---|---|---|---|---|---|---|
| | | | 維持 | 改判 | 撤訴 | 發回重審 | 調解 | 其他 |
| 行政案件 | 1543 | 1521 | 616 | 328 | 46 | 163 | 30 | 338 |

## 2008年大陸法院行政執行案件情況統計表

（單位：件）

| 指標 | 收案 | 結案 |
|---|---|---|
| 行政 | 10074 | 10419 |
| 行政非訴 | 239870 | 242115 |

## 2009年大陸法院審理行政一審案件情況統計表

（單位：件）

| | 收案 | 結案 | 其中 | | | | | | | | |
| --- | --- | --- | --- | --- | --- | --- | --- | --- | --- | --- | --- |
| | | | 維持 | 撤銷 | 履行法定職責 | 確認違法無效 | 賠償 | 駁回起訴 | 撤訴 | 行政賠償調解 | 其他 |
| 公安 | 9601 | 9563 | 2632 | 615 | 35 | 102 | 61 | 511 | 3739 | 29 | 1839 |
| 資源 | 21150 | 21352 | 2580 | 2301 | 375 | 303 | 79 | 2918 | 8722 | 31 | 4043 |
| 城建 | 22493 | 22741 | 2374 | 2328 | 228 | 619 | 86 | 2377 | 8836 | 28 | 5865 |
| 工商 | 3142 | 3179 | 358 | 177 | 14 | 24 | 7 | 202 | 1607 | 13 | 777 |
| 技術監督 | 519 | 534 | 56 | 7 | 5 | 1 | | 50 | 361 | 4 | 50 |
| 環保 | 2647 | 2628 | 73 | 8 | 2 | 1 | | 52 | 2162 | 1 | 329 |
| 交通 | 2498 | 2529 | 260 | 133 | 3 | 46 | 11 | 151 | 1236 | 6 | 683 |
| 勞動和社會保障 | 9172 | 9126 | 2494 | 752 | 124 | 33 | 4 | 778 | 3048 | 7 | 1886 |
| 鄉政府 | 3548 | 3543 | 601 | 255 | 40 | 49 | 7 | 362 | 1836 | 6 | 387 |
| 其他 | 45542 | 45335 | 4582 | 1665 | 314 | 307 | 139 | 3603 | 14780 | 201 | 19744 |
| 合計 | 120312 | 120530 | 16010 | 8241 | 1140 | 1485 | 394 | 11004 | 46327 | 326 | 35603 |

## 2009年大陸法院審理各類知識產權一審案件情況統計表

（單位：件）

| | 收案 | 結案 |
| --- | --- | --- |
| 刑事 | 3643 | 3660 |
| 民事 | 30626 | 30509 |
| 行政 | 2072 | 1971 |
| 合計 | 36341 | 36140 |

## 2009年大陸法院審理國家賠償案件情況統計表

（單位：件）

| | 收案 | 結案 | 在審結案件中 | | | |
| --- | --- | --- | --- | --- | --- | --- |
| | | | 撤回賠償請求 | 決定賠償 | 決定不賠償 | 其他 |
| 刑事賠償案件 | 732 | 748 | 66 | 305 | 119 | 258 |
| 非刑事賠償案件 | 792 | 783 | 76 | 145 | 157 | 405 |
| 合計 | 1524 | 1531 | 142 | 450 | 276 | 663 |

### 2009年大陸法院審理行政二審案件情況統計表

（單位：件）

| | 收案 | 結案 | 其中 | | | | | | |
|---|---|---|---|---|---|---|---|---|---|
| | | | 維持 | 改判 | 發回重審 | 撤訴 | 駁回 | 調解 | 其他 |
| 行政案件 | 32643 | 32981 | 19063 | 1904 | 1388 | 3126 | 5623 | 88 | 1789 |

### 2009年大陸法院審理行政再審案件情況統計表

（單位：件）

| | 收案 | 結案 | 其中 | | | | | |
|---|---|---|---|---|---|---|---|---|
| | | | 維持 | 改判 | 撤訴 | 發回重審 | 調解 | 其他 |
| 行政案件 | 1358 | 1405 | 628 | 323 | 31 | 135 | 27 | 261 |

### 2009年大陸法院行政執行案件情況統計表

（單位：件）

| 指標 | 收案 | 結案 |
|---|---|---|
| 行政 | 9908 | 10321 |
| 行政非訴 | 193923 | 200065 |

## 2010年大陸法院審理行政一審案件情況統計表

（單位：件）

| | 收案 | 結案 | 判決 | | | | | | | | | 裁定 | | | | | 行政賠償調解 |
|---|---|---|---|---|---|---|---|---|---|---|---|---|---|---|---|---|---|
| | | | 維持 | 撤銷 | 變更 | 履行法定職責 | 確認合法或有效 | 確認違法或無效 | 駁回訴訟請求 | 賠償 | 不予賠償 | 駁回起訴 | 撤訴 | 移送 | 終結 | 其他 | |
| 城建 | 24975 | 25016 | 2046 | 1931 | 22 | 225 | 49 | 539 | 3155 | 88 | 15 | 2791 | 11326 | 1377 | 101 | 1318 | 33 |
| 資源 | 23218 | 23372 | 2416 | 1996 | 20 | 290 | 33 | 259 | 2007 | 31 | 9 | 2244 | 11153 | 1137 | 156 | 1498 | 123 |
| 公安 | 10553 | 10732 | 2564 | 488 | 33 | 58 | 27 | 89 | 1242 | 62 | 39 | 560 | 4535 | 466 | 20 | 526 | 23 |
| 勞動和社會保障 | 9363 | 9387 | 2320 | 630 | 2 | 113 | 22 | 17 | 1190 | 1 | | 346 | 4195 | 123 | 28 | 396 | 4 |
| 鄉政府 | 3568 | 3656 | 315 | 260 | | 55 | 4 | 58 | 264 | 6 | 2 | 298 | 2104 | 46 | 16 | 223 | 5 |
| 交通 | 2619 | 2629 | 171 | 108 | 5 | 14 | 3 | 19 | 197 | 9 | | 95 | 1896 | 61 | 2 | 42 | 7 |
| 工商 | 2723 | 2743 | 275 | 154 | 5 | 17 | 2 | 21 | 268 | 5 | 2 | 256 | 1291 | 62 | 12 | 373 | |
| 計劃生育 | 6117 | 6133 | 174 | 66 | | 6 | 17 | 68 | 53 | | | 143 | 3112 | 8 | 98 | 2383 | 5 |
| 衛生 | 1825 | 1869 | 68 | 34 | 1 | 6 | | 12 | 64 | | | 51 | 668 | 10 | 748 | 205 | 2 |
| 農業 | 1376 | 1394 | 37 | 35 | | 14 | | 6 | 36 | 5 | | 213 | 1000 | 24 | 2 | 18 | 4 |
| 稅務 | 398 | 402 | 31 | 14 | | | 1 | 3 | 51 | 2 | | 26 | 245 | 15 | | 13 | 1 |
| 其他 | 42398 | 42473 | 4767 | 1624 | 49 | 344 | 122 | 363 | 2601 | 96 | 67 | 2991 | 16220 | 1083 | 302 | 11389 | 455 |
| 合計 | 129133 | 129806 | 15184 | 7340 | 137 | 1142 | 280 | 1454 | 11128 | 305 | 134 | 10014 | 57745 | 4412 | 1485 | 18384 | 662 |

## 2010年大陸法院審理各類知識產權一審案件情況統計表

（單位：件）

| | 收案 | 結案 |
|---|---|---|
| 刑事 | 3992 | 3942 |
| 民事 | 42931 | 41718 |
| 行政 | 2590 | 2391 |
| 合計 | 49513 | 48051 |

## 2010年大陸法院審理國家賠償案件情況統計表

（單位：件）

| | 收案 | 結案 | 在審結案件中 | | | |
| --- | --- | --- | --- | --- | --- | --- |
| | | | 撤回賠償請求 | 決定賠償 | 決定不賠償 | 其他 |
| 刑事賠償案件 | 609 | 648 | 76 | 254 | 89 | 229 |
| 非刑事賠償案件 | 763 | 771 | 70 | 101 | 108 | 492 |
| 合計 | 1372 | 1419 | 146 | 355 | 197 | 721 |

## 2010年大陸法院審理行政二審案件情況統計表

（單位：件）

| | 收案 | 結案 | 其中 | | | | | | |
| --- | --- | --- | --- | --- | --- | --- | --- | --- | --- |
| | | | 維持 | 改判 | 發回重審 | 撤訴 | 駁回 | 調解 | 其他 |
| 行政案件 | 35334 | 35188 | 20655 | 1820 | 1233 | 3230 | 6109 | 103 | 2038 |

## 2010年大陸法院審理行政再審案件情況統計表

（單位：件）

| | 收案 | 結案 | 其中 | | | | | |
| --- | --- | --- | --- | --- | --- | --- | --- | --- |
| | | | 維持 | 改判 | 撤訴 | 發回重審 | 調解 | 其他 |
| 行政案件 | 1448 | 1578 | 613 | 398 | 38 | 162 | 18 | 349 |

## 2010年大陸法院行政執行案件情況統計表

（單位：件）

| 指標 | 收案 | 結案 |
| --- | --- | --- |
| 行政 | 9353 | 9813 |
| 行政非訴 | 183828 | 188903 |

## 壹、撤銷訴訟（行政訴訟法第4條）

一、訴願決定維持原處分，原告全部不服，以原處分機關為被告：

訴願決定及原處分均撤銷。

訴訟費用由被告負擔（以下範例援用此例句，不再重複）。

二、原告僅對原處分之一部分聲明不服：

1. 訴願決定及原處分關於○○部分均撤銷。

2. 訴願決定及原處分除○○部分外均撤銷。

註：稅務爭訟由於實務上採爭點主義，故原告可以聲明撤銷系爭課稅
處分關於認列某筆所得、營業額，或否准認列某筆成本費用、扣
除額部分。

三、訴願決定將原處分部分撤銷，部分維持，原告對維持部分不服：

1. 訴願決定不利於原告部分及其所維持之原處分均撤銷。

2. 訴願決定及原處分關於○○部分（指出訴願決定予以維持之部
分）均撤銷。

四、原告為對訴願決定有法律上利害關係之第三人，不服訴願決定之全
部，以訴願決定機關為被告：

原訴願決定撤銷。

五、承上例之情形，原告僅對原訴願決定一部不服：

原訴願決定關於○○部分撤銷。

六、原告對行政處分之附款（條件、期限、負擔）不服，而該附款與原處
分可分：

訴願決定及原處分關於○○之附款均撤銷。

七、原處分涉及金錢或其他代替物之給付或確認（行政訴訟法第197條之適用）

訴願決定及原處分關於○○部分應予變更，確定○○為新台幣○○元。

八、先位聲明為撤銷訴訟，備位聲明為請求行政法院為情況判決（行政訴訟第198條、第199條之適用）：

先位：訴願決定及原處分均撤銷。

備位：宣告訴願決定及原處分均為違法。

　　　被告應賠償原告新台幣○○元。

九、給付訴訟之裁判，以行政處分應否撤銷為據者，得合併提起撤銷訴訟及給付訴訟（行政訴訟法第8條第2項）

1. 訴願決定及原處分均撤銷。

　訴被告應給付原告新台幣○○元。

2. 訴願決定及原處分均撤銷。

　被告應將○○（物）返還原告。

十、行政處分已執行完畢，有回復原狀之可能時，得合併提起撤銷訴訟及回復原狀必要處置之訴（行政訴訟法第196條）：

訴願決定及原處分均撤銷。

被告應為回復○○之處置。

十一、公務員保障事件：

復審決定及原處分均撤銷。

十二、社會保險事件（勞保、農保及全民健保等）：

訴願決定、爭議審議審定及原處分均撤銷。

十三、政府採購法事件：（政府採購法第75條、76條、第83條、第101條、第102條）

審議判斷及原處分均撤銷。

說明：對於原處分不服，必須先踐行聲明異議（例如土地徵收補償費核定之異議、廠商對於機關辦理採購認為違反法令之異議或對於機關通知將刊登政府採購公報之異議、依藥事法規定處

以罰鍰之異議等）或申請復查（例如對於課稅處分或稅捐秩序罰處分不服，應先申請復查）程序者，如果遭到裁決駁回時，其行政爭訟之程序標的，究為原行政處分抑或駁回其異議（復查）之決定？向有原處分主義及裁決主義之爭議。我國行政法院判決早期雖曾出現傾向採裁決主義之見解，即認作為稅務行政爭訟及裁判對象之行政處分，乃是復查決定，而非原課稅處分（改制前行政法院45年判字7號判例、48年裁字40號判例、74年判字290號判決參照），惟近10年來，實務上已容許將訴之聲明寫成：「訴願決定及原處分（復查決定含原核定處分）均撤銷。」因為復查決定亦係由原核定機關所作成，自無限制其聲明撤銷對象的必要，如法院認為毋庸重為復查決定時，即判決「訴願決定及原處分（復查決定含原核定處分）均撤銷」，如認為需重為復查決定時，則判決「訴願決定及原處分（復查決定）均撤銷」，均以原告之訴為有理由。其他於提起訴願前須先聲明異議者，因為其異議決定亦係由原處分機關作成，故實務上通常認為所謂原處分包括異議決定。

## 貳、課予義務訴訟（行政訴訟法第5條）

一、原處分機關及訴願機關對原告之申請怠為行政處分：
　　被告對於原告○年○月○日申請之○○事件（註明收文字號），應作成○○○○（原告所申請內容）之行政處分（或作成適法之處分）。
二、原處分機關及訴願機關對原告之申請予以駁回：
　　訴願決定及原處分均撤銷。
　　被告對於原告○年○月○日申請之○○事件（註明收文字號），應作成○○○○（原告所申請內容）之行政處分（或作成適法之處分）。
三、原處分機關對原告申請怠為行政處分，原告提起訴願遭駁回：
　　訴願決定撤銷。

被告對於原告○年○月○日申請之○○事件（註明收文字號），應作成○○○○（原告所申請內容）之行政處分（或作成適法之處分）。

四、行政處分之附款與原處分不可分，雖僅對附款不服，得請求撤銷原處分全部，並合併提起課予義務之訴，請求判決命被告為不附加附款之行政處分。

　　註：應提起課予義務之情形，如僅提起撤銷之訴，即不能實現訴訟目的，應認為欠缺權利保護必要。

## 參、確認訴訟（行政訴訟法第6條）

一、確認被告於○年○月○日對原告作成○○○○號之行政處分為無效。

　　註：主張行政處分無效者，仍可依序提起訴願、行政訴訟，請求撤銷之。

二、確認被告於○年○月○日對原告作成○○○○號已執行而無回復原狀可能（或因○○事由已消滅）之行政處分為違法。

　　註：原行政處分已執行而無回復原狀之可能，或經撤銷或因其他事由致其效力消滅時，雖欠缺提起撤銷訴訟之權利保護必要，但如原告仍有即受確認判決之法律上利益者，即得提起確認行政處分違法之訴。

三、確認兩造間○○公法上法律關係成立（或不成立），例如：

　　1. 確認原告為○○農田水利會會員。

　　2. 確認原告具有中華民國國籍。

　　3. 確認兩造間○年○月○日行政契約之○○○法律關係不成立（或不存在）。

## 肆、一般給付訴訟（行政訴訟法第8條第1項）

包括公法上原因所生財產上之給付、請求作成行政處分以外之其他非財產上之給付，其訴之聲明可比照一般民事訴訟之寫法。

# 伍、上訴之聲明

一、原判決全部不利於被告（例如原判決主文為「訴願決定及原處分均撤銷、訴訟費用由被告負擔」，由被告提起上訴：

原判決廢棄。

被上訴人（即原告）在第一審之訴駁回。

第一審及上訴審訴訟費用均由被上訴人負擔。

二、原判決全部不利於原告（例如提起撤銷訴訟，經原判決：「原告之訴駁回」），由原告提起上訴：

原判決廢棄。

訴願決定及原處分均撤銷。

第一審及上訴審訴訟費用均由被上訴人（即被告）負擔。

三、原判決之一部分不利於原告（例如提起撤銷訴訟及課予義務訴訟，經原判決：「訴願決定及原處分均撤銷。被告對於原告○年○月○日申請之○○事件，應依本判決之法律見解另為處分。原告其餘之訴駁回。訴訟費由被告負擔二分之一、其餘由原告負擔」），而由原告提起上訴者：

原判決不利於上訴人（即原告）及該訴訟費用部分均廢棄。

前項廢棄部分，被上訴人（即被告）對於上訴人○年○月○日申請之○○事件，應作成○○○○（依上訴人申請之內容）之行政處分。

廢棄部分第一審及上訴審訴訟費用均由被上訴人負擔。

四、如上開三之情形，由被告上訴者：

原判決關於撤銷訴願決定、原處分，並命上訴人（即被告）另為處分及該訴訟費用部分均廢棄。

前項廢棄部分，被上訴人（即原告）在第一審之訴駁回。

廢棄部分第一審及上訴審訴訟費用均由被上訴人負擔。

五、原告就第一審判決不利於自己部分（例如對補稅罰鍰處分提起撤銷訴訟，僅就罰鍰部分獲得勝訴判決），提起上訴者：

原判決關於補稅及該訴訟費用部分均廢棄。

前項廢棄部分，訴願決定及原處分均撤銷。

廢棄部分第一審及上訴審訴訟費用均由被上訴人負擔。

## 陸、再審訴之聲明（以撤銷訴訟為例）

一、原告於第一審起訴及於第二審上訴，均敗訴後，提起再審之訴：

最高行政法院○年度○字第○號判決及高等行政法院○年度○字第○號判決均廢棄。

訴願決定及原處分均撤銷。

再審前歷審及再審訴訟費用均由再審被告負擔。

二、當事人於第一審被訴（被告）及於第二審上訴，均敗訴後，提起再審之訴：

最高行政法院○年度○字第○號判決及高等行政法院○年度○字第○號判決均廢棄。

再審被告在第一審之訴駁回。

再審前歷審及再審訴訟費用均由再審被告負擔。

三、當事人於第一審勝訴，嗣於第二審敗訴後，提起再審之訴：

最高行政法院○年度○字第○號判決廢棄。

再審被告在前程序之上訴駁回。

再審前之上訴審及再審訴訟費用均由再審被告負擔。

四、原告於第一審起訴及於第二審上訴，均敗訴後，僅就一部分提起再審之訴：

最高行政法院○年度○字第○號判決及高等行政法院○年度○字第○號判決關於○○○及該訴訟費用部分均廢棄。

前項廢棄部分，訴願決定及原處分均撤銷。

廢棄部分再審前歷審及再審訴訟費用均由再審被告負擔。

五、當事人就第二審判決廢棄第一審判決之一部分，而自行改判之部分，提起再審之訴：

最高行政法院○年度○字第○號判決關於○○○及該訴訟費用部分均

廢棄。

前項廢棄部分，再審被告在前程序之上訴駁回。

廢棄部分再審前之上訴審及再審訴訟費用均由再審被告負擔。

## 柒、重新審理之聲明（行政訴訟法第284條至第286條）

視原確定判決情形，比照再審訴之聲明方式為之。

## 捌、不當訴之聲明舉例

一、先位：訴願決定及原處分均撤銷。

　　備位：訴願決定撤銷。

　　理由：此種聲明方式通常發生在維持原處分之訴願決定程序有重大瑕
　　　　　疵時，乃有退而求其次，只請求撤銷訴願決定之想法，惟此所
　　　　　謂備位聲明實為其先位聲明所包含，無庸再為重複聲明，只聲
　　　　　明「訴願決定及原處分均撤銷」即為已足。

二、訴願決定及原處分關於罰鍰部分均撤銷。

　　被告應對原告為免罰之處分（或原告免罰）。

　　理由：高等行政法院係事後審查原處分是否違法，並不代替被告機關
　　　　　為處分。且被告並非對原告之申請予以駁回，自不能提起課予
　　　　　義務之訴。

三、訴願決定及原處分均撤銷。

　　被告應對系爭商標為異議不成立之處分。

　　理由：本件原告申請註冊系爭商標，已獲准審定公告，因第三人於公
　　　　　告期間提出異議，經被告機關為異議成立，撤銷原審定之處
　　　　　分。故所謂「異議不成立」乃原告於異議程序答辯之聲明，其
　　　　　並非申請為一定的行政處分，自不能藉此提起課予義務訴訟。
　　　　　且原提出異議之理由如有數點，而被告機關僅依其中一點審定
　　　　　異議成立者，即使其審定違法應予撤銷，因原異議時所提其他
　　　　　爭點是否有理由尚待被告機關另為審查，先為處分，法院自難

逕為審酌而命被告為異議不成立之處分。又如果撤銷原審定後，尚須被告機關重新調查斟酌，再為處分者，法院亦難逕命被告為異議不成立之處分。縱令原提出異議之理由僅有一點，並經被告審定異議成立，嗣經法院判決撤銷原異議成立之處分，而被告機關無須重為調查之情形，因此時該異議案已回復到原來申請之狀態，被告機關本應重為處分，並受判決意旨拘束（行政訴訟法第216條），而另作「異議不成立」之處分，原告亦無庸就此預為聲明。

四、訴願決定撤銷。

　　被告應為訴願駁回之決定（或參加人之訴願駁回）

　　理由：行政法院並非訴願機關之上級審，並不代替訴願機關為決定，
　　　　　且「訴願駁回」亦非課予義務訴訟之適法請求標的。

## 參考文獻

### 一、書籍

1. 中國法學會編輯，中國法律年鑑，中國法律年鑑社，1版，1990年9月。
2. 中國法學會編輯，中國法律年鑑，中國法律年鑑社，1版，1991年9月。
3. 中國法學會編輯，中國法律年鑑，中國法律年鑑社，1版，1992年9月。
4. 中國法學會編輯，中國法律年鑑，中國法律年鑑社，1版，2004年9月。
5. 中國法學會編輯，中國法律年鑑，中國法律年鑑社，1版，2005年9月。
6. 中國法學會編輯，中國法律年鑑，中國法律年鑑社，1版，2006年9月。
7. 中國法學會編輯，中國法律年鑑，中國法律年鑑社，1版，2007年10月。
8. 中國法學會編輯，中國法律年鑑，中國法律年鑑社，1版，2008年10月。
9. 中國法學會編輯，中國法律年鑑，中國法律年鑑社，1版，2009年10月。
10. 王文杰，嬗變中之中國大陸法制，交通大學出版社，2004年12月。
11. 王成棟、吳景明、莨宏亮，行政復議，中國政法大學出版社，初版，1993年3月。

12.北京市高級人民法院編，人民法院裁判文書選，法律出版社，1版，2001年6月。

13.司法院史實紀要編輯委員會編，司法院史實紀要第二冊，1982 年12月。

14.司法院行政訴訟及懲戒廳編輯，法官辦理行政訴訟事件參考手冊，初版，2005年12月。

15.司法院統計處，司法統計年報（2008年），司法院，2009年6月。

16.司法院編，「各國行政法制翻譯彙編（一）」，司法院，1998年8月。

17.司法院編，行政訴訟制度相關論文彙編第4輯，司法院，2005年12月。

18.甘文著，行政訴訟法司法解釋之評論－理由、觀點與問題，中國法制出版社，2000年。

19.皮純協、胡錦光，行政訴訟法教程，中國人民大學出版社，1993年。

20.江必新，行政訴訟法－疑難問題探討，北京師範學院出版社，1991年。

21.宇賀克也，行政法概說II，東京有斐閣（行政救濟法），2006年3月20日初版。

22.吳庚，行政爭訟法論，三民書局，3版，2005年10月。

23.吳庚，行政爭訟法論，三民書局，初版，1999年3月。

24.吳庚，行政法之理論與實用，2007年9月增訂10版，第179頁。

25.吳東都，行政訴訟與行政執行之課題，學林文化出版社，1版，2003年10月。

26.吳華，行政訴訟類型研究，中國人民公安大學出版社，第1版，2006年1月。

27.吳綺雲，德國行政給付訴訟之研究，司法院秘書處，1995年。

28.李國光主編，商標、專利行政訴訟解析、判例、參考，中國民主法制出版社，1版，2000年9月。

29.沈福俊、鄒榮主編，行政法與行政訴訟法學，北京大學出版社，1版，

2007年1月。

30. 肖萍、程祥國主編，行政法與行政訴訟法，群眾出版社，1版，2006年6月。

31. 林三欽，「行政爭訟制度」與「信賴保護原則之課題」，自版，2008年2月。

32. 林石猛，行政訴訟類型之理論與實務，學林文化事業有限公司，2004年9月。

33. 林素鳳，行政爭訟與行政法學（二），中央警察大學出版社，初版，2005年10月。

34. 林騰鷂，行政訴訟法，三民書局，初版，2004年6月。

35. 胡建淼主編，行政法與行政訴訟法，清華大學出版社，1版，2008年1月。

36. 胡錦光主編，行政法案例分析，中國人民大學出版社，2版，2006年6月。

37. 奚曉明主編，最高人民法院最新行政訴訟司法解釋彙編，人民法院出版社，1版，2006年12月。

38. 翁岳生主編，行政訴訟法逐條釋義，五南出版社，2002年。

39. 翁岳生主編，行政訴訟法逐條釋義，五南出版社，2006年。

40. 翁岳生教授七秩誕辰祝壽論文集－當代公法新論（下），元照出版有限公司，初版，2002年7月。

41. 翁岳生編/劉宗德、彭鳳至，行政法（下冊），作者自己發行，2000年3月2版

42. 翁岳生編/劉宗德・彭鳳至，行政法（下），元照出版有限公司，2006年10月3版。

43. 馬懷德主編，司法改革與行政訴訟制度的完善－《行政訴訟法》修改建議稿及理由說明書，中國政法大學出版社，2004年7月1版。

44. 張樹義主編，糾紛的行政解決機制研究－以行政裁決為中心，中國政法大學出版社，2006年1月1版。

45. 許崇德主編《中國憲法》，北京中國人民大學出版社，1994年2月。

46. 陳志清，訴願之理論與實用，1986年。

47. 陳計男，行政訴訟法釋論，作者自己發行，2000年1月初版。

48. 陳敏，行政法總論，作者自己發行，2007年10月5版。

49. 陳敏等合著，德國行政法院法逐條釋義，司法院，2002年10月。

50. 陳清秀，行政訴訟法，作者自己發行，1999年6月初版。

51. 陳清秀，行政訴訟法，元照出版有限公司，2009年10月3版。

52. 最高人民法院應用法學研究所編，人民法院案例選，人民法院出版社，1997年4月1版。

53. 彭鳳至，德國行政訴訟制度及訴訟實務之研究，司法院秘書處，1999年6月。

54. 湯德宗、王鵬翔主編，兩岸四地法律發展上冊－違憲審查與行政訴訟，中央研究院法律學研究所籌備處出版，2007年8月。

55. 莧宏亮、王成棟、吳景明，行政復議，中國政法大學出版社，1版，1993年3月。

56. 黃茂榮，債法總論第二冊，作者自己發行，2002年9月。

57. 楊一凡、陳寒楓主編《中華人民共和國法制史》，黑龍江出版社，1997年1月。

58. 楊小君，行政訴訟問題研究及制度改革，中國人民公安大學出版社，1版，2007年3月。

59. 楊建華，問題研析民事訴訟法（二），三民書局，2000年7月。

60. 劉清波，社會主義國家法制，臺北黎明文化事業公司，1992年2月。

61. 廣東省高級人民法院編，人民法院裁判文書選－廣東2000年卷（總第一卷），法律出版社，1版，2001年12月。

62. 廣東省高級人民法院編，人民法院裁判文書選－廣東2000年卷（總第一卷），法律出版社，第1版，2001年12月。

63. 蔡志方，行政救濟法新論，元照出版有限公司，初版，2000年1月。

64. 蔡志方，行政救濟法新論，元照出版有限公司，3版，2007年11月。

65. 蔡志方，行政救濟與行政法學(一)，三民書局，初版，1993年3月。

66. 鄭正忠，大陸地區司法制度之演進與近年改革之概況，收錄於中國大

陸法制研究第十輯，司法院，2001年10月。

67.應松年、袁曙宏主編，走向法治政府－依法行政理論研究與實證調查，法律出版社，初版，2001年。

68.應松年主編，行政法與行政訴訟法辭典，中國政法大學出版社，初版，1992年。

69.應松年主編，行政訴訟法學，中國政法大學出版社，修訂版，2007年1月。

70.薛剛凌，行政訴權研究，華文出版社，1999年。

## 二、期刊論文

1. 呂錫偉，行政復議制度的實施與展望，第10屆海峽兩岸行政法學學術研討會，頁5、6，2008年5月。

2. 李建良，行政處分的「解決」與行政救濟途徑的擇定，台灣本土法學第40期，頁105-115，2002年11月。

3. 林三欽，行政法律關係確認訴訟之研究，台灣本土法學雜誌第102期，頁130-157，2008年1月。

4. 陳愛娥，以行政行為類型為中心的行政訴訟類型，萬國法律，第112期，頁26-35，2000年8月。

5. 劉東亮，行政訴訟類型問題研究，上海師範大學學報（哲學社會科學版）第34卷第5期，頁27-32，2005年9月。

6. 劉淑範，論確認訴訟之備位功能－行政訴訟法第六條第三項之意涵與本質，人文及社會科學集刊第15卷1期，頁59-112，2003年3月。

7. 劉淑範，論續行確認訴訟之適用範疇，臺北大學法學論叢，第46期，頁113-184，2000年6月。

8. 蔡志方，論行政訴訟上各類訴訟之關係（上），月旦法學雜誌第53期，頁110-115，1999年10月。

9. 蔡志方，論行政訴訟上各類訴訟之關係（中），月旦法學雜誌第54期，頁114-125，1999年11月。

10.鄭京水、余辛文，行政合同糾紛納入行政訴訟問題探討，行政法學研

究第4期，頁24以下，1996年。

11. 應松年，中國大陸的行政復議制度，憲政時代第20卷1期，頁68-80，1994年7月。

12. 顧汝勳，二十年來之行政法院，法令月刊，第21卷10期，頁66-69，1970年10月。

## 三、碩博士論文

1. 王啟行，兩岸行政訴訟制度之研究，博士論文，中國文化大學政治學研究所，2005年12月。

2. 張國勳，中共行政訴訟制度之研究－兼論兩岸行政訴訟法之比較與檢討，碩士論文，國立中興大學法律學研究所，1994年6月。

3. 蔡志方，從權利保護功能之強化－論我國行政訴訟制度應有之取向，博士論文，國立台灣大學法律學研究所，1988年6月。

4. 蘇義洲，大陸地區行政訴訟類型之研究，碩士論文，國立中山大學大陸研究所，2000年6月。

## 四、其他

1. 《人民法院報》，2001年4月22日，周紅耕、王振宇，〈比例原則在司法審查中的應用〉，3版。

2. 大陸國務院法制辦行政復議司司長呂錫偉，行政復議制度的實施與展望，第10屆海峽兩岸行政法學學術研討會書面資料，2008年5月23日。

3. 中國法院網，〈北京晨報〉報導：政府採購流標 公司告財政部不作為 一審勝訴，http://www.chinacourt.org，最後瀏覽日：2007/8/7。

4. 中國法院網，〈鄉政府不作為 法院判決限期履行法定職責〉，http://www.chinacourt.org，最後瀏覽日：2008/7/21。

5. 中國法院網，〈養犬人拒交檢疫費 公安局被告不作為〉，http://www.chinacourt.org，最後瀏覽日：2008/7/21。

6. 中國法院網，《十六名出嫁女狀告村委》，http://www.chinacourt.

org，最後瀏覽日：2008/7/23。

7. 司法院法學資料全文檢索系統（http://jirs.judicial.gov.tw/Index. htm）。

8. 法制日報，2010年04月26日，http://big5.ce.cn/xwzx/fazhi/201004/26/t20100426_21323912.shtml。

9. 法律圖書館，http://www.law-lib.com，最後瀏覽日：2010/4/30。

10. 香港中華法律網，〈審判案例：張小朋不服平頂山市公安交警支隊道路交通事故責任認定決定案〉，http://www.isinolaw.com，最後瀏覽日：2008/7/22。

11. 香港中華法律網，〈審判案例：張福康訴上海市徐匯區規劃土地管理局不申請人民法院強制執行案〉，http://www.isinolaw.com，最後瀏覽日：2008/7/21。

12. 香港中華法律網，http://www.isinolaw.com。

13. 蔡志方，〈論行政訴訟上各類訴訟之關係〉，行政救濟法制實務在職進修書面資料，台灣律師公會全國聯合會，1999年7月。

國家圖書館出版品預行編目資料

兩岸行政訴訟法制概論：以訴訟類型為中心
／林文舟著. — 初版. — 臺北市：五南，
2012.04
　　　面；　　公分.--
ISBN 978-957-11-6505-9（平裝）
1.行政訴訟法　　2.比較研究　　3.中華民國
4.中國
588.16　　　　　　　　　　100024863

1R83

# 兩岸行政訴訟法制概論
## ——以訴訟類型為中心

作　　者－ 林文舟

發 行 人－ 楊榮川

總 編 輯－ 王翠華

主　　編－ 林振煌

責任編輯－ 李奇蓁

封面設計－ P.Design視覺企劃

出 版 者－ 五南圖書出版股份有限公司

地　　址：106台北市大安區和平東路二段339號4樓

電　　話：(02)2705-5066　　傳　　真：(02)2706-6100

網　　址：http://www.wunan.com.tw

電子郵件：wunan@wunan.com.tw

劃撥帳號：01068953

戶　　名：五南圖書出版股份有限公司

台中市駐區辦公室/台中市中區中山路6號

電　　話：(04)2223-0891　　傳　　真：(04)2223-3549

高雄市駐區辦公室/高雄市新興區中山一路290號

電　　話：(07)2358-702　　傳　　真：(07)2350-236

法律顧問　元貞聯合法律事務所　張澤平律師

出版日期　2012年4月初版一刷

定　　價　新臺幣400元